城市化转型与土地陷阱

华 生◎著

人民东方出版传媒

东方出版社

目录

专栏目录

从城市化转型看人类社会发展阶段与陷阱①

序 进入城市化世纪

21 世纪已经可以肯定是人类社会在总体上完成城市化转型的世纪。从 1900 年全球 16 亿人中只有 14% 的城市人口起步,在 20 世纪的 100 年中,全球人口增长了 4 倍,城市人口则增长了 13 倍,城市化率增至 47%。② 2011 年全世界人口为 69.7 亿,其中 52.1% 为城市人口,而全球经济活动的 80% 以上都集中在城市。联合国预计到 2050 年世界人口达 93.1 亿人,其中 67.2% 将为城市人口。③ 到 21 世纪末,全球城市化率达到 80% 以上,人类完成从农业、畜牧业的乡村社会向工业化、信息化的城市社会的根本转变,已经是一个确定性的前景。

与世界同步并略滞后,中国按常住人口计算的城市人口也在 2011 年刚刚跨过 50% 的关口,但由于户籍制度的壁垒,我国按户籍人口计算、更真实的城市化率至今也只有 35% 左右。按照美国学者诺瑟姆(Ray M. Northam)1979 年在总结欧美城市化历程基础上提出的"诺瑟姆曲线",城市化率的上升类似一条平卧"S",在上升初期(一般为 20% ~30% 以下时)

---

① 本书中凡在一般讨论城市化问题时都使用国际上通用的城市化(urbanization)一词,在讲到中国的城市化转型时为了和国内使用城镇化一词相衔接,也会等同使用城镇化的用语。在作者看来,除了中国的"镇"具有较低的行政级别以外,城市化与城镇化二者并无区别。实际上中国的许多镇已经有几十万人口,而国外的许多市只有几万甚或几千人口。显然,如果不考虑行政级别,国际通用的城市化一词已经包括了中国的城镇化的含义。

② 联合国经济和社会事务部,《人口、环境与发展:简要报告》,2001:43—44。

③ Department of Economic and Social Affairs of United Nations. World Urbanization Prospects: The 2011 Revision, New York, 2012:4.

速度缓慢，在此之上则进入了加速阶段，而当城市化率到达70%~80%甚至以上时又再次放缓。应当说20世纪下半叶以来拉美和东亚地区城市化的发展，进一步验证了城市化率变动的这个趋势。因此，无论从中国还是全球看，我们都处在一个快速城市化的大潮之中。城市化即从乡村社会转为城市社会，是一个国家乃至全球的大多数人改变职业、就业、居住地点和环境的大变动，可以说是人类进入文明社会几千年以来最大规模的迁移和社会结构改变。

但是应当说，迄今为止，人们对这样一个变迁的研究和准备还无法与这样一个事件的规模和影响相匹配。城市化问题不要说进入主流经济学理论的视野，就是在发展经济学的分支中，也没有占据中心地位。有意思的是，近年来中等收入陷阱的概念，在世界银行的报告中提出后，却引起了全球范围的关注、研究和热议。在中国更是成为官方和民间都一致采信的标准话语。实际上，中等收入陷阱的概念虽然相当具有吸引力，但存在定义上的严重缺陷，其实只是人类从农业社会向城市社会转型所遇到陷阱的一个近似因而并不准确的描述。它会模糊我们对这一转型中核心问题的认识和把握，因而需要首先讨论。

第一节　比较意义上的中等收入陷阱并不存在

中等收入陷阱是世界银行继1993年出版的《东亚奇迹》之后，于2007年出版的《东亚复兴——关于经济增长的观点》报告中提出的。世行1993年的《东亚奇迹》试图解释8个表现出众的亚洲经济体的惊人经济成就（即中国香港、印度尼西亚、日本、韩国、马来西亚、新加坡、中国台湾和泰国，当时未包括中国大陆）。这个报告引起了非常广泛的关注和很高的评价。但1997—1998年的亚洲金融危机使东亚的四个经济体（印尼、韩国、马来西亚和泰国）陷入泥沼之中。当时许多人预测，危机所揭示的结构性弱点——腐败、任人唯亲和裙带关系，将使该地区陷入滞胀，正如20世纪80年代拉丁美洲在债务危机后"失去的10年"一样。但危机过后，东亚经济体的表现依然非常出色，世界银行《东亚复兴》的报告就是对这一现象的延伸探讨。

这个报告援引 Garret 在 2004 年的研究指出，从 1980 年到 2000 年，高收入国家人均 GDP 提高了 50%，而低收入国家人均 GDP 增加了超过 150%，因而高收入与低收入国家的收入比降低了一半。但是同期中的中等收入国家人均收入只增长了大约 20%，因此与发达国家的收入差距反而拉大了。① 换句话说，中等收入陷阱指的是："比起较富或较穷的国家来说，中等收入国家的增长会相对较慢，这也说明为什么 20 世纪的世界经济没能缩小贫富差距。它指出，中等收入国家被主导成熟产业的、低工资的穷国竞争者和主导技术迅速变化产业的、追求创新的富国挤压在中间。"②

特别是对比拉美国家自 20 世纪 70 年代后令人失望的表现，东亚 5 个经济体（日本、韩国、中国台湾、新加坡、中国香港）罕见地成功进入高收入阶段，同时，东亚另五个中等收入经济体（中国大陆、印度尼西亚、马来西亚、菲律宾和泰国）都也已经赶上了拉美 8 国。③ 因此，报告提出："上述东亚 5 个经济体的领导人采取了什么措施，使它们成功地转移到发展的中等收入阶段？拉美 8 国做错了什么？现在东亚的中等收入国家应该采取什么措施，以获得与它们成功邻居相似的、而不同于太平洋对岸国家的未来？"④

在世界银行同时发表的《东亚与太平洋地区报告：危机 10 年后的状况》中，这个问题进而被表述为："历史表明，许多经济体常常都能迅速到达中等收入的发展阶段，但只有很少的国家能够跨越这个阶段，因为实

① 《东亚复兴——关于经济增长的观点》，世界银行东亚与太平洋事务局首席经济学家办公室，中信出版社 2008 年版，第 68 页。
② 《东亚复兴——关于经济增长的观点》，世界银行东亚与太平洋事务局首席经济学家办公室，中信出版社 2008 年版，第 5 页。
③ 这个说法是依据截至 2000 年的数据得出的，而如果从 2011 年来看，拉美 8 国中已有 3 个国家达到或超过世界银行定义的高收入门槛，而中国和亚洲四小虎仍有相当差距。
④ 《东亚复兴——关于经济增长的观点》，世界银行东亚与太平洋事务局首席经济学家办公室，中信出版社 2008 年版，第 54 页。

现这一跨越所必需的那些政策和制度变化，在技术、政治和社会方面更复杂、更具挑战性。""一个国家可以遵循最初的发展战略和增长机制从低收入经济体成长为中等收入经济体，但却难以再依靠这套战略和机制继续从中等收入跨向高收入。"显然，这个如何跨越中等收入、迈入高收入行列的命题，对于尚处在中等收入阶段的发展中国家来说，自然有着强烈的共鸣和吸引力。

讲中等收入陷阱，前提自然是要有不同收入阶段的划分。故这也是和世界银行自1987年以来按收入高低把各国分为低收入、中低收入、中高收入和高收入4类相衔接的。世界银行对这4个阶段的分类阈值一直进行动态调整。到2012年按当年价格计算，大体是1000美元以下为低收入阶段，1000~4000美元为中低收入阶段，4000~12500美元为中高收入阶段，之后则为高收入阶段。（表前-1）

表前-1：世界银行划分各国发展阶段所依据的人均国民收入门槛标准

（单位：当年价格美元，按照汇率法衡量）

国家分类	1987	1990	1995	2000	2005	2010	2012
低收入	≤480	≤610	≤765	≤755	≤875	≤1005	≤1035
中低收入	481~1940	611~2465	766~3035	756~2995	876~3465	1006~3975	1036~4085
中高收入	1941~6000	2466~7620	3036~9385	2996~9265	3466~10725	3976~12275	4086~12615
高收入	>6000	>7620	>9385	>9265	>10725	>12275	>12615

数据来源：世界银行。
http://siteresources.worldbank.org/DATASTATISTICS/Resources/OGHIST.xls

中等收入陷阱假说成立的基础，如前所述，是相对于低收入和高收入国家，中等收入国家的增长更慢些。但世界银行援引的Garret报告使用的只是1980—2000年这20年的数据。作为二战之后兴起的经济增长和发展经济学的问题，我们显然至少要用战后这半个多世纪的数据来检验。根据世界银行最新数据库提供的214个国家1961—2011年GDP增长及低、中、高收入分类的汇总统计数据，在这半个世纪的跨度上，我们看到，低收入国家并未表现出比中等收入国家更快的增长（图前-1），中等收入国家也未表现出比高收入国家更慢的增长。因此，中等收入陷阱的假说并不能成立。

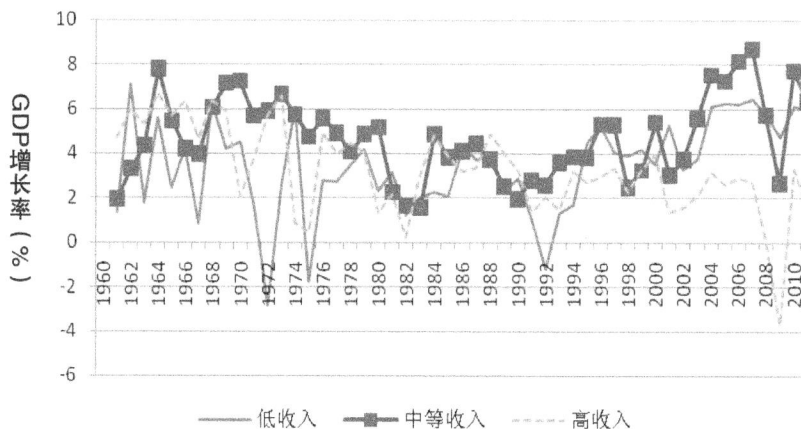

图前-1：低收入、中等收入和高收入国家的 GDP 增长率对比

注：世界银行最新指标数据库提供了 214 个国家 1961—2011 年的 GDP 增长率以及 low income，middle income，high income 的分类汇总统计数据，上图据此作出。

数据来源：http：//data. worldbank. org. cn/indicator/NY. GDP. MKTP. KD. ZG

　　同时，我们还看到，如同有些国家在触及高收入门槛后也可能再次返回中等收入阶段一样，也有更多的低收入国家在进入中等收入之后又退回到低收入阶段（图前-2、图前-3）。这也就是说，增长停滞乃至倒退在任何收入阶段上都是可能的，任何阶段上都可能存在收入陷阱。同时也说明，无论是我们人为设定的中等收入门槛，还是高收入门槛，都没有一堵只要翻越过去就可以高枕无忧的墙。其实，今天拉美的几个主要国家已达到和跨越了世界银行按汇率法分类划定的高收入门槛，成为世界银行定义的高收入国家，因此，以拉美为典型案例的中等收入陷阱说就更有疑问了。

　　当然，世界银行报告的真正意图和对很多人的吸引力其实并不在中等收入与低收入阶段的比较，而在中低收入和中高收入与高收入阶段的差

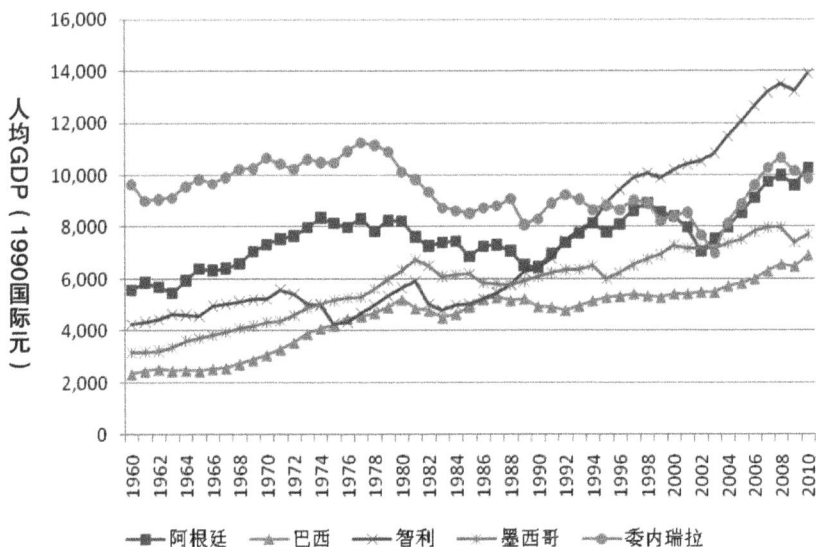

图前-2：阿根廷、巴西、智利等拉美国家人均 GDP（1990 国际元）情况

数据来源：Maddison Project Database

http：//www. ggdc. net/maddison/maddison-project/home. htm

异。即一个国家可能较易实现从中低收入阶段向中高收入阶段的转变，但实现向高收入阶段的转变就不容易了。用世界银行报告的话来说，这是因为实现经济起飞的机制与向高收入阶段跨越的机制有着根本区别。从人们列为典型的在 20 世纪 80 年代陷入中等收入陷阱的拉美国家来看，其实都是处于世界银行所划分的中高收入阶段的国家，对中国等亚洲国家的警示也是在我们已经跨越了中低收入进入中高收入阶段才提出或引起广泛关注的。从这个意义上说，中等收入陷阱说其实是中高收入陷阱说。

但是，如果把中等收入陷阱定义为相对于中低收入，在中高收入阶段的增长会更慢，也有人提出新的责疑。瑞士银行的经济学家安德森在"真存在中等收入陷阱这回事吗"一文中就作了这样的数据比对，他选择了 10 个人均收入在 8000 ~ 10000 美元之间的中高收入国家与 10 个人均收入在 1000 ~ 3000 美元的中低收入国家，发现中高收入国家虽然在 1990—2000 年期间确实遭遇了经济增长的停滞或徘徊，但在 21 世纪前 10 年中表现良

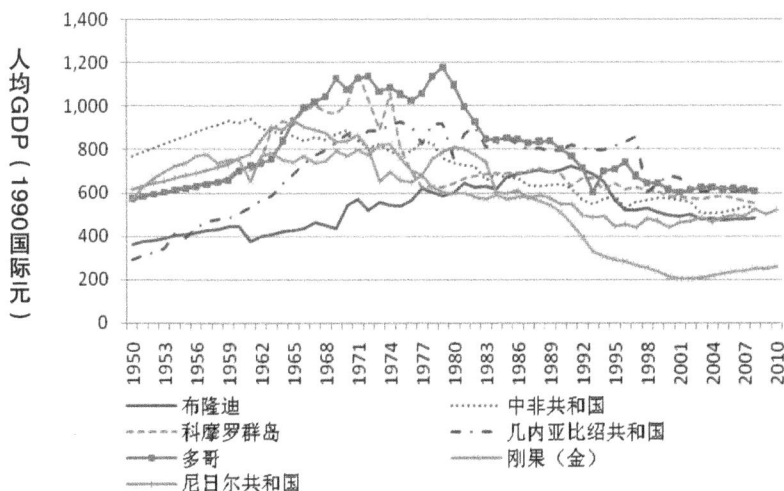

图前-3：低收入国家跨入中等收入又跌回低收入（根据 Maddison1990 国际元数据）

数据来源：Maddison Project Database

http：//www. ggdc. net/maddison/maddison-project/home. htm

好，因此拉长时段看，中低收入国家与中高收入国家的增长率几乎一样，并不存在中高收入陷阱的证据。[①]

由于安德森选取的样本范围比较小，不少人认为他责疑中等收入陷阱的证据还不充分。用世界银行提供的数据，如果对二战以来所有低收入、中低收入、中高收入 3 个阶段国家的人均 GDP 增长做比较，我们发现，中高收入国家的增长率在总体上也并不低于中低收入或低收入国家，中等收入陷阱不存在，因此，比较意义上的中高收入陷阱也并不存在。（图前-4）

实际上，如果把人均收入增长停滞或较慢就作为陷阱的依据，显然，在收入增长的各个阶段上都可能遭遇。而且各个国家在世界银行定义的低收入阶段上都有过最漫长的陷阱。与之相比较，从欧美开始并逐步扩散到全球的工业化、城市化的时代开启以后，人均经济增长速度普遍上了一个甚至几个台阶。至于说一些国家在经历经济高速增长时代之后，速度明显

---

①　Jonathan Anderson，Chart of the Day：Is there Really Such a Thing As a "Middle-Income Trap?"UBS Investment Research，Emerging Economic comment，July 21. 2011.

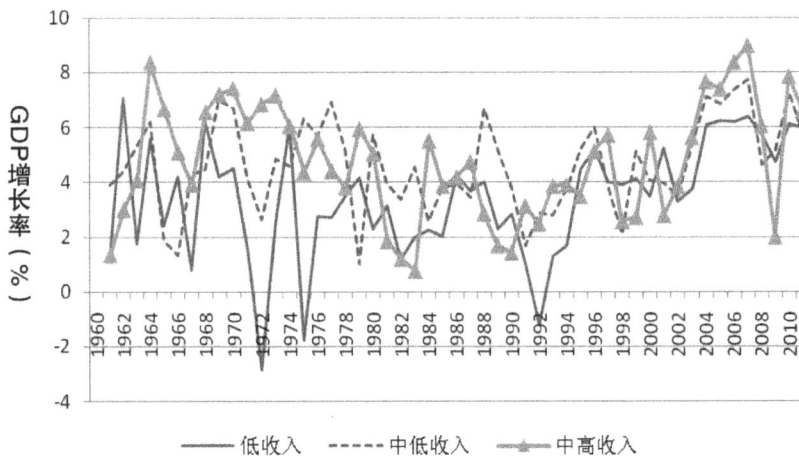

图前-4：低收入、中低收入以及中高收入的经济增长率对比

注：世界银行最新指标数据库提供了 214 个国家 1961-2011 年的 GDP 增长率以及 low income, lower middle income, upper middle income 的分类汇总统计数据，上图据此作出。

数据来源：http：//data. worldbank. org. cn/indicator/NY. GDP. MKTP. KD. ZG

回落恐怕也是规律所致，这既没有妨碍欧美也没有妨碍东亚 5 个经济体在经济相对减速后仍然进入高收入阶段并在高收入阶段继续前进。

鉴于用绝对收入来划分低、中、高阶段及中等收入陷阱的主观性，不可避免会产生各种问题，有人主张回到世界银行报告的相对增长速度的概念去重新定义中等收入陷阱。以相对于高收入国家的标杆美国为尺度，按一国人均收入占美国人均收入比重的范围来定义低中高收入阶段的范围。若一国人均收入增长比美国更快，其占美国人均收入的比重就会上升，反之，比重就会停滞甚至下降。WOO（2011）将这比率称为追赶指数（Catch Up Index ，CUI）①，同时将 CUI<20% 定义为低收入国家，20% < CUI<55% 定义为中等收入国家，CUI>55% 定义为高收入国家。由于这个新标准把中等收入阶段的门槛相对于世界银行的标准提高了 7~9 倍，高收

---

① 胡永泰等，《跨越"中等收入陷阱"》，格致出版社 2012 年版，第 8 页。

入阶段也提高了约2倍（表前-2），因此用这个CUI比率，战后几个主要拉美国家倒确实始终在中等收入阶段徘徊（图前-5），亚洲的中低收入国家还在追赶的初期阶段（图前-6），而只有东亚5个国家和地区（日本、韩国、中国台湾、中国香港、新加坡）真正进入高收入阶段（图前-7）。

表前-2：按世界银行标准与按CUI标准划分各国发展阶段所依据的人均国民收入门槛对比

（单位：当年价格美元，按照汇率法衡量）

		1987	1990	1995	2000	2005	2010	2011
低收入	世行标准	≤480	≤610	≤765	≤755	≤875	≤1005	≤1025
	CUI标准	<3879	<4608	<5512	<7016	<8503	<9322	<9622
中等收入	世行标准	481～6000	611～7620	766～9385	756～9265	876～10725	1006～12276	1026～12475
	CUI标准	3879～10667	4608～12671	5512～15158	7016～19295	8503～23384	9322～25637	9622～26462
高收入	世行标准	>6000	>7620	>9385	>9265	>10725	>12276	>12475
	CUI标准	>10667	>12671	>15158	>19295	>23384	>25637	>26462
CUI标准/世行标准（倍）	中等收入门槛	8.1	7.6	7.2	9.3	9.7	9.3	9.4
	高收入门槛	1.8	1.7	1.6	2.1	2.2	2.1	2.1

注：追赶系数的中等收入和高收入门槛数值分别根据美国人均GDP（现价美元）的20%以及55%计算得出。

数据来源：1. 世界银行收入分类标准；

http：//siteresources. worldbank. org/DATASTATISTICS/Resources/OGHIST. xls

2. 世界银行美国人均GDP（现价美元）数据。

http：//data. worldbank. org. cn/indicator/NY. GDP. PCAP. CD

不过这个相对比重法也不是没有明显缺陷的，如阿根廷从战后初期接近于美国的高收入又跌回到中等收入的中线，这已完全不是什么中等收入陷阱，而是高收入悬崖，即从战后世界最富国家俱乐部之列跌入了中等收入水平。这种描述当然也是很不准确和略显夸张的，因为战后阿根廷实际上人均收入总体是在上升的，新世纪以来还上升很快，现已和几个拉美国家到达世界银行的高收入门槛（图前-8）。

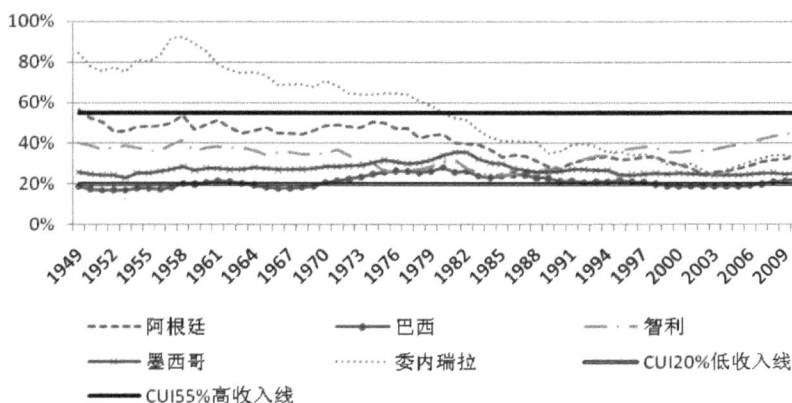

图前-5：拉美国家的人均 GDP 与美国人均 GDP 之比

数据来源：Maddison Project Database

http：//www. ggdc. net/maddison/maddison-project/home. htm

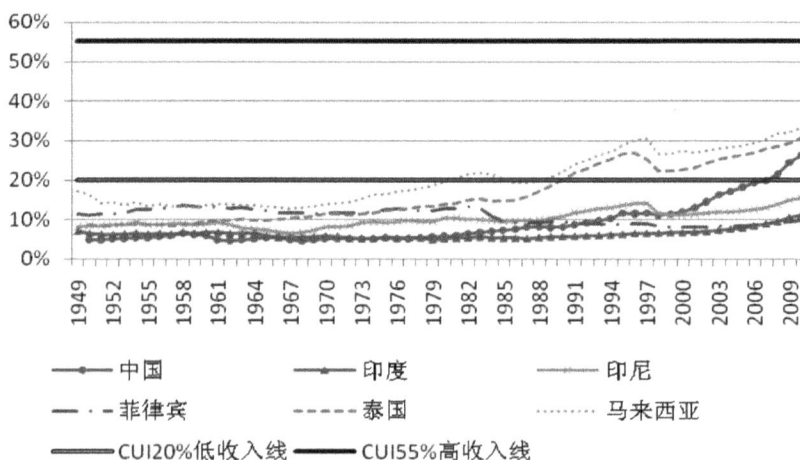

图前-6：亚洲六国的人均 GDP 与美国人均 GDP 之比

数据来源：Maddison Project Database

http：//www. ggdc. net/maddison/maddison-project/home. htm

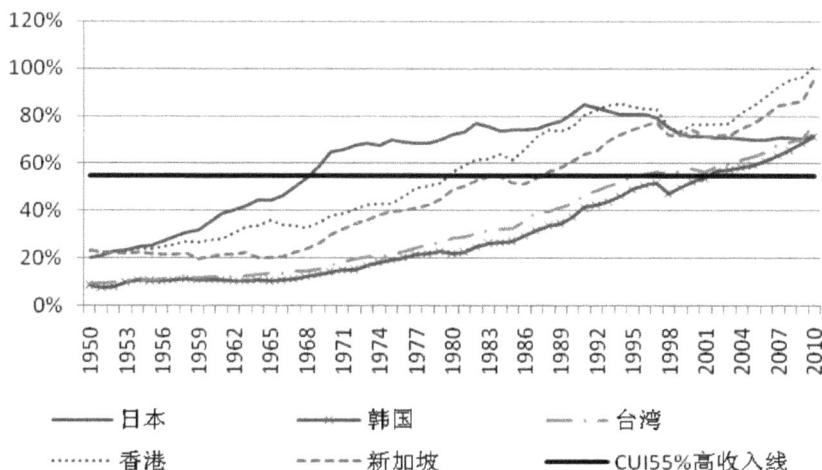

图前-7：亚洲 5 个国家和地区人均 GDP 与美国人均 GDP 之比（Maddison1990 国际元数据）

　　数据来源：Maddison Project Database

　　http：//www. ggdc. net/maddison/maddison-project/home. htm

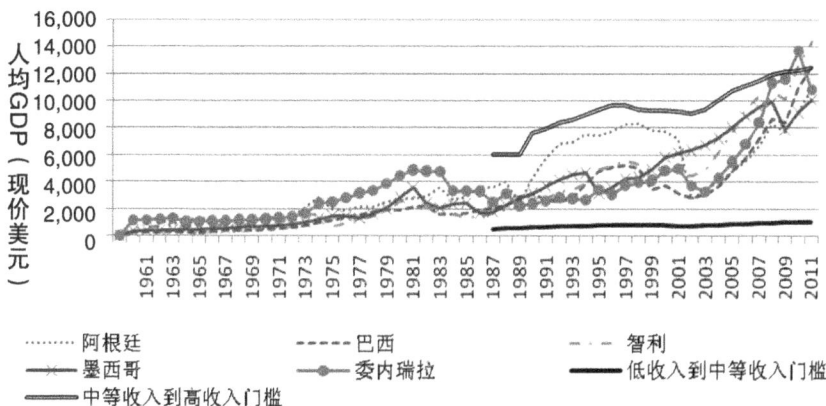

图前-8：阿根廷、委内瑞拉、墨西哥等拉美国家人均 GDP（现价美元）

与世行公布收入分类门槛对比

　　注：两条黑线分别为世行公布的低收入到中等收入门槛以及中等收入到高收入门槛。

　　数据来源：http：//data. worldbank. org. cn/indicator/NY. GDP. PCAP. CD

　　同时鉴于中等特别是高等收入的门槛都太高，在进行比较的 132 个国家中，定义为中等收入国家的，数量就大大减少。在不同收入阶段的流动中，向下流动的可能性还大于向上流动的可能性。这是缘于相对比重法的根本问题在于，它暗含假定发展中国家与美国的人均收入不仅在某些阶段上、而且会始终一致走向趋同，应当说这是一个还没有被证明的命题。因为后进国家固然有一定的后发优势，但最前沿的国家一定也还有自己的领先优势，而各国的人均资源禀赋又相差甚大。后发国家只要能保持持续的经济增长，人民福祉就在不断提高，未必一定能够、也不必强求在各个阶段上都不断缩小与世界最领先国家之间的相对距离。实际上，从战后发展情况看，即使是欧洲主要老牌资本主义国家与美国之间的差距也未见明显缩小。（图前-9）许多低收入国家与美国的差距还在不断扩大。（图前-10）

　　显然，从这些数据和图表看，比重法（CUI）也并不能支持唯有中等收入阶段存在陷阱的假说。

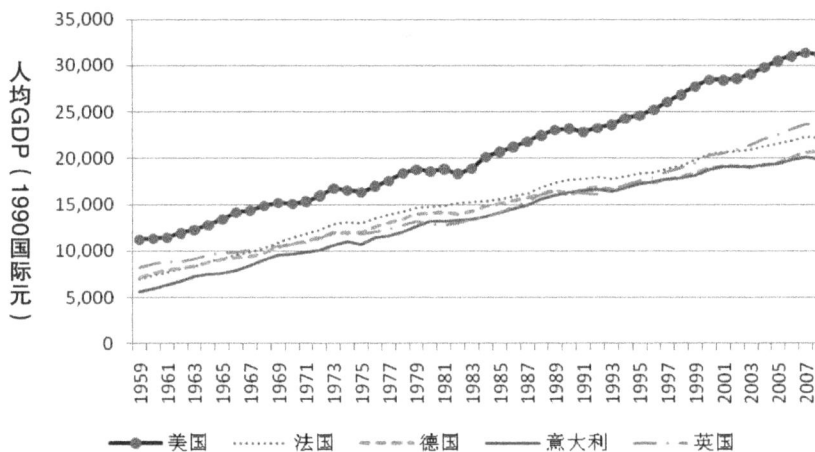

图前-9（1）：美国与英意法德人均 GDP 对比（1990 国际元）

数据来源：Maddison Project Database

http：//www. ggdc. net/maddison/maddison-project/home. htm

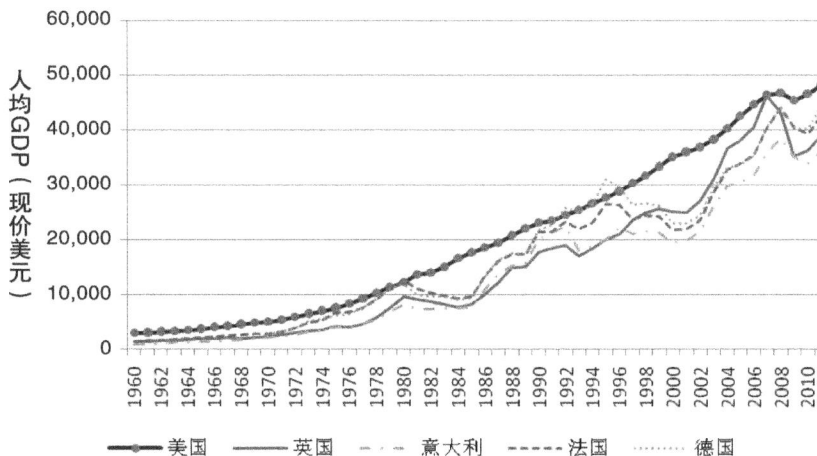

图前-9（2）：美国与英意法德人均 GDP 对比（现价美元）

数据来源：http：//data. worldbank. org. cn/indicator/NY. GDP. PCAP. CD

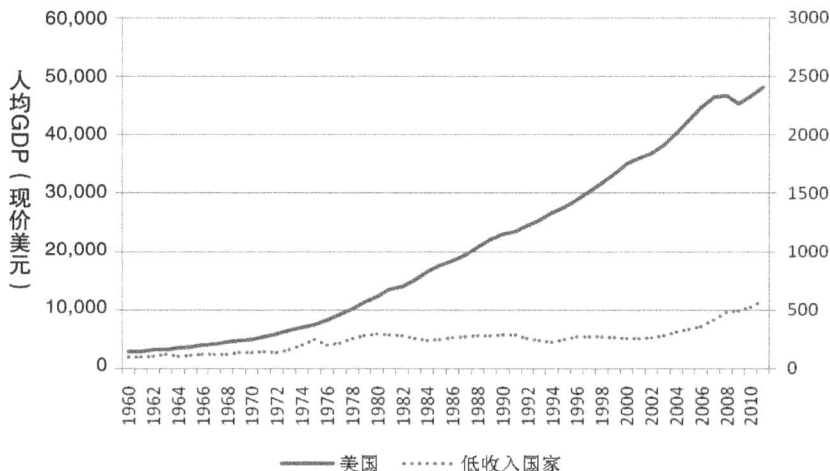

图前-10：美国与低收入国家人均 GDP（现价美元）的分坐标走势对比

注：世界银行最新指标数据库提供了 214 个国家 1961-2011 年的人均 GDP 以及 low income，middle income，high income 的分类汇总统计数据，上图据此作出。

数据来源：http：//data. worldbank. org. cn/indicator/NY. GDP. PCAP. CD

第二节　中等收入陷阱讨论的积极意义

从上节可见，中等收入陷阱无论从绝对指标还是相对比重衡量，都存在着许多明显的缺陷，那么，为什么这个概念在 2007 年提出后仅短短几年，就广泛地受到欢迎，乃至被人们当作一个似乎长期存在并早已证明的定论？特别是在中国，它受到了官方和民间几乎一致的认同和重视，其原因何在呢？

首先，中等收入陷阱说，包含着存在这个陷阱危险但应对得当是可以跨越从而进入高收入行列的命题。这对于所有进入中等特别是中高收入阶段的发展中国家自然充满了吸引力。特别是对于中国这个在 200 多年前人均收入还在世界前列的文明古国，① 这种跨越腾飞、实现民族复兴的大国梦想，更是具有难以抗拒的诱惑力。这是跨越中等收入陷阱的讨论在中国具有的特殊意义。

其次，一个发展中国家从低收入到中低收入阶段，再到中高收入阶段，继续追赶高收入发达经济，在每个阶段上都有不同的挑战。如何应对当前阶段挑战的各种意见、建议，都可以在跨越中等收入陷阱这个大题目下装进来。而这也恰恰是政府决策者关心的焦点。因此，种种应对中等收入陷阱的政策主张都汇集到这个平台上相互竞争，影响决策进而影响中国今后的道路选择。

最后，也是最根本的，就是关于中等收入陷阱的讨论和国际经验教训的比较，确实产生了许多非常重要和有启发性的思想。它对于我们已经达到中高收入之后如何应对前所未有的新挑战和厘清方向路径，大有帮助。这里丰富的内涵和横向比较的坐标，可以容纳我们今天关于改革和发展的几乎所有主要讨论。

---

① 按照诺贝尔奖得主迈克尔·斯宾塞的说法："专家们认为在明代（1600 年），中国的人均收入要略高于欧洲。"《下一次大趋同——多速世界经济增长的未来》，机械工业出版社 2011－12 年版，第 3 页。

　　另外，这个源于东亚复兴的中等收入陷阱的讨论还有一个重要成果。正如诺贝尔经济学奖得主斯宾塞所说："在第二次世界大战刚刚结束的时候，知识渊博的发展经济学家和分析家几乎一致认为非洲的发展前景非常光明，而亚洲的发展前景则很黯淡。"亚洲当时既是全球最贫困，也是人口最多而自然资源匮乏的地区。但二战以来，在全球180个发展中国家中，只有13个发展中经济体在25年或更长的时期内实现了平均7%或更高的增长速度。并且其中成功地进入了高收入行列的几乎只有东亚的日本和亚洲四小龙（韩国、中国香港、新加坡、中国台湾）。[①]这就颠覆了人们关于人口负担和资源匮乏约束增长的传统观念。换句话说，中等收入陷阱的讨论，无论其概念定义有什么缺陷，它都给我们找到了一个新的视角，去进行横向和纵向的实例比较，特别是为我们解剖成功的群体样本、探寻增长跨越的奥秘提供了可能。

　　经济学家对二战之后各个国家和地区增长速度进行了比较，总结了许多国家在增长跨越（如从低收入到中低收入，再到中高收入乃至高收入）上的成功经验，以及不少国家长期停滞、徘徊在一定的收入阶段甚至有的国家从较高收入阶段又跌入更低收入阶段的教训。在这样一个丰富多彩的大样本基础上，再去仔细考察那些少数成功或不成功的典型案例。这样，经济学家通过中等收入陷阱的考察和研究，得出了一些普遍性的结论，这主要包括：

　　第一，对外开放融入全球化体系是成功增长不可或缺的必要条件，因为没有一个成功增长或追赶的案例是在闭关锁国的环境下实现的。这与理论和历史逻辑也是一致的。斯宾塞提出："为什么现代化和增长的快速扩张进程开始于第二次世界大战之后？——答案是经济的全球化，包括产品和服务贸易、流动资本的不断开放，最重要的是知识和科技的转让。"[②]世

---

　　① 斯宾塞：《下一次大趋同——多速世界经济增长的未来》，机械工业出版社2011–12年版，第38–39页。
　　② 斯宾塞：《下一次大趋同——多速世界经济增长的未来》，机械工业出版社2011–12年版，第40页。

界银行的几个报告也同样强调了这一点。

实际上这就是所谓的后发优势所在。因为后进国家已经不必像先行国家那样在黑暗中摸索，而可以直接借鉴和吸收别人经过长时期探索才获得的知识、技术和信息。从 1750 年前后世界进入工业化以来的 260 多年历史来看也是如此，早期工业化国家经常要花好几十年甚至上百年才能跨越的人均收入阶段，二战以后已经有越来越多的国家和经济体在开放条件下用短得多的时间就做到了。（表前–3）工业革命的最初 200 年，经济高速增长的速度也只在 2%～2.5%，而二战后的新兴经济体中 7%～8% 的速度已经不算稀奇。（图前–11）图前–1 中显示的低收入和中等收入国家的增长速度在二战以来的半个多世纪中总体快于高收入国家也说明了这一点。这也是全球化时代大趋同论的依据。

表前–3：早期工业化国家和地区与后发国家和地区人均 GDP 增长所需时间

国家	人均 GDP 2500 (1990 国际元) 起始		人均 GDP 8000 (1990 国际元) 起始		时间 (年)
	时间	人均 GDP (1990 国际元)	时间	人均 GDP (1990 国际元)	
英国	1853	2555	1957	8017	105
美国	1869	2516	1941	8206	73
意大利	1925	2602	1968	8382	44
德国	1893	2565	1962	8222	70
法国	1893	2535	1962	8067	70
日本	1939	2816	1969	8874	31
韩国	1973	2824	1989	8027	17
中国香港	1954	2546	1977	8707	24
中国台湾	1970	2537	1987	8598	18
新加坡	1962	2520	1979	8362	18

数据来源：Maddison Project Database
http：//www. ggdc. net/maddison/maddison–project/home. htm

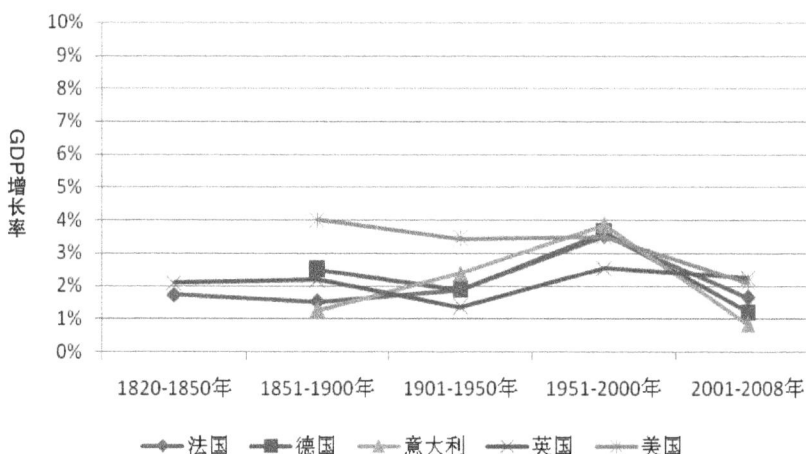

图前-11（1）：老牌工业化国家分阶段经济增长情况

注：根据 Maddison（1990 国际元）数据计算。由于部分数据缺失，1820–1850 年阶段法国数据为 1821–1850 年，英国为 1831–1850 年；1851–1900 年阶段意大利数据为 1862–1900 年，美国为 1871–1900 年。其余均为连续数据。

数据来源：Maddison Project Database

http：//www．ggdc．net/maddison/maddison-project/home．htm

　　第二，市场经济制度是另一个必要条件。这不仅是因为只有实行市场经济制度才可能融入全球市场化的经济体系，使外部资本、技术、思想和信息的顺利转移成为可能，还因为只有市场经济以及作为其基础的多元化产权制度才能提供充分的利益激励、创新动力、降低产品和服务成本的竞争和满足现实与潜在需求的能力。虽然战后计划经济最初也被很多人认为是发展中国家赶超发达市场经济国家的有效模式，然而实践表明，实行计划经济从而必然在很大程度上闭关锁国的经济体，无论是前苏联、东欧国家、中国、越南、朝鲜、古巴等国，还是在相当时期中多少采用计划经济模式的亚洲和非洲等发展中国家，尽管同样有后发优势，但无一例外都没有能实现追赶型增长和缩小与发达国家的距离。

　　以上这两项应当说是新自由主义的核心议题，而且都没有争议地被认

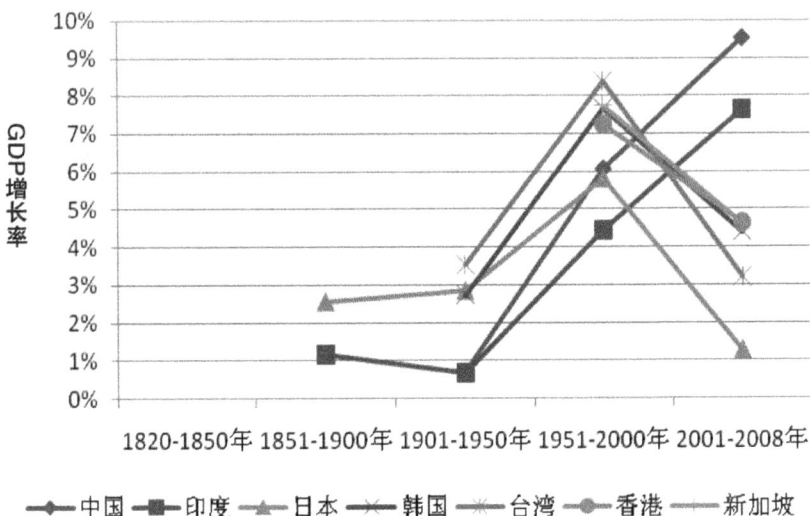

图前-11（2）：新兴经济体分阶段经济增长情况

注：根据 Maddison（1990 国际元）数据计算。由于部分数据缺失，1851~1900 年阶段印度的数据为 1885~1900 年，日本的数据为 1871~1900 年；1901~1950 年阶段中国的数据为 1930~1938 年，韩国为 1912~1950 年，台湾为 1902~1950 年。其余均为连续数据。

数据来源：Maddison Project Database

http：//www. ggdc. net/maddison/maddison-project/home. htm

为是经济追赶最基本的条件，不过仅仅这些还不能保证持续地高速增长。用世界银行报告的话来说："坚守古典理论和新古典理论的建议对于增长虽然是必要的，但并不足以赶上发达国家。"[1] 用斯宾塞的话说，加入国际一体化体系，只是追赶的必要条件，而不是充分条件。那么，还需要哪些必要条件，才能充分保证追赶型增长呢？遗憾的是，沿着跨越中等收入陷阱这个宽泛的命题，经济学家的说法就比较发散了。世界银行 2007 年的报告中认为，过去 15 年经济研究文献的思路可以归纳为以下几点：[2]

---

① 《东亚复兴——关于经济增长的观点》，世界银行东亚与太平洋事务局首席经济学家办公室，中信出版社 2008 年版，第 68 页。

② 《东亚复兴——关于经济增长的观点》，世界银行东亚与太平洋事务局首席经济学家办公室，中信出版社 2008 年版，第 74—75 页。

（1）规模经济，包括国际一体化和带来新知识的贸易和资本流动。

（2）新知识是推动经济进步的最重要力量，也是规模经济最重要来源，中等收入阶段经济从不断提高的多元化转向专业化，因此从重视投资转向重视创新。

（3）城市是规模经济最重要的联结点，城市化代表更多农村人口分享市民化的服务和发展机遇。

（4）高效管理以规模经济和不完全竞争为特征的经济活动相关的经济租金，政府不可或缺的作用，抑制腐败和保持社会和谐。

简言之，按照上述报告的说法，已经进入中等收入的国家应当是已经遵循了亚当·斯密的理论，创造了经济增长必备的和平环境、合理税负和良好的司法体系，以及坚持了新古典理论关于开放、宏观经济稳定和广泛投资人力资本的信条，但要进入高收入阶段，简单重复这些是不够的，还需要处理好上述各方面的重要挑战。

如果说世界银行的报告因为必须面面俱到，因而多少让人难以准确把握的话，中国国内学者的意见则要具体明确得多。中国学者一般是借跨越中等收入陷阱和翻越高收入之墙这个牵动政府神经的题目，强调中国深化改革和推动经济发展方式转型的迫切性。如国务院发展研究中心的"跨越中等收入陷阱"课题组，就提出了在中国面临高收入之墙之际,[①] 经济增长通常会从高速增长下台阶转入中速增长，在各种矛盾和问题集中涌现时，要以"参与促进型改革"来推动发展方式转型。

他们认为，这时需要随增速回落相应调低宏观经济增长目标，在经济减速时防范化解财政金融风险，企业改变速度效益型的盈利模式，形成竞

---

① 高收入墙是法塔斯和来霍夫在 2009 年提出的概念，他们看到了不光中等收入，实际上在各个发展阶段都有收入增长的陷阱，故提出了有一个中等收入进入高收入阶段要翻越的高收入之墙，当一国经济发展到一定阶段，如果没有如政治稳定、政府效率、法制建设、腐败遏制等制度质量的提升，就难以翻越高收入墙。高收入之墙的提法回避了中等收入陷阱说的可能争论，但从一些国家进入高收入行列也会滑落回中等收入队伍的情况看，各种人为划定的高收入界限似乎并不构成所谓翻越或退回的高墙。Fata's, A, and Mihov, I, 2009, "The 4I's of Economic Growth", Working Paper, INSEAD.

争性和创新导向的市场环境，打破垄断和深化国企改革，促进农民工市民化，解决三农问题，形成创新型教育和科研体制，推动收入分配改革扩大中等收入群体，建成有利创新又分散风险的金融体系，政府由增长主导型向公共服务主导型转变，以及参与促进型改革，促进机会平等、完善公共服务体系、建立鼓励创业创新制度、完善法制环境。特别是加强知识产权保护，等等。①

上述的这些研究和归纳都让人得到启发，但由于涉及的重点是如此之多，人们还是难得要领。看来，要真正从二战以后这半个多世纪后发国家的经济追赶，特别是东亚五个成功进入高收入行列经济体的经验中把握住核心和确定性的东西，我们还需要新的坐标系。

第三节　人类真正跨过的几大发展阶段与陷阱

既然在比较意义上的中等收入陷阱并不存在，而经济增长的放缓乃至停滞、倒退在不同收入阶段上都会出现，那么，我们真正需要的，就不是非要人为构造一个中等收入陷阱，而是要具体分析自己面对的那个经济发展阶段的特殊陷阱与特殊挑战。

拉长了镜头来看，相对于中等收入陷阱这个新概念，人类社会可以说是跨越了几个历史性阶段和发展陷阱。从采集—狩猎的自然经济向种植农业及驯养畜牧业的转变，是人类最终摆脱完全依赖自然资源赐予的一般动物生存方式具有决定意义的一步。其原因无论是人口与自然资源关系失衡的压力驱动，还是生态环境变迁导致人类的适应性选择，或是人类知识的积累和文化宗教的发展变化，总之，这个飞跃使人类跳出了自己徘徊了至少几十万年的生存陷阱。跨越生存陷阱，标志着人类不仅已经积累起鉴别可驯化动物和植物的知识以及饲养或种植它们的技术，而且开始建立和发

---

① 刘世锦等：《陷阱还是高墙？——中国经济面临的真实挑战和战略选择》，中信出版社2011年版，第27—30页。

展了明确界定产权特别是私有产权的新型社会制度与规则。因为很显然，如果没有产权的界定和保护，饲养畜牧业（以这些饲养动物的产权界定为前提）更不用说种植农业（以土地及农作物的产权界定为基础）的经济形态是根本不可能形成激励并建立发展的。

回望历史，跳出完全依赖自然资源赐予的生存陷阱，进入农业及畜牧业社会是人类摆脱史前的蒙昧野蛮时代，进入文明时代的标志。不过现在我们知道，人类进入农业社会之后很快就在一个更高的发展阶段上遭遇了新的困境或贫困陷阱。相对于早期人类在采集—狩猎社会延绵多少万年的生存陷阱，农业社会的贫困陷阱仅仅延续了几千年（有说一万年左右），但以我们今天的眼光去看也已经显得极其漫长。特别是由于文字记载的出现我们清楚地知道，从公元前的若干世纪一直到 18 世纪英国工业革命之前，农业社会处于增长极其缓慢与停滞的贫困陷阱之中。人均收入至少在2000 年中几乎没有什么增长。（表前-4）

表前-4：公元 1–1820 年世界平均人均 GDP 情况

	1	1000	1500	1600	1700	1820
世界平均（1990 国际元）	467	453	566	596	615	666

数据来源：Maddison Project Database
http：//www. ggdc. net/maddison/maddison-project/home. htm

在农业社会中（一些地区存在的畜牧业社会也一样），马尔萨斯均衡扮演着支配作用，即任何增加人均食物供给的结果，都会诱致更高的人口出生率，从而重新把人均食物的可供量又拉回到生存水平上。土地所有权在少部分人手中的集中，进一步加剧了这种普遍的贫困和争斗。由于中国传统社会的农业文明在很早阶段上就已经到达很高的水平，所以农业社会的贫困陷阱或马尔萨斯陷阱表现得特别典型，中国陷入历代王朝的兴衰更迭及相应周期性的经济恢复、发展繁荣、人口快速增长然后是饥荒、起义、战争或被入侵从而人口大量减少的循环中。中国经济和社会的发展也正是在这种周而复始的循环中陷入了长期的停滞。18 世纪中叶发生于英国的工业革命拉开了人类社会跨越贫困陷阱的大幕。与人类跳出生存陷阱是通过饲养种植而不是靠直接获取自然界的食物为标志类似，工业革命是通过制造而不是直接利用自然能源动力，即以蒸汽机的发明为标志。进入机器生产时代，反映了人类对自然规律的认识即科学技术发展的革命性飞跃，从而在根本上改变了自然资源的含义，打开了其可利用的多维空间和广阔前景，并带来了人类社会在制度安排与精神文化方面的一系列深刻演变。

当然，这绝不是说，走出贫困陷阱是一个径情直遂和充满玫瑰色的浪漫过程。相反，早期工业化国家，典型的如英国，既伴随了所谓"羊吃人"的乡村圈地运动，也有童工的滥用和城市贫民窟。英国当年还利用了世界工厂的特殊领先地位，摧毁不知多少国家的传统手工业，让世界成为其市场，以及通过海外殖民和移民，加速了自身的资本积累和全球扩张。但无论如何，工业革命对于人类发展的意义，只有当年使人类社会摆脱生存陷阱的饲养种植革命才能相提并论。

应当说，与人类历史上漫长的生存陷阱和贫困陷阱相比，进入工业革命时代之后的不同国家在不同阶段上的发展停滞，不过是在一个整体上不断加快的发展轨道上短暂和局部的沟沟坎坎。虽然人们常常也将之称为发展陷阱，其实只是就极短期而言，而且不具有全局意义。这是我们在研究20世纪特别是二战以来发展中国家的经济追赶问题时必须铭记的基本背景和框架。

从二战之后勃兴起来的发展经济学角度去看，在现代经济条件下落后国家要摆脱贫困，自然首当其冲就是要仿效先进国家，在农业社会中开启工业化进程。这样首先要解决的是"李嘉图陷阱"，后来也被舒尔茨称为食品问题。[①] 李嘉图陷阱是指农业国在进行工业化启动时会遭遇资源制约问题。因为工业化人口的迅速增加会增大食品供给的压力，食品价格的上扬从而工资成本的上升会严重抑制依赖于劳动密集技术的早期工业，而获

---

① Schultz，T. W.（1953），The Economic Organization of Agriculture（New York：McGraw-Hill）

益者只是非生产性、只会挥霍性消费的地主阶级。

但要跨越李嘉图陷阱即工业化起步陷阱，李嘉图当年基于英国情况开出的食品进口的药方并不适合今天落后的贫困国家，因为它们几乎无法靠工业品出口创汇去进口食品，相反往往还要依靠农产品等初级产品出口赚取外汇以支持早期工业化。中国在 1949 年以后的一个长时期中就是这种靠出口自己也紧缺的农产品换取工业品的模式。更可行的办法，是在节衣缩食进行积累以艰难推进工业化起航的同时，启动农村土地改革，用土地更公平分配、耕者有其田的制度改革释放农业生产活力（这是我们在战后初期的日本、韩国和我国台湾，以及 50 年代初和 80 年代初的中国大陆都见到的情况），通过农业科学技术的引进和改善来提高农业劳动生产率和农业产量（如中国 50 年代起大规模的水利建设，70 年代以后化肥应用、杂交水稻的研发和推广，印度的绿色革命），这些都会是工业化顺利起步的助推器。但这些显然都不是可以轻易做到的。

因此，在世界进入工业革命之后的一二百年间，大多数发展中国家还在人们今天定义的低收入陷阱中挣扎。故而在刘易斯深化李嘉图模型基础上的二元经济结构中，就有人指出二元经济增长在到达所谓的刘易斯拐点之前，存在着因不能解决李嘉图—舒尔茨食品问题而停滞不前的危险。①

越过食品制约，工业化或现在被许多人称为的初步工业化就可以展开。罗斯托 1960 年在他著名的《经济增长的阶段》一书中，将经济增长分为传统社会、起飞前提条件、起飞、走向成熟和大众高消费五个阶段。②解决食品等自然资源制约可以认为相当于具备了起飞前提条件，而初级工业化相当于起飞。在罗斯托那里，起飞与投资率上升的一定比率是密切相关的。这也符合古典经济学的传统。因为把资本积累作为增长的发动机，因而需要压制消费特别是挥霍性消费来增加储蓄和投资，是从斯密到李嘉

---

①　Ranis, G., and Fei, J. C. H. (1961), "A Theory of Economic Development", American Economic Review, 51 (Sept.): 533-65. Fei, J. C. H., and Ranis, G. (1964), Development of the Labor Surplus Economy (Homewood, Ill.: Irwin).

②　罗斯托:《经济增长的阶段》，中国社会科学出版社 2012 年版。

图的信条。马克思也继承了古典经济学的这个传统，只是他给了不同的假设因而从中推演出不同的结果。在马克思看来，资本积累是资本主义生产增长方式的必然形式，但由于产业后备军的存在和工人工资被压抑在一个很低的生存水平（劳动力再生产）上，因而资本有机构成会不断提高，从而导致资本主义贫富分化和阶级矛盾剧烈的冲突。

在二战结束初期发展起来的平衡增长理论，以及根据凯恩斯理论独立推导的哈罗德—多马经济增长模型，都内含了投资对增长的决定作用，当时许多人认为，发展中国家的低人均收入和低储蓄之间存在的恶性循环，是一种"低均衡陷阱"，因而需要一个外在导入的储蓄率进而投资率的提高，突破"临界最小努力"，跳出低均衡陷阱。① 战后实行中央计划经济的苏联、东欧包括中国等国家依靠强制性的资本积累快速推进工业化的范例，以及刚从西方殖民主义那里争得独立的发展中国家出于对原西方宗主国资本主义市场经济的本能警惕和排斥，都推动了许多发展中国家，包括像亚洲的印度、非洲的尼日利亚这样的人口大国，实行了政府计划推动的资本积累以实现经济增长和追赶的道路。

顺便指出，对于这种依靠政府强制实行的压抑消费而高储蓄高投资模式，现在已经有了很多批评。不过，根据阿布拉摩维茨1993年对资本主义国家历史数据的分析，② 当今发达资本主义国家在工业化初期的经济增长类型也主要是以资本积累而不是以技术进步为基础的。只是在"高级工业化阶段"，即类似罗斯托的从起飞向成熟及大众消费阶段转化时，技术创新而非资本积累才发挥越来越主要的作用。

随着阶段递进的演变，技术进步在现代经济增长中占主导作用的观点今天已成为广泛共识。新古典生产函数构建的增长模型很快发现，需要储

---

① Leibenstein, H. （1954）, A Theory of Economic - Demographic Development （Princeton: Princeton University Press）. Nelson, R. R. （1956）, "A Theory of the Low-Level Equilibrium Trap", American Economic Review, 46 （Dec.）: 894-908.

② Abramovitz, M. （1956）, "Resources and Output Trends in the United States since 1870", American Economic Review, 46 （December） （supplement）: 5-23.

蓄率进而投资率提高来促进经济增长是基于一个特定生产函数的假设。即在早先的增长理论包括哈罗德—多马模型中，资本产出率被假定为常数，这样工业化只能增加资本才能增加产出。而如果技术随时间而进步，资本产出率就不是常数。

索洛和斯旺揭示了没有不断的技术进步，人均收入的提高就不可能持续，因而以人均收入为标准衡量的经济增长更依赖于技术进步而不仅是资本投入。[①] 库兹涅茨强调了科学对于技术进步的作用，他认为科学的系统运用是现代经济增长的发动机，它使技术进步从初级工业化过程中很大程度上靠操作者"可见的"机械改进，变为分子、电子、电磁等"不可视"的研发和应用。[②] 这样，技术进步的取向开始从有形资本对无形资本的替代，到促进无形资本对有形资本替代的转变，即过去是以资本节省劳动，现在是以无形资本节省有形资本了。

在由罗默和卢卡斯首创的内生增长模型中，技术进步不再是外生给定的变量，而是经济活动本身创造新知识，使规模经济递增的机制。[③] 这样，不仅企业研发设计和制造的投资，而且政府和社会对教育、科研的投资，都是累积技术进步的因素。资本对于增长仍然是重要的，但它已不仅包含了有形资本还包含了日益重要的无形资本。对人的投入不仅是成本，也是投资。全要素生产率的提高越来越取决于人的因素，取决于社会的教育水平，科研体制、创新空间和动力。

现在我们可以再次看到与中等收入陷阱讨论相关的内容了。从农业国向初步工业化国家的转变，相当于是起飞即从低收入阶段进入中等收入阶

---

① Solow, R. M. (1956), "A Contribution to the Theory of Economic Growth", Quarterly Journal of Economics, 70 (Fed.): 65–94. Swan, T. W. (1956), "Economic Growth and Capital Accumulation", Economic Record, 32 (November): 334–61.

② Kuznets, S. (1966), Modern Economic Growth: Rate, Structure and Spread (New Haven: Yale University Press).

③ Romer, P. M. (1986), "Increasing Returns and Long–run Growth", Journal of Political Economy, 94 (Oct.): 1002–37. Lucas, R. E., Jr. (1988), "On the Mechanics of Economic Development", Journal of Monetary Economics, 22 (July): 3–42.

段，包括中低收入和中高收入。在这个阶段上，要素投入本身包括从农业剩余劳动力转移而来的人口红利和储蓄转化的资本投入就可以相当有效地促进经济增长，这或许是曾经的计划经济或准计划经济的国家在这个阶段上经济增长绩效还表现不错的原因。但是从中高收入向高收入社会转变，追赶的差距以及借用技术的比较优势缩小，就更需要一个经济体自身的人口素质和创新激励，这也可以解释计划经济体在这个阶段上都遭遇增长瓶颈的原因。（表前-5）

表前-5：美国与东欧、苏联经济增长情况对比

	年份		平均 GDP 增长率（%）
美国	1950–1989	3.72	4.08（1950–1970）
			3.32（1971–1989）
苏联	1950–1989	3.81	5.27（1950–1970）
			2.20（1971–1989）
东欧	1951–1985	3.92	4.74（1951–1970）
			2.84（1971–1985）

注：苏联 1950–1989、东欧 1951–1985 期间实行计划经济体制。
数据来源：Maddison Project Database
http：//www.ggdc.net/maddison/maddison-project/home.htm

因此，到 20 世纪 80 年代初，战后一度流行的由政府主导的出口替代战略和中央计划经济都遭遇了明显的挫折之后，市场自由主义全面复兴。世界银行等国际组织当时一度把实行新自由主义即解除政府管治和市场自由化作为提供贷款、帮助发展中国家摆脱危机的条件。随着苏联的解体，这个思潮达到顶峰，以至被命名为"华盛顿共识"，以反映当时在华盛顿特区的国际货币基金组织、世界银行、美国财政部这三家机构对拉美国家所提政策建议的共同信念。

但是，从 20 世纪 80 年代到 20 世纪末拉美经济的长期困境，特别是被视为贯彻华盛顿共识的典范——阿根廷经济的再次崩盘，使华盛顿共识受到了普遍的责疑。而东亚地区被世界银行称为在政府"系统的、手段多样

的"干预下出现了经济奇迹，并在 1998 年亚洲金融危机冲击后仍然表现为经济增长的韧性，使得所谓"后华盛顿共识"逐步产生。这就是基于一个国家的发展阶段、社会规范和文化价值，适宜的制度对经济发展具有至关重要的作用，因此要正确认识和处理政府与市场的关系，经济增长与减少贫困、增进平等的关系，避免后发国家在追赶过程中由于嫁接不良而产生社会断裂和危机。[①]

正是在这个背景下，21 世纪初，世界银行基于东亚经验，提出了中等收入向高收入跨越的陷阱说。无论中等收入国家增长较慢的陷阱说存在多大缺陷，战后能从低收入和中等收入成功进入高收入行列的经济体确实凤毛麟角，那么，什么是经济体进入并稳健成长在高收入行列的更充分的条件呢？

第四节　城市化转型与成为高收入经济体的密码

如前所述，对外开放融入全球化体系和实行市场经济制度是实现经济追赶的两个必不可缺的前提。但仅有这些是绝对不够的。这首先是因为人们谈论的经济和市场都是在国家的层次上和界限内，市场和国家有着不可分割的相互依赖性。[②] 市场有效运行的前提是财产、商品和服务的明确产权界定、保护和实施，而这有赖于国家制定的法律、规则和执行力。这些法规及其实施的服务，与学术研究产生的基础科学知识一样，可以让很多人共同使用它们（即存在非竞争性），而又难以强制使用者适当地付费

---

① North, D. C. (1981), Structure and Change in Economic History (New York ： Norton) . North, D. C. (1990), Institutions, Institutional Change and Economic Performance (Cambridge： Cambridge University Press) . Aoki, M. (2001), Towards a Comparative Institutional Analysis (Cambridge, MA： MIT Press） . Ishikawa, S. (1994), "kozo Chosei – Segin Hoshiki no Saikento" ［Structural Adjustment ： A Reassessment of the World Bank Approach］, Ajia Keizai ［Institute of Developing Economies］, 35 (Nov.)： 2 – 32. Stiglitz, J . E. (2002), Globalization and its Discontents (New York： Norton) .

② 以下关于市场和国家关系讨论的许多观点参见速水佑次郎、神门善久《发展经济学——从贫困到富裕》，第八章第一节，社会科学文献出版社 2009 年版，第 203—210 页。

(即所谓非排他性)，这样由于交易成本的高昂，在这类公共产品的供给上就会出现市场失灵。由于信息不对称，即便在许多纯私有品的场合，也需要政府介入去保护买方的权益和维持整个经济系统的稳定运行，医疗和金融领域的政府干预和管制，就是典型的例子。

另一个领域是国民收入的再分配，如财产税、累进所得税和社会福利保障，这已成为现代国家纠正市场失灵的主要功能之一。因此也可以说它们已成为政府提供的公共产品。这是因为收入分配的恶化会危及社会的稳定，增加对抗、破坏和犯罪，从而大大提高经济运行的成本。由于市场是促进经济效率而不是改善收入分配的制度，因而由政府提供公共产品去保持适度的公平本身就是提高经济效率的需要。

当然，政府本身也是一个复杂的利益集团，又是一个拥有合法强制力和享有极大信息优势和垄断能力的组织。因此，政府往往出于自身的利益或利益牵制过度地提供社会并不需要甚至对社会有害的公共产品乃至非公共品，而过少提供社会需要的、包括有利于经济发展的那些公共产品。这就是所谓政府失灵。因此，在市场和政府都会有失灵的情况下，问题就在于如何找到二者在不同发展阶段上恰当的分工和组合，以实现经济追赶。麻烦在于，在发展中国家，市场失灵和政府失灵都特别严重。

因此，"从广义上讲，经济落后创造了一个更快增长的机会，但实际上的追赶依赖于利用这种机会的国家能力或社会能力"。① 这是因为现代经济和市场是以国家为边界组织，无论什么样的发展战略乃至市场经济体制，都要由一个国家内部生成的政治权力结构认同采纳和实行。不管有多少外部因素的影响，这种国家能力只能从一国内生的社会力量博弈中产生，故也可称之为社会能力。那么，在向高收入阶段转变因而无形资本和人力资本具有决定意义的阶段，我们需要的这种国家能力或社会能力究竟是什么？而战后成功地进入高收入行列的国家或地区又究竟做对了什么？

---

① 速水佑次郎、神门善久《发展经济学—从贫困到富裕》，社会科学文献出版社 2009 年版，第 160 页。

世界银行《东亚复兴》的报告指出，"从1950年以来，超过100万居民的国家和地区中，只有中国香港、韩国、沙特阿拉伯、新加坡和中国台湾，从低收入国家或地区提升到高收入行列"。① 即除了沙特阿拉伯这个特殊的产油国之外，从低收入直接跨越进高收入的就只是韩国、中国台湾、新加坡、中国香港这亚洲四小龙。世界银行2008年出版的"增长与发展委员会"的报告中指出，在战后25年或更长时期内实现了平均7%或更高增长速度的所有低收入和中等收入国家或地区有13个，其中除了马耳他这个不足50万人口的欧洲地中海旅游岛也刚达到高收入门槛外，只有东亚的日本、韩国、中国台湾、新加坡、中国香港成长为真正的高收入经济体。② 从这个被称为战后奇迹的东亚模式中，我们可以发现如下的一些共同特点：

第一，都是实行对外开放、积极融入国际经济体系的市场经济体制，其中新加坡高度依赖与外部资源的交换，中国香港被认为是世界上最开放的自由市场经济体，从而具备了追赶经济的必要条件。

第二，除新加坡、中国香港为城市经济体，无农村土地和农民问题外，日本、韩国和我国台湾地区在战后均由于各自的特殊条件进行了较为彻底的土地改革，使土地的分配较为平均，为其后的工业化起飞奠定了很好的基础。这与拉美以及亚洲其他很多国家土地被集中在极少数人手中，没有或没有彻底的土地改革相当不同。

第三，虽然这5个经济体均非典型的欧美民主体制模式（日本战后从中等收入进入高收入的期间，是在民主外壳下的自民党55年一党执政体制；韩国在转型期是军政府统治；中国台湾是蒋家父子威权统治；新加坡当时也被认为是典型的民主外壳下的威权统治；中国香港在1997年之前是英国殖民统治），但均有一个有效率的政府，并提供了经济追赶不可或缺

① 《东亚复兴——关于经济增长的观点》，世界银行东亚与太平洋事务局首席经济学家办公室，中信出版社2008年版，第76页。

② 增长与发展委员会，《增长报告——可持续增长和包容性发展的战略》，中国金融出版社、世界银行2008年版。

的公共产品，即国家安全、社会秩序和公共财政金融政策的稳定性，没有出现经济的大起大落和巨幅震荡。这与同为中等收入的中东地区国家战乱不断、社会不稳，以及拉美地区国家财政金融政策大幅摇摆、恶性通货膨胀不断等形成鲜明对照。（表前-6）韩国、中国台湾还在城市化基本完成、市民阶层成为社会主体、进入高收入行列前后较为平稳地实现了民主化转型，为后续持续增长提供了避免社会对抗的政治结构。（表前-7）

表前-6：东亚四经济体与拉美四国历年 CPI 数据对比

	数据节点	平均值（%）	最大值（%）	最小值（%）	二阶原点矩
中国香港	1982–2012	4.49	11.34	−4.02	41.52
日本	1961–2012	3.36	23.18	−1.35	29.92
韩国	1967–2012	8.00	28.70	0.81	109.86
新加坡	1961–2012	2.78	22.37	−1.84	25.27
阿根廷[1]	1961–2012	189.10	3079.81	−1.17	314566.25
阿根廷[2]		88.79	672.18	−1.17	30355.70
巴西[1]	1981–2012	365.92	2947.73	3.20	639283.02
巴西[2]		118.83	951.65	3.20	60518.94
墨西哥	1961–2012	21.68	131.83	0.59	1332.75
乌拉圭	1961–2012	42.86	125.34	4.36	2885.83

注：阿根廷[2]剔除 1989 年 CPI 数据 3080%、1990 年 2314%，巴西[2]剔除 1989 年 1431%、1990 年 2948%、1993 年 1928% 以及 1994 年 2076%。

数据来源：世界银行，http：//data.worldbank.org.cn/indicator/FP.CPI.TOTL.ZG

表前-7：城市化与民主转型

国家	城市化基本完成	进入高收入时间	民主转型时间	备注
韩国	1990（82.4%）	1994	1988	民选总统金泳三上台
中国台湾	1988（80.8%）	1988	1986	宣布解除戒严和党禁报禁

数据来源：Maddison Project Database, http：//www.ggdc.net/maddison/maddison-project/home.htm

中华民国统计咨询网，http：//www.stat.gov.tw/ct.asp? xItem=14616&CtNode=3564&mp=4

注：1994 年韩国人均 GDP 为 9525 美元，超过世界银行 8955 美元的高收入门槛；1988 年中国台湾人均 GDP 为 6148 美元，超过世界银行当年 6000 美元的标准。

第四，日本、韩国、中国台湾这三个典型的城乡经济体，在从低收入向中等收入和高收入转型过程中，政府均以发展主义为导向积极推动经济增长，保持了很高的储蓄率和投资率，并通过制度安排和政策调节始终将贫富差距控制在一个相对较低的水平上，从而名副其实地实现了包容性增长。(图前-12) 新加坡、中国香港这两个完全没有自然资源的孤立城市，为了吸引外来资本和资源以立足，长期实行低税政策，再分配调节力度明显弱于非孤立城市的正常国家和地区，因而基尼系数较高，但仍与拉美国家的高度两极分化不能相提并论。(图前-13)

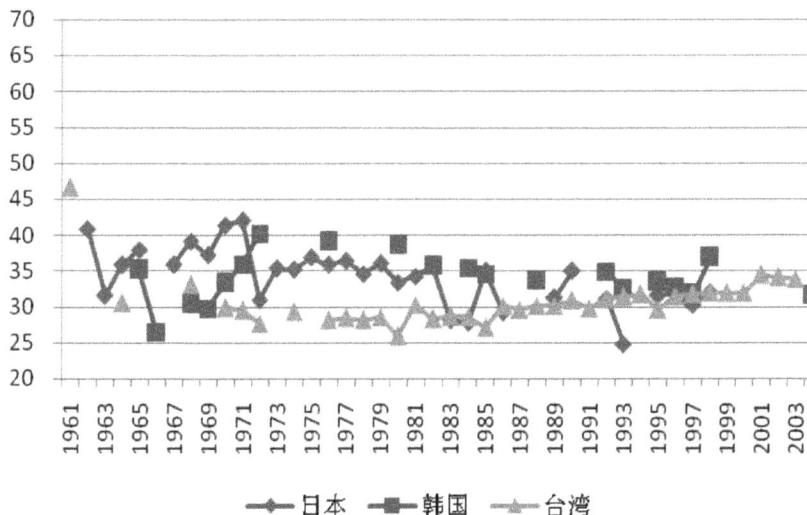

图前-12：日本、韩国及中国台湾基尼系数情况对比

数据来源：World Income Inequality Database V2.0c May 2008

http：//www.wider.unu.edu/research/Database/en_GB/database/

第五，日本、韩国、中国台湾战后均用了30年左右的时间基本完成从以农业人口为主的农业社会到城市社会的转型（表前-8），并奇迹般地避免了历史上早期工业化国家和现代拉美地区及南亚地区国家的普遍贫民窟现象。新加坡和中国香港这两个大都市经济体则通过政府超大规模地提供

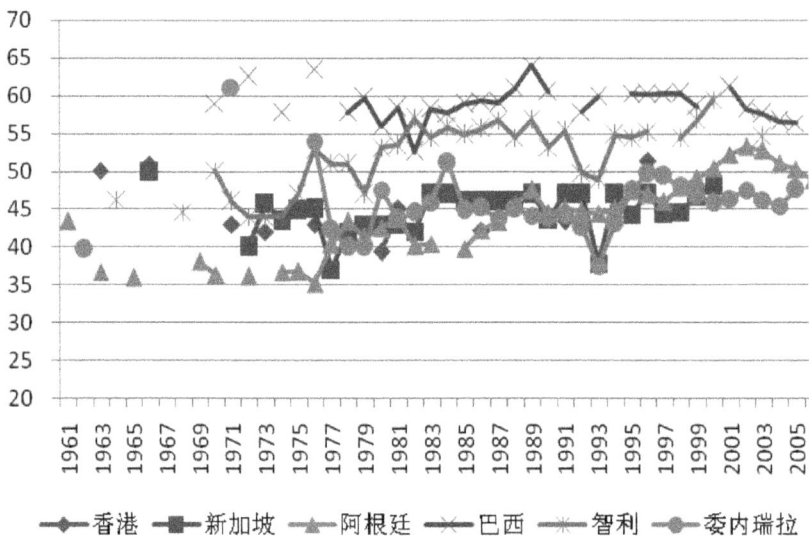

图前-13：中国香港、新加坡及拉美四国基尼系数情况对比

数据来源：World Income Inequality Database V2.0c May 2008

http：//www.wider.unu.edu/research/Database/en_ GB/database/

基本国民住宅的办法，也避免了城市贫民窟。① 这样东亚经济体由于农村人口比例很小，城乡收入差距不大，城市中又没有贫民窟，从而实现了国民基本权利的均等化。

表前-8：中国台湾以及日韩城市化过程中的人口转移情况

国家/时期	起点城市化率	终点城市化率	城市化率提高	年均提高率	持续时间
日本（1950—1975）	37.4%	78.6%	41.2%	1.648%	26
韩国（1960—1990）	27.7%	82.4%	54.7%	1.823%	31
中国台湾（1960—1990）	40%	75.9%	35.9%	1.20%	31

数据来源：日本数据来源于日本内阁府统计局，《国势调查报告》，昭和30年（1960），

---

① 新加坡统计局数据显示，2009年新加坡居住在政府租屋（HDB）的人口比重为82%，香港房屋委员会房屋统计数字显示，2011年香港有46.2%的人口居住在公营永久性房屋。资料来源：新加坡统计局《HDB Annual Report 2008/2009》，香港房屋委员会《房屋统计数字2012》。

昭和40年（1965），昭和55年（1980）《府县分类人口与人口密度》；韩国数据来源于韩国经济计划院统计局；台湾地区1960年数据来源于台湾逢甲大学都市计划系，刘曜华，2004年《台湾都市发展史》，1973年以后数据来源于行政院经建会住宅及都市发展处编印《都市及区域发展统计汇编》。

　　注：相比之下，中国大陆从1991年27.35%的城市化率起步，至2012年的22年间，名义城市化率仅达到52.7%，实际户籍人口城市化率仅35%左右，明显还属于城市化的前中期。

　　综合以上五条，我们可以看到，以上5个东亚经济体所做到的，恰恰是世界银行"增长与发展委员会"报告的标题，即可持续增长与包容式发展。因为可持续增长才能实现追赶以不断缩小与最发达国家的差距，而包容性发展则是持续增长的必要条件。如内生增长理论揭示，当增长越来越依赖全要素生产率的提高、依赖人力资本与无形资本的时候，人的普遍素质就越来越扮演中心的角色。这就需要给予社会上的绝大多数人尤其是他们的后代平等的竞争机会，能够以自己的勤劳、智慧创造致富。这在从农业社会向工业化、信息化的城市社会转型的发展中国家，就意味着要能在大大减少农业人口的基础上发展规模经济的现代农业，同时又能保证农村转移人口能够普遍就业、住有所居和融入城市，平等地享受市民权利。但是，这在发展中国家又恰恰是最难做到的。

　　那么，为什么东亚5个经济体，特别是同为从农业社会转化而来的日本、韩国、中国台湾做到了？它们抓住了什么不为人关注、而又对成功转型至为关键的链条呢？

　　一般来说，建立在自愿交换和自由竞争基础上的市场经济体制本身就能提供充分的致富机会从而增加激励，如亚当·斯密所说像有一只看不见的手在调节每个人追逐自利的行为，从而实现社会资源的最优配置。但是，市场经济的运行是建立在初始财产分配和产权明确界定基础之上的。在初始财产分配极度不均的条件下，就会如诺贝尔经济学奖得主印度经济学家阿马蒂亚·森所说，市场经济达到最优对多数人而言可能是一个地狱。在这个状态下社会的扭曲、撕裂、破坏和对抗，就不可避免，而垄断财产的利益集团必然也会利用自己的优势去进一步强化和巩固自己的地位。大地产制度和种植园主经济对拉美国家在20世纪经济发展中的长期消极影响，比较彻底的土地改革对东亚的日本、韩国和中国台湾（其实也包括中国大陆在20世纪50年代的土地改革和在20世纪80年代初以均分土地为标志的家庭承包）的经济起飞的积极作用，就是正反两方面的鲜明例证。

当然，随着农业社会向工业化、城市化社会转变，农业产出占国民收入的比重直线下降，原先的土地即农村土地的财产所有权分配的重要性必然也在急剧减小。而另一个原先并未明确界定的权利，即土地用于非农建设的开发权则变得日益重要。① 历史上的土地开发权是土地财产权中使用权的一个自然从属部分。一个人拥有一块土地，自然也就拥有如何使用包括在其上建造房屋的权利。不过这种权利其实在农业社会的早期城市中，就已经多少受到限制（详见本书第七章）。但是由于那个时代的专制权力对私人财产权的侵犯并不罕见，同时当时的城市人口比例很小，建筑技术也很落后，因此附属于土地财产权的这种开发权的特殊性和外部性并不会引起什么关注。

但是如前所述，城市化转变是人类社会的绝大多数人口改变职业和居住地的过程。随着人口不断向城市聚集，相对农村原先只是根据土壤肥沃程度区分的土地价格差异和级差地租，城市开发土地的价值可以上升到农村最肥沃土地价值的几十倍、几百倍乃至几千倍，一个城市的土地总价值可以相当于一个大国国土的价值，已经不是玩笑而是真实。在土地价值因城市化发展而急剧分化之后，对土地权人来说，现在重要的已经不再是拥有多大土地的产权，而是拥有哪里土地的产权。

早期工业化国家的城市化集聚是一个自发和极其缓慢的过程（图前-14），同时18、19世纪的海外扩张和殖民移民又进一步减轻了本土城市的

---

① 土地开发权是指土地用于非农开发建设的权利。土地开发权的英文为 Land Development Rights，即土地开发或发展建设的权利，故也有人译为土地发展权。在我国法律及政府文件中，一般称为建设用地或开发用地，因而也可称为土地建设权，我国台湾地区又习惯称为建筑用地，将农地与建地或市地（城市用地）相对应。尽管名称各别，但其含义是完全相同的，就是指的土地开发建设的权利，故本书中统称土地开发权。

人口压力。因此，在那时土地开发权总体上并未被人们从土地所有权中分离对待。这样，尽管城市化的压力不大，但正因为土地开发权引起的财富分配不公，那个时代从乡村地区移居进城的打工阶层也无力负担不断上升的地价和房价，因此贫民窟在早期工业化国家中也是一个普遍现象（贫民窟表面上是住宅和居住环境问题，实质上是土地问题，须知全世界的农民在自己乡村的土地上都并不需要别人帮助解决居住问题）。

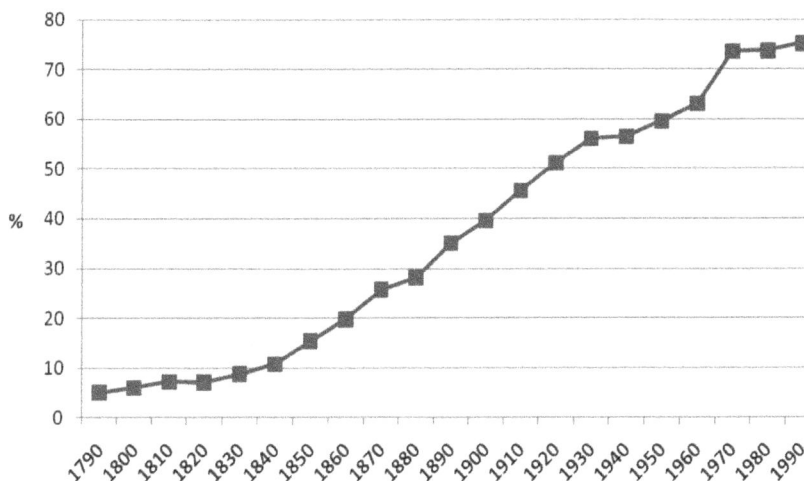

图前-14：美国城市人口占总人口比重变化情况

数据来源：美国人口普查局，http：//www.census.gov。

土地开发权依附于土地财产所有权的这种分配格局，虽然造成了潜在的巨大财富再分配和社会不公正，但在资本主义积累的那个阶段上还不是社会聚焦的首要问题。这种尚未明确界定的特殊财产权即开发权，对于基于产权界定的市场经济制度来说，自然也完全不在其视野范围之内。

事情在20世纪初发生了根本改变。虽然当时全球的城市化还在很低的水平上，但欧美工业化国家的城市化已经进入或越过了加速期的门槛，同时，城市规模的不断扩大，建筑技术的进步和摩天大楼的出现，使城市土地使用的外部性空前凸显。仅靠社区自律和城市地方性自治已经无法解决土地开发建设使用的严重交叉外部性问题。因此，各国关于土地开发权即土地用途管制和规划管理的法规陆续出台。这就将土地非农使用权即建设开发权从土地所有者或使用权人手中分离和剥夺，使之成为一种独立于土地所有权而由社会管理的权力。

1924 年，美国这个以自由拓荒和保护私有产权立国的国家，正式颁布了《土地使用分区规划标准授权法案》，标志着土地开发权与土地所有权在法律上的正式分离与一个时代的转变（详见本书第七章）。从此在美国，与之前的许多西欧国家一样，任何土地所有者要改变土地的用途、兴建或改变地面建筑物，都必须得到代表社会的政府批准。而土地价值的大小，首先由分区管制用途和规划建设许可决定。公益使用的土地甚至完全没有市场价值。土地市场依然存在并发挥作用，但只是在给定用途和规划许可的前提下发挥二级调节作用。

土地可谓人类社会拥有的最大物质财富，土地价值向城市集聚、土地财产权与开发权的正式分离和再分配，当然会对社会的财产和收入分配产生重大的影响。但是应当说，这种改变和影响在先行的欧美发达国家是比较平缓的，因此在主流经济研究中并未引起它本应得到的关注。究其原因，部分由于这些国家的城市化进程很长很慢，因而城市土地价值的变动显得相对平缓；部分由于这些国家有相当的社区自治传统，城市土地开发在 20 世纪之前就已受到一定的约束，特别是法治的社会基础深厚，开发权的管制成为法律之后得到了有效的执行；还由于这些国家的私人财产相对公开透明，财产税到位，税收调节严密。20 世纪 30 年代的大危机之后，工业化国家又普遍加速了向现代福利国家的转型，1946—1964 年美国个人所得税最高边际税率为 91%，1965—1981 年为 70%。① 因此利用土地开发寻租并没有很大的空间。

但是，与先行发达国家恰成对照的是，在今天追赶的发展中国家，城

---

① 个人所得税及财产税税率的大幅下降，是 1980 年代所谓里根—撒切尔革命之后的事情。美国现在普遍讨论的近 30 年来贫富差距急剧扩大，恐怕也不是偶然的。从这个意义上说，下面谈到的日本、韩国、中国台湾在城市化高速发展期的有效税收调节，也多少得益于当时的国际大气候。

市化率急速上升，城市土地价值上升和波动剧烈，社会财富的增长在很大程度上凝结在土地及其附属建筑物之上；城市扩张迅速、土地规划不全不严，寻租空间巨大；法治基础和观念薄弱，强势利益集团利用土地漏洞进行违法违规逐利相当普遍；由于各方面的制度都不到位，税收也一般以间接税为主，对土地等财产和收入的调节很少。在这种情况下，土地开发权的分配就会影响乃至左右整个社会财富分配的格局，中国近年来广泛流传的所谓"辛勤奋斗一辈子，不如别人早买了一套房子"的现象，就是这种影响的典型表现。这种情况必然会扭曲社会和市场的激励导向，导致对促进经济增长和生产性财富创造的激励不足，当然就难以实现包容性从而可持续的增长。

东亚 5 个经济体特别是日本、韩国、中国台湾这三个国家和地区正是抓住了快速城市化过程中土地开发权分配这条财富分配的主线，让土地因城市化转型和集聚而产生的巨大财富增值回馈城市化的主体——进城择业的原农村人口，从而较好地解决了城市化土地增值主要体现在城区和城郊，而绝大部分进城移居人口原家乡的土地并不增值的不匹配矛盾。

日本在城市化高速发展期借鉴德国"建筑不自由"的法治原则，用"减步法"使土地因改变用途和规划的增值回馈社会特别是进城农民，必要时还祭出德国式的"地价房租统制令"以封杀炒作寻租空间，并用一整套严密的财政税收和金融手段调节房地产收入，保证生产性财富创造主导社会激励；韩国自 20 世纪 60 年代朴正熙政府时就用更强制的方式调节土地增值收益，用基本国民住宅满足进城农民的居住权利，在 20 世纪 80 年代末的民主化转型后，韩国更是推出了"土地公"概念的一系列立法，保证私有土地的城市化开发增值进行社会分配；在中国的国民党当局 20 世纪 40 年代末溃败台湾之后，蒋家父子痛定思痛，大刀阔斧地进行土地改革，并贯彻孙中山先生的"平均地权，涨价归公"的政策主张，调节城市土地开发权的分配。所有这些，在本书的第八章第三节和附录四的中日韩楼市政策比较中均有详细介绍。

另外也如前所述，即便在东亚的城市经济体新加坡、中国香港，虽然并无农民进城转业落户问题，政府也兴建了巨量的基本国民住宅，让中下层居民分享城市土地权利，避免了贫民窟居民被排除在正规就业和社会保障之外的歧视和贫困积累，从而大体保障了居民权利的均等化和他们的后代参与社会和市场竞争的机会平等。

　　土地开发权的公平分配之所以重要，就在于土地是人类和财富之母，在城市化转型期城市土地及其附属建筑物更迅速成为国民财富的主要载体和经济增长的集中价值体现。（表前-9）土地所有权与开发权的分离是城市规模经济产生交叉外部性导致市场失灵的产物。但土地开发的政府管制并非没有代价。由于土地所有者或使用者具有开发土地的天然便利，这种代价首先表现为分离和界定土地开发权的成本。在法治薄弱的地方，对土地开发权的侵占或在分配中寻租尤为猖獗，因而更表现为土地开发权保护的高昂经济乃至社会成本。另外，政府取代市场去人为规定土地用途和规划建设的具体尺度，也限制了土地使用的空间和竞争性替代的可能，从而必然会进一步急剧扩大土地的价值转移和价值差异。

　　这些都使得土地开发权的公平分配，成为对一个发展中的转型国家成功追赶发达经济体的国家能力或社会能力的集中考验。这一方面是因为土地开发权的分配需要土地城乡规划的严肃制定和执行到位，需要财政、税收和金融乃至其他社会政策的严密配合与协调，而非明智并强有力的有效政府断难做到。另一方面是因为只有土地开发权的公平分配，才能促进原本占国民多数的农村人口源源不断地顺利向城市移居，使之减少到农业现代化所需要的很低比例，从而才能改变现代科技条件下农村人口和资源的不利关系，使农业劳动生产率达到现代部门的水平，从而消除农村因过剩而浪费的劳动力以及与之相伴的贫困。

　　同时，只有公平分配才能保障城市化的大规模移居不是贫困人口的空间平移，而是有体面居住条件和环境从而可融入的市民化，否则只会造成贫困和机会不平等的转移，还会因为人口集聚产生的近距离对比，使贫富差距更加令人难以容忍从而造成社会撕裂和对抗、争斗日益尖锐化，而这正是我们在战后发展中世界一再看到的图景。

表前-9：2011 年住户部分房地产资产与总资产之比

	美国	英国	德国	法国	日本
房地产资产/非金融资产	0.98	0.96	0.98	0.97	0.98
房地产资产/净资产	0.38	0.61	0.67	0.71	0.47
房地产资产/总资产	0.31	0.51	0.59	0.63	0.40
房地产资产/GDP	1.23	2.70	2.30	3.70	2.18

数据来源：OECD 数据库，http：//stats.oecd.org/Index.aspx? DatasetCode = 7HA #, http：//www.oecd - ilibrary.org/economics/household - wealth - and - indebtedness _ 2074384x - table18，法国、英国数据为 2010 年。

注：这里还仅仅是居民的居住财产，如果考虑到居民通过股权等金融资产持有的商业和工业房地产，全部房地产价值占居民财富总价值的比重还会大幅度上升。

正因为如此，土地开发权问题在发达国家由于当初历史条件而多少被忽略，后来又由于法治和财税福利制度的成熟而逐渐被消化，但土地开发权分配对于今天处于快速城市化过程中的发展中国家来说，就具有至关重要的意义。

现在我们再回过来看世界银行报告《东亚复兴——关于经济增长的观点》。其中，关于规模经济的重要性和城市反映着规模经济并是其最重要联结点的观点，关于知识经济是经济外部性的重要来源从而意味着总体上递增回报和可持续增长的观点，关于公平分配和缩小城乡差距与收入差距的观点，关于政府如何有效管理规模经济和不完全竞争相关的经济租金并提供市场经济有效运行的公共产品的观点等，我们找到了一条线索将它们沟通和串连起来，这就是：如果抓住了发展中国家城市化、现代化转型中土地开发权这个财富分配的主导性线索，以上的这些目标和努力就可以成为一个同向协调的运动，从而能够更容易地达到包容性发展与可持续增长的目标。

以土地开发权公平分配为基础的成功城市化转型与可融入的市民化，真的这么重要吗？我们做了如下的一个分类和统计，在全球 100 万以上人口的国家和独立经济体中，尚未完成城市化转型或者城市化率虽然很高但城市仍存在相当规模贫民窟（暗示着其农村居民也存在着普遍贫困化）、没有实现可融入市民化的国家（典型的如拉美国家），没有一个真正稳定进入高收入的发达经济行列。高收入的发达国家除了沙特阿拉伯和阿曼这两个特殊产油国，以及巴西刚到高收入门槛外，都是已经完成城市化转型（城市化率在70%以上）同时实现了可融入的市民化（城市中没有规模意义上的贫民窟）。这个发现应当不会是巧合。（表前-10）

表前-10：城市化转型与市民化融入

	人均 GDP（现价美元）	城市化率（%）	贫民窟人口占城市人口比重（%）
	2011 年	2011 年	2005 年
挪威	98102.46	79.37	
卡塔尔	92501.50	98.77	
瑞士	83382.82	73.71	
科威特	62664.10	98.25	
丹麦	59852.17	86.93	
瑞典	57091.05	85.21	
加拿大	50345.43	80.66	
荷兰	50076.28	83.13	
澳大利亚	49608.76	89.19	
芬兰	48823.30	83.69	
美国	48111.97	82.38	
比利时	46662.53	97.49	
新加坡	46241.02	100.00	
日本	45902.67	91.14	
阿拉伯联合酋长国	45653.09	84.33	
德国	44059.83	73.94	
法国	42377.42	85.74	
英国	39038.46	79.64	
新西兰	36253.92	86.24	
香港	35156.39	100.00	
西班牙	31942.94	77.43	

续表

	人均GDP（现价美元）	城市化率（%）	贫民窟人口占城市人口比重（%）
以色列	31282.27	91.88	
塞浦路斯	30670.31	70.51	
波多黎各	25862.73	98.87	
阿曼	25220.62	73.44	61
韩国	22424.06	83.20	
捷克共和国	20579.04	73.44	
沙特阿拉伯	20540.31	82.29	17.9
巴林	18184.20	88.69	
智利	14394.46	89.15	9
乌拉圭	13866.26	92.54	2
俄罗斯	13089.34	73.82	
巴西	12593.89	84.60	28.9
注：2011年世界银行高收入标准为12475美元（现价）。			
加蓬	11113.89	86.15	38.7
阿根廷	10941.96	92.49	26.2
委内瑞拉	10809.56	93.50	32
土耳其	10524.00	71.41	15.5
墨西哥	10047.13	78.11	14.4
马来西亚	9977.32	72.68	
利比亚	9957.49	77.74	35
黎巴嫩	9413.13	87.25	53.1
巴拿马	7498.38	75.20	23
保加利亚	7158.16	73.08	
哥伦比亚	7104.03	75.29	17.9
秘鲁	6017.91	77.24	36.1
白俄罗斯	5819.92	75.02	
中国	5444.79	50.50	32.8
古巴	5396.89	75.19	
阿尔及利亚	5244.03	72.87	12
约旦	4665.94	82.71	15.7

数据来源：

1. 联合国人居署城市指标，http：//www.unhabitat.org/stats/Default.aspx
2. 世界银行指标数据库，http：//data.worldbank.org.cn/indicator/SI.POV.NAHC，http：//data.worldbank.org.cn/indicator/NY.GDP.PCAP.CD

注：由于数据可得性原因，波多黎各和巴林人均 GDP 数据为 2010 年，利比亚为 2009 年，古巴为 2008 年，其余均为 2011 年数据；城市化率数据均为 2011 年；贫民窟人口占城市人口的比重阿曼、乌拉圭、利比亚和阿尔及利亚数据为 2001 年，其余均为 2005 年。

第五节 城市化转型之中与之后的世纪展望

现在我们知道，人类在采集—狩猎的自然状态中经过了几十万年的进化和演变。那时，人类和其他动物一样，完全依赖自然界的恩赐，因此其实还根本谈不上有什么以人为中心和导向的公产和私产的财产制度。只有从采集—狩猎的自然社会飞跃进化到种植—养殖的农业—畜牧业社会之后，才标志着人类从史前的蒙昧和野蛮状态进入文明状态，也开始了人类财产权利制度安排特别是私人产权制度的历史。种植—养殖社会形态实际上兼容了相当广泛的社会和经济制度安排，所以在这个时期我们既见证了古希腊城邦的自由民与奴隶，古罗马共和国和帝国的大规模奴隶制，也见证了欧洲中世纪典型的封建农奴制，以及中国以郡县制为架构的皇权官僚专制与自由农民的组合。总之，人们实际上无法用任何一种单线条连接的方式如奴隶制或封建制，来定义或描绘分散多元的农业—畜牧业文明所呈现的社会经济形态及文化的绚丽多彩。

当然，尽管有横向发展的多样化和层次性，但从纵向角度看，人类进入文明社会之后，其发展的步伐大大加快了。在人类的农业社会持续了几千年之后，18 世纪中始于英国的工业革命就再一次而且是根本性地改变了人与地球资源的关系。因为从采集—狩猎向种植—养殖经济的转变，无论对于人类标志着多么革命性的飞跃和转变，但对于地球资源的新陈代谢和自然演变来说，人类活动的变化并未添加什么影响。工业革命就完全不同了。人类在过去 200 多年中，巨量地消费甚至迅速耗尽地球在几十亿年里积累的若干资源和物种，并开始影响地球脆弱的生态平衡。

工业革命开启了农业社会的转型。但它并未像其在 18、19 世纪的一些伟大预言者眼中显示的那样，要将人类社会转入大机器的工业社会。工业的产出占人类社会产出的比例在发达国家中早已开始了其下降的旅程。信息革命、能源革命成为更热门的话题。工业的产出份额似乎在重复当年农业产出份额相同的命运，在国民收入中下降到一个似乎微不足道的比重。（图前-15）尽管工业比重在发达国家中急剧减少也引起了一些忧虑和讨论，但服务业取代工业制造业主体位置的趋势看起来不可能逆转。与此同时，一个具有确定性的事实是：人类已经和还在进一步从乡村社会转为城市社会。

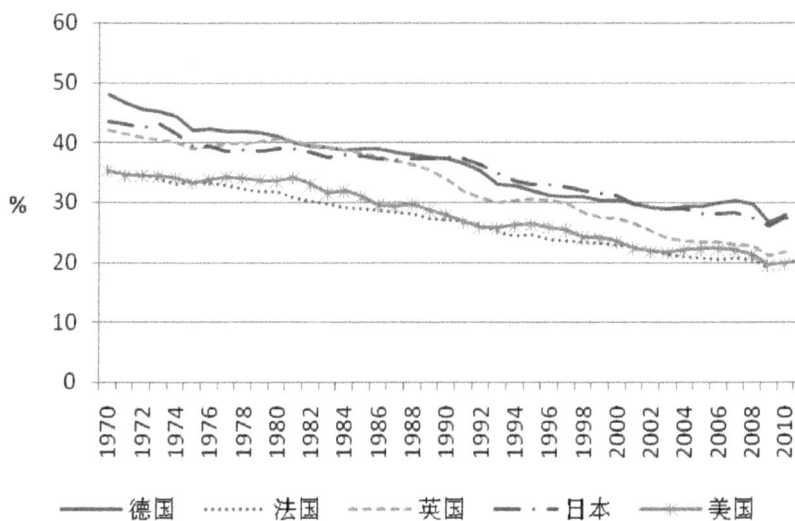

图前-15：1970-2011 年主要发达国家工业增加值占 GDP 比重变化情况

数据来源：世界银行，http：//data. worldbank. org. cn/indicator/NV. IND. TOTL. ZS

从农业乡村社会到工业化信息化的城市社会的转型，标志着人类社会发展的第三个阶段。如表前-10 显示，可融入市民化的城市社会就相当于是高收入俱乐部的入场券。表前-11 进一步说明，即使形式上的城市化也与其人均富裕程度成正比和高度相关，而城市化率超过 70% 的国家和地区（除了人口只有 6 万多的马绍尔群岛外），全部都进入了中高收入及以上的阶段。（表前-12）

　　也就是说，与当年种植—养殖革命带来的区域性和多样化发展不同，工业革命以及城市化的发展从一开始就带有强烈的全球化色彩，而且从20世纪后期开始越来越显示出世界大趋同的前景。尽管这种趋同的内容和方式与早先社会主义或共产主义者所设想的有相当的不同。人类社会向缩小贫富差距和增进社会乃至全球协作的趋同，不是靠改变财产制度的暴力革命，而是依赖人力资本和无形资本在财富创造中日益主导的作用，而是由于人类认知和技术能力的巨大进步使地球日益变小从而增加了人类社会的相互依赖性。尽管如此，他们所预言的世界趋同以及在社会规模与全球范围内的合作协调，确实已经和正在成为确定性的事实。

表前-11：人均GDP与城市化率的相关性分析

所有国家相关系数的平均数	0. 850154048
所有国家相关系数的方差	0. 084881882
相关系数>0. 9	53
相关系数在0. 8到0. 9之间	14
相关系数在0. 7到0. 8之间	5
相关系数在0. 6到0. 7之间	5
相关系数在0. 6以下	5
负相关	2

　　数据来源：世界银行指标数据库，http：//data. worldbank. org. cn/
　　注：本表格以世界银行官方数据1960年至2011年各国的城市化率以及人均GDP为基础数据，剔除城市化率小于20%因而还处于贫困陷阱和城市化率等于100%的城市国家后剩余的84个国家的数据，通过SAS软件对每个国家的城市化率及人均GDP序列进行秩相关分析，统计所得的有效的spearman秩相关系数后得出。

表前-12：2011年城市化率超过70%国家和地区人均GDP情况统计

国家	城市化率（%）	人均GDP（现价美元）
卢森堡	85. 4134	114508. 3817
挪威	79. 374	98102. 46221
卡塔尔	98. 7728	92501. 49511

续表

国家	城市化率（%）	人均GDP（现价美元）
瑞士	73.7098	83382.81533
中国澳门	100	65550.4982
科威特	98.2548	62664.10338
澳大利亚	89.1916	60979.02894
丹麦	86.9308	59852.17347
瑞典	85.2058	57091.04666
加拿大	80.6618	50345.43489
荷兰	83.132	50076.28241
芬兰	83.6878	48823.29889
美国	82.384	48111.96691
比利时	97.4854	46662.52826
新加坡	100	46241.02445
日本	91.1352	45902.67161
阿联酋	84.3316	45653.09145
德国	73.9444	44059.82592
冰岛	93.7292	43969.1921
法国	85.7434	42377.41813
文莱	75.9606	40301.21764
英国	79.6356	39038.45827
新西兰	86.24	36253.91556
中国香港	100	35156.38557
西班牙	77.4286	31942.94246
以色列	91.8836	31282.2709
塞浦路斯	70.5086	30670.3136
阿曼	73.4404	25220.61773
巴哈马	84.2558	22431.02634
韩国	83.2008	22424.0623
马耳他	94.8232	21209.00273

续表

国家	城市化率（%）	人均 GDP（现价美元）
捷克	73.4424	20579.03979
沙特阿拉伯	82.29	20540.30652
智利	89.1456	14394.46076
乌拉圭	92.544	13866.25513
俄罗斯	73.8244	13089.33753
巴西	84.6032	12593.89293
加蓬	86.1478	11113.88847
阿根廷	92.4948	10941.95872
委内瑞拉	93.5048	10809.55635
土耳其	71.4094	10524.00421
墨西哥	78.1058	10047.1252
马来西亚	72.684	9977.318518
黎巴嫩	87.2478	9413.128913
帕劳共和国	84.1154	8031.312253
巴拿马	75.1972	7498.379389
保加利亚	73.0816	7158.156866
哥伦比亚	75.2928	7104.034988
秘鲁	77.244	6017.906232
白俄罗斯	75.0216	5819.917703
阿尔及利亚	72.865	5244.026879
约旦	82.7118	4665.94354
马绍尔群岛	71.839	3168.782837

数据来源：世界银行指标数据库，http://data.worldbank.org.cn/

注：2011 年世界银行公布的中高收入门槛为 4035 美元（现价美元）。

也因为如此，尽管发达世界非常乐于其价值观念的扩散趋同，但还在中国、印度等人口大国经济起飞之初，许多人就发出疑问，地球资源能否承载世界这种在经济上的趋同，即承载发展中人口大国的城市化现代化，还是一个很大的疑问。有人测算，发展中国家如果重复发达国家的发展路径，按照美国人均资源能源的消耗标准，那么一个地球的资源是显然是不够的，至少要有几个地球。这就是所谓加总问题，即当一个在局部成功的案例扩大到总体时，是否会有总量瓶颈而形成合成谬误。

尽管也许有人已经从这种担心中嗅出了发达国家试图保持自己既得利益格局的傲慢，但是，考虑到多数发展中国家的高出生率与现代技术所提供的食品和医疗医药技术的奇特组合，使世界从1800年工业革命时代的10亿人口在本世纪中期将上升到100亿，即在250年中增长10倍，提出这样的问题显然绝非无稽之谈或杞人忧天。而且从今天起40年内全球新增的30多亿人中，只会有1亿在发达国家，10亿在如中国、印度这样的已经开始了经济快速发展的国家，而三分之二将在更加贫困的起飞前国家。[①]显然，这既会显著加重发展中国家提高人均收入水平的压力，也会给全球的资源环境前景投下一个更大的阴影。

此外，占世界人口绝大多数的发展中国家要在本世纪完成城市化进而现代化转型，还面临着发达国家本身的调整和世界经济再平衡的压力。这些年来，随着中国等金砖国家的经济崛起、竞争力提高和资本在全球范围内寻找更有吸引力投资机会的流动，发达国家尤其是美国的制造业比重不断下降。英特尔的首席执行官安迪·葛洛夫（Andy Grove）甚至惊呼美国的制造业正在消失，强调这个趋势必须扭转。发达国家的高失业率和过度负债，与若干新兴经济体的高储蓄率和大额贸易盈余乃至资产价格泡沫，构成了所谓全球经济的失衡问题。而必然会由发达国家主导的这种结构调整和再平衡的努力，肯定会对发展中国家构成新的挑战和冲击。

因此，环境资源的整体约束，与发达世界在全球经济再平衡中的博弈，将是对发展中国家经济成长可持续性的最大外部考验。

好消息是，随着城市化率的提高，人口出生率和增长率本身会快速下降，而随着现代经济增长对知识和人力资本的依赖，人均收入提高的资源

---

① 增长与发展委员会，《增长报告——可持续增长和包容性发展的战略》，中国金融出版社、世界银行2008年版，第82页。

环境消耗也会相应降低。可以预料的是，全球城市化进而现代化转型在跌跌撞撞之后总能于本世纪末或更晚一些时候完成，人类在工业革命 400 多年后将最终实现世界经济再次大趋同，进入历史上从未有过的普遍富裕社会。但人类在跨越工业化城市化转型陷阱，进入后城市化阶段的同时和之后，会面临一个更长期的能源资源和环境陷阱的挑战。人类在城市社会阶段是否可以首先在能源约束上取得突破，继而去突破资源和环境约束，使自己从富足走向更加富足，我们今天虽然可以看出若干端倪，但其实并不真正清楚。

可以想象的是，人类在进入城市社会之后无论还会经历几个发展阶段，但最终可能多少和我们的祖先一样，与生态环境陷在漫长的岁月里长期角逐并共存亡（即当地球本身的生态系统还存在时，人类学会怎样不因自身逐利的努力去破坏和毁掉它，而当地球因人类或自然的原因已不适宜人居时，怎样为自己找到新的栖身之所，当然那是未来时代的人才能回答的问题）。可以肯定的是，人类不是因为任何一种宗教或意识形态而诞生的，也不会沿着任何固定或人为设想的意识形态框架而发展，而是适应着这个种群生存和谋生方式，不断地探索和改造其社会组织形式和意识形态。

每一代人只能回应自己时代的挑战。处在 21 世纪初期的中国，我们面临的正是在这样一个大历史和国际背景下，一个相对微观和具体的城市化和现代化转型问题。

附：

表前-13：人均 GDP 与城市化率相关性分析国别数据

国家和地区	spearman 相关系数	P
波多黎各	1	<.0001
美国	0.99957	<.0001
维尔金群岛	0.99878	<.0001
圣文森特和格林纳丁斯	0.99684	<.0001

续表

国家和地区	spearman 相关系数	P
挪威	0.99582	<.0001
萨尔瓦多	0.99573	<.0001
爱尔兰	0.99326	<.0001
葡萄牙	0.99257	<.0001
哥斯达黎加	0.99112	<.0001
韩国	0.99069	<.0001
巴拿马	0.98933	<.0001
卢森堡	0.98882	<.0001
希腊	0.98839	<.0001
巴哈马	0.98788	<.0001
马来西亚	0.98788	<.0001
荷兰	0.98788	<.0001
丹麦	0.98771	<.0001
突尼斯	0.98751	<.0001
奥地利	0.98742	<.0001
以色列	0.98719	<.0001
巴基斯坦	0.98634	<.0001
西班牙	0.98608	<.0001
加拿大	0.98472	<.0001
摩洛哥	0.98386	<.0001
法国	0.98378	<.0001
冰岛	0.9831	<.0001
比利时	0.98284	<.0001
中国香港	0.98182	<.0001
芬兰	0.98156	<.0001
墨西哥	0.97977	<.0001
泰国	0.97633	<.0001
土耳其	0.97601	<.0001

续表

国家和地区	spearman 相关系数	P
瑞士	0.97537	<.0001
塞舌尔群岛	0.97516	<.0001
瑞典	0.97251	<.0001
新西兰	0.97104	<.0001
多米尼加共和国	0.9702	<.0001
斐济	0.96867	<.0001
巴西	0.96841	<.0001
阿曼	0.96787	<.0001
哥伦比亚	0.96696	<.0001
牙买加	0.96636	<.0001
意大利	0.965	<.0001
危地马拉	0.96431	<.0001
智利	0.96278	<.0001
日本	0.96158	<.0001
秘鲁	0.95706	<.0001
乌拉圭	0.94638	<.0001
厄瓜多尔	0.93571	<.0001
南非	0.93435	<.0001
洪都拉斯	0.93409	<.0001
新喀里多尼亚	0.9166	<.0001
赤道几内亚	0.91166	<.0001
菲律宾	0.89576	<.0001
阿根廷	0.89551	<.0001
玻利维亚	0.89337	<.0001
尼加拉瓜	0.88415	<.0001
澳大利亚	0.87646	<.0001
科威特	0.85627	<.0001
刚果共和国	0.85136	<.0001

续表

国家和地区	spearman 相关系数	P
塞内加尔	0.85059	<.0001
委内瑞拉	0.83173	<.0001
加纳	0.82566	<.0001
阿尔及利亚	0.81354	<.0001
英国	0.8033	<.0001
冈比亚	0.80043	<.0001
约旦	0.8003	<.0001
巴拉圭	0.7907	<.0001
叙利亚	0.779	<.0001
中非共和国	0.77299	<.0001
加蓬	0.74765	<.0001
苏里南	0.74127	<.0001
索马里	0.69769	0.0001
科特迪瓦	0.68845	<.0001
文莱	0.68513	<.0001
伊拉克	0.64524	<.0001
尼日利亚	0.60199	<.0001
伊朗	0.58547	<.0001
赞比亚	0.42703	<.0001
塞拉利昂	0.37604	0.0092
埃及	0.35064	0.0108
巴巴多斯	0.33535	0.0151
圭亚那	-0.42645	0.0016
伯利兹城	-0.97635	<.0001

数据来源：世界银行指标数据库，http：//data.worldbank.org.cn/

第一章

引言：老三农问题的终结与新三农问题的挑战

城市化就是农民进城，农民变市民，相应城市边界和规模扩大，更多的农用地转为城市建设开发用地。因此，研究城市化，尤其在中国，我们必须以农民、农地、农村为起点。

中国今天就户籍人口而言，农村居民近9亿人，约占总人口的三分之二。因此，就户籍人口而言，中国可谓还是农民为主体的国家。这也是在长时期中，谈中国问题就不能回避中国农民问题的原因。从全球来看，城市化就是农民进城，农民变市民，相应城市边界和规模扩大，更多的农用地转为城市建设开发用地。因此，研究城市化，尤其在中国，我们必须以农民、农地、农村为起点。

农民、农业、农村长期以来被称为中国的三农问题。近年来在原有的三农问题逐渐淡化的同时，随着城市化发展特别是房价的攀升，土地问题特别是农村土地非农转用问题上升为社会的焦点。面对今天的土地乱局，部分学者明确主张地权归农民即土地私有是解决问题的根本之道，有人更强烈呼吁土地资本化对当下中国经济发展和改革的重大意义。同时，也有一部分研究三农问题的学者，虽然也强烈主张保护农民的权益，但以土地是农民的最后保障为由，反对土地的私有化或资本化。近年来的农地流转、政府垄断征地的土地财政、城乡统筹试点中的"土地换社保"、耕地增减平衡挂钩和重庆、成都的地票试验等则引起了进一步分歧和争论。显然，怎样认识和解决农村土地及三农问题，关乎中国城市化乃至现代化转型和改革的取向。因此，我们的研究就从传统的三农问题开始。

第一节　老三农问题和土地问题的历史演变

一、改革前农村土地产权：集体所有与国家控制

众所周知，中国共产党人的革命胜利在很大程度上是靠"打土豪、分

田地"的口号，动员了亿万农民。因此，中国三农问题的解决最初是从土地开始的。在20世纪50年代初期土地改革之后，农民也确实得到了均分的土地，带来了其后几年农业生产的勃兴。但是，出于摆脱千百年来小农经济贫困、落后和分化的理想，20世纪50年代中后期从初级社、高级社到人民公社越搞越升级的集体化运动，却事与愿违，走向了自己的反面。

这样，在20世纪60年代初期，农村经济被迫从人民公社和强迫农民集体吃大锅饭的食堂退下来之后，逐步形成和稳定了被称为"三级所有、队为基础"的这样一种产权界定并不清楚的集体经济。由于1958年"大跃进"时代的这一段"共产风"的苦头是如此之大，以致随后即使在"文化大革命"极左思潮鼎盛时期，毛泽东时代的政府再也不敢动摇这个"小集体加家庭自留田"的产权基础。从经济体制上来看，其基本核算单位从原先的高级社、人民公社退到了生产队（今天的村民组），即实质上是以生产队为财产（主要是土地）占有和分配单位、同时允许每个农户有少量自留地的集体经济。但是国家不仅在全部经济活动中发挥绝对主导作用，而且通过更高的两级所有（生产大队即现在的村，人民公社即现在的乡）来实现其意志的贯彻。

因此，改革前即20世纪70年代末中国农村真实的经济和土地产权结构，是形式上多层集体所有、生产队占有和个人使用少量自留地、宅基地，实质上由国家控制，即准国家所有。从这个角度看，如果仅仅根据这个过程中多变且不起实际作用的法律条文和政策规定，去讨论中国农村土地的性质和权利问题，并不能提供正确的思路。

依托这个农村公有土地制度的计划经济，国家严格限制农民离开农地并规定农民的种植类别，实行对农产品全面的统购统销。这样，计划经济时代的三农问题就集中表现在国家对农产品的收购价格上。通过所谓工农业产品剪刀差，即低价收购农产品来为国民经济提供积累，从而导致了农民贫困和农村落后，这是这个时期三农问题的突出标志。

二、改革后农村土地产权：从大包干到永佃权

应当说，中国经济改革最初是从提高农产品收购价格和逐步松动农产

品市场开始①，进而逐步松动种植计划和土地制度。回过头来看，作为农村最大改革政策的农村家庭联产承包责任制，其实并没有真正搞过什么联产承包，而是直截了当的土地承包，俗称大包干。这就是把原来形式上三级集体所有和实际上生产队经营土地的使用权和收益权，重新直接分到每个农户。农民对这种大包干最真切的通俗理解，就是所谓"交了国家的，留了集体的，剩下全是自己的"。这个种养殖自由、在缴纳税赋之后剩余权归己的制度安排，充分揭示了这种承包权的经济本质其实就是一种租佃权。随着农村改革的深入，农户的土地承包权即租佃权逐步稳定。

土地承包的早期阶段，一些地方定期重新划分承包田，包括应农民自己要求根据人口变化重新均分土地的做法，在实践中产生了许多矛盾：人口因生死或迁移等变动了，若干年后再不重分，怎么体现集体所有的成员权利？重分，既会影响土地承包的稳定性和农户对土地的投入，又会增加交易成本和村干部营私舞弊的机会。在这个重分与不重分的矛盾和争论中，更多是出于稳定土地承包的考量，重分土地开始逐步受到法律的严格限制（2002 年通过的《农村土地承包法》规定，即使因自然灾害严重摧毁承包地等特殊情况对个别农户之间承包的土地适当调整，也要经村民会议三分之二以上通过，并报乡和县农业行政主管部门批准）。尽管后来在少数村庄，还有应农民的强烈要求重新按变化了的人口均分土地的做法，但在总体上已经不是主流。

这样，农户的土地承包，在中央政策的引导和规范下，大体都变成了"生了不增，死了不减"的分田到户。《农村土地承包法》在颁布时已明确规定，在 30 年的土地承包期内，作为发包方的集体不得收回承包土地。而承包期尚未满，中央政府又宣布土地承包"长久不变"，并再修改相关配套法律。近年来推行的对农民宅基地使用权和准备对农民农地的承包经营权进行确权颁证，显然会进一步强化已分得土地的农民的财产权利。因

---

①　其实 20 世纪 70 年代末的农村改革并非真是从土地制度开始，而是先从农产品的价格和市场控制开始，相对于从 1980 年以后才逐步开口子和最终合法化的家庭土地承包，中央政府早在 1979 年就大幅度提高粮食、棉花等 18 种主要农产品收购价格。

此，从经济本质看，这种由政府决定给予、不得随意收回和不随人口变动而长久不变的土地使用权和收益权，已经在事实上变为当年参加了初分土地农民的一种永佃权，而其后出生和迁徙来的农民已经丧失了对土地的权利。

从这个意义上说，增人不增地、减人不减地的新法令，实际上已经不声不响地废除了承包土地的集体所有制，取消了本来村庄内每个农民都享有的集体成员权利，而将承包土地变为当年参加分配的那部分农民可以继承的私人财产权利。所谓有偿流转即转租就是这种私产权利的确认和表现。可以说，这尽管并没有多少理论喧嚣，也没有什么剑拔弩张的对抗，但这确实是一场静悄悄的革命。这也可以说就如同天安门事件后 20 世纪 90 年代初的商品价格不声不响地放开一样，可谓是中国改革中的一个特点，即大张旗鼓的改革公关，往往无功而返，而表面上不动声色的演进，则经常回过头来让人大吃一惊。

三、改革后老三农问题的核心：税赋问题

与不少人想象的相反，在农村土地承包制度法律化之后，传统的三农，即农民、农业、农村问题的中心并不是土地制度。因为土地均分和事实上的永佃权已经是小农经济条件下农民能够想象的最好土地制度安排。对绝大多数农村居民来说，只要他们还是农民，并不像外人想象的那样会因农地不能买卖而痛苦。因为作为中国传统的自耕农来说，他们从来只会因被迫卖出或失去土地成为雇工或流民而痛苦。更何况早在 20 世纪 90 年代，至迟从 2002 年的《农村土地承包法》颁布时起，农地的自愿流转早已受到允许而且得到法律的保障和支持。实际上，时至今日的新农村建设中许多农民的痛苦并非来自土地不能流转交易，而恰恰是来自行政权对产权的强行干预迫使他们非自愿流转。

因此，在农村改革从 20 世纪 80 年代土地家庭承包制普遍推行之后，中国农村经济的主要矛盾，开始发生转移，从土地问题转到税赋问题。因为人们逐步发现，相当于二次土改的土地分到户的变革，只是起点和基

础，还并不能真正解决农民的问题。因为即使是最彻底的土地承包即大包干，甚至即使是土地均分到农户私有，仍然存在一个巨大的宿窿：如果要交给政府的税费是个无底洞，那么所谓剩余全是自己的也就没多大意义。他们也许没有意识到的是，这其实也是千百年来在土地私有制下中国农民祖祖辈辈都面临的一个真正严峻的共同问题。

从这个意义上说，主张土地私有的学者至少有一个论点不无道理：土地私有的纯自由买卖导致大规模的土地兼并往往需要若干世代的累积。但是，他们显然忽略了由于小农经济的天然脆弱性，皇粮国税的横征暴敛和贪官污吏、土豪劣绅的巧取豪夺、趁火打劫往往是历史上导致土地兼并农民流离失所、揭竿而起的更直接原因。因此，至少从 20 世纪 90 年代初起，如何巩固大包干即土地承包的成果，限制住名目日益繁多的那个"交了国家的，留了集体的"部分，进行被称为"第二次大包干"的农村税费改革，就成为三农问题的中心。所谓"农民真苦，农村真穷，农业真危险"就是这个税费重压下的呼声。

这项旨在减税和减轻农民负担的改革，由于涉及问题众多，包括国家财政的负担能力，税种税率的法律设置和实施中的变通，中央与地方以及地方政府与农村基层政权之间财力与事权的划分，粮食等农产品购销体制改革，政府众多关联部门特别是基层政权的精兵简政和反腐倡廉等，前后经历了十多年和两代政府的接力努力，最终在 2006 年以全国免征农业税和免去农民的一切税费为标志，画上了最后的句号。中国农民几千年来第一次免除了皇粮国税，以及附加在此名义之上的各种苛捐杂税。反过来，国家还在历史上首次真正开始反哺农业，即对农民实行从种子到种粮等一系列直接补贴到田到户的措施。

当然，废除农民的全部税费后来确实产生了一些副作用，如有人指出的中国农村基层政权组织涣散和孱弱，而且也限制了税制整体性改革统一筹划的空间，这是后话。

四、两大改革成果：实现耕者有其田和免除税赋

简略回顾中国农村变革的历史演变可以看出，中国前 30 年的农村改

革，实际上集中解决了困扰中国传统农村、农业社会和农民几千年的两个基本问题。

第一，实现了耕者有其田。这是通过全国范围内均分土地的家庭承包即土地使用和收益权的公平分配和长久不变做到的。这在一定意义上仅仅是对建国之初土地改革的回归。不过人们也不能不承认，所谓"统分结合"的承包制保留的集体所有的外壳在客观上阻滞了分地后随贫富分化而产生的土地兼并，保证了农地的长期平均占用。这里应当指出，有人一味强调中国历史上的土地兼并更多地源于豪强势力而不是土地私有的自由转让，恐怕也是过于书生气的议论。因为私有小农经济与豪强兼并从来就是一个形影不离的伴生物，就像下面要提及的农业社会中皇粮国税与贪官污吏不可分离一样。当年共产党人的"打土豪，分田地"之所以有那么大的号召力，正是因为土地兼并、耕者无田是中国传统农业社会的痼疾。因此，当农民还占中国人口多数的时候，对"耕者有其田"的意义恐怕无论如何都不能低估。

实际上，我们也已经看到，在我国绝大部分农村实行了"增人不增地、减人不减地"即土地实际私有化政策十多年后，越来越多新出生和迁移来的农民已经完全没有土地。在许多地方无地农民已占村庄人口的三分之一以上。可以想见，假以时日，中国传统农业社会中土地占有两极分化的局面必然重演。如果现在正在少数地区试点的土地抵押和转让全面铺开，土地的集中还会大大加快。因此，即使在当代，如果工业化、城市化进程不能迅速吸纳转移出去的农民，历史上的流民问题就会迅速再现，构成现代转型社会的重大挑战，这是许多发展中国家目前面临的严峻问题，应当说离我们也并不遥远。

第二，解决了农民的税费负担。农业社会国家税赋必须来自农民，而征收税赋和维持政府统治又必须依赖一个自上而下的庞大官僚集团阶层。这样，历史上无论是一些所谓开国明君采取的轻徭薄赋、休养生息的政策，还是王朝积弊很深时若干锐意改革的名臣推出的强本固邦的变法（如宋代王安石变法和明朝张居正"一条鞭法"），结果总是收效有限，最终农民的负担还是只增不减。这就是明清思想家黄宗羲称之的"积累莫返之害"。

中国在 2006 年以农业税和其他所有向农民收取税费的完全取消，最后终结了"黄宗羲定律"，这是中国从传统社会转变为现代社会的重要经济标志。当然值得指出的是，我们今天能够最后终结这个历史定律，主要靠的还是国家工业化和城市化的发展，使国家财政可以不再依赖农业和农民来提供税费来源，果断砍掉农民所有的税费租负担。否则，就像我们在 20 世纪 90 年代中看到的一样，中央政府在给农民努力减负的同时农民负担仍然不断变相甚至恶性增加，黄宗羲定律在传统农业社会的框架内本来确实是无解的。

应当看到，土地均分、零租金的长久承包权即永佃权，以及农民全部税费的免除，即无税赋的耕者有其田，已经是中国传统小农社会所能企望的最高理想，也是历史上的土地私有制所无法实现的。这种小农的乌托邦梦想在今天成为现实，标志着中国传统农业社会农民问题的基本解决。现在人们谈论的三农和土地问题，其实都已不是传统农业社会的农民问题，而是从传统农业社会向现代工业和城市化社会转型中的新问题。没有区分这一点，自觉不自觉地把农业社会的现代化转型与传统农业社会的农民问题以及已经终结的黄宗羲定律混为一谈，这是我们在中国农村土地和三农问题上经常绕圈子的重要原因。

第二节　在城市化转型中出现的新三农问题

综合起来说，当前人们在中国农村土地和三农问题上的讨论和争论几乎全都不是老三农问题，而是由工业化和城市化引发的新三农问题，即农地流转、农民离乡务工和农地非农用这三个新焦点。

一、新三农问题之一：农用地的流转和规模经营

农用地的流转初看起来似乎是个传统农业社会的问题，其实则不然。

传统农业社会只有经济和超经济的土地兼并，并没有经济意义上的普遍土地流转。因为对传统农民来说，除非被逼无奈，没有人会愿意放弃土地。失去土地，只不过是从自耕农变为佃农或雇工，是在更苛刻的条件下仍然以土地为生。我国农村土地承包后土地流转的必要性，是源于工业化大环境中农业科学技术和装备条件的进步，以及城镇和非农人口的持续扩大，在农业和养殖业中产生了规模经济和专业化生产的条件和需求。而农村土地流转的可能性，是同样由于工业化、城市化的发展，大量农村和农业劳动力转移到城镇和非农产业就业，谋求更高的收入和生活水平，为承包土地闲置、流转和规模经营提供了空间和可能。

因此，至少从 20 世纪 90 年代起，农地的流转以转租甚至变相转卖（如一下收取几十年的租金）的方式开始普遍发展。2002 年颁布的《农村土地承包法》只是最后在法律上给予了确认和保障。随着农民土地承包权长久不变的政策以法律形式固定下来，"增人不增地、减人不减地"实际上是对集体成员共享土地权利的否定从而使承包土地实际私有化。再加上目前正在推动的给农户土地的承包使用确权，发放土地承包使用权证，并建立规范的农用地流转市场，中国农民已经和正在拥有承包农用地的占有、使用、收益和转让的完整权利。

但是，农民个体毕竟还不可能在法律上拥有承包土地的所有权，这是不是一种严重的缺憾和障碍呢？其实，拥有长久不变的农用地占有、使用、收益和转让处置权的承包权在经济效益上和私人产权已经等价。农村的土地在法律上归集体所有，正如中国城市的土地在法律上归国家所有，所有单位和个人家庭也只拥有既定用途下的占有、使用、收益和转让处置权一样，并不妨碍产权定义的完整性和市场交易定价的有效运行。正如我们在西方社会也见到，有的国家也实行土地名义上或法律上的国家所有，但土地的实际产权由私人占有和交易，包括拥有土地完全产权（即 freehold）的房屋与建在租来土地（即 leasehold）的房屋都在市场上自由定价交易一样。所以，在不改变用途的农用地问题上，学术界的观点与政策、法律的距离已经很小。有人还在谈这个话题，其意已不在农用地的本身，而在土地非农用的权利归属。

从产权定义的完整性而言，现在唯一还没有放开的是农用承包地以及农民宅基地的抵押权，但这里的利弊得失并没有简单结论。给农地和宅基地以抵押权，从利的方面来说可以增加农民的资金实力和经营规模，弊的方面则是凡抵押就有风险，在经营因主客观条件失利时，农民就可能出现非自愿失地的情况，从而被迫交出或离开土地，从而加速土地兼并与贫富分化。对农民承包地和宅基地抵押的慎重行事，就如在农地流转中目前还限制农民将土地承包权一次性永远卖出的政策一样，目的是减缓土地实际上私有化以后的兼并和分化。在农民向城镇的自由迁移还面临巨大的制度门槛和福利歧视的背景下，这种政策究竟是一个缺陷或障碍，还是农村向现代社会转型中一个次优的过渡安排，显然是个仁者见仁、智者见智的问题。

现在农地使用中唯一意义重大的争论，是究竟应该保护家庭经营还是应该鼓励资本下乡、公司化经营的问题。虽然在农村养殖业和若干经济作物的经营中，公司化经营显示了优势，但在主要农产品的种植中，公司化运作的成效并未得到可信证明。从人均可耕地与我国相近的日本、韩国来看，随着农村人口向城市逐步迁移，专业农户、少量小规模家庭农场以及在此基础上的农协组织将成为农业的主要生产经营模式。很显然，在大多数农民还没有从农村移居出去之前，任何外力推动的公司化都是有害无益的。随着农村人口减少、农民种植耕地规模的扩大，专业农户和少量家庭小农场会逐步成为农业生产经营的主流。到那时候，现在定义模糊的农地多层集体所有，不用被废除就会自然消亡。

因此，我们不需要什么激进的口号去吸引眼球，土地承包长久不变和"增人不增地、减人不减地"已经迈出了土地私有化的关键一步，随着土地确权和抵押转让的进一步发展，不管文件上如何解释，也不管人们喜欢与否，农地的私人占有已经越来越是农村改革的现实和不可逆转的方向。

二、新三农问题之二：农村土地的非农开发使用

农村土地的非农使用是工业化和城市化快速发展造成的直接后果。目

前实行的政策，是国家征用后才能改变土地用途，这是大家的矛头真正指向的焦点，也是本书中将反复论及的一条主线。

应当指出，农用地转为非农使用的数量，相较于全部农业用地而言，是一个很小的比例，而且仅涉及一部分主要是受到城镇郊区和水利交通工业占地影响的农民。但因其规模发展很快，经济利益巨大，可谓万众瞩目。过去农地征用常常暗箱操作，对农民补偿很少，级差收益主要归相关权势者和开发商分享。现在一些工业开发区和国家重点工程在偏远乡村的征地，仍然存在这种严重伤害农民利益的情况。但在城市区域的建设开发中，由地方政府收储、土地招标拍卖的情况下，级差收益主要由地方政府、开发商与城郊被征地农民三方分享。其中，由于乡村干部往往代表农民集体参与征地谈判，有人乘机中饱私囊，因而也受到诟病。

主张土地私有的学者认为，地权归农，级差收益归农户，土地的非农使用在符合规划的前提下由地方政府或开发商直接与农户谈判，是解决问题的最好途径，也是最公平的办法。

更激进的观点认为，不仅地权应当归农，农地转为非农使用的权利即用途权也应归农民所有，即农民自己有权决定其土地是农用还是非农用。这种观点看到了在经济发达的城镇郊区，农户或农民集体实际上无视政府禁令，用各种方式将农村土地转为非农建设性或商业性开发使用。由于政府在乡村的管理能力薄弱，这种违反土地用途管制和规划管制的做法在一些经济发达地区已经得到相当普遍的发展，有的村庄甚至因此成了农村工业化、现代化的典型。

农村土地还有另外一个部分，就是农村集体建设用地及未利用地。现行法律和政策规定，农村集体建设用地主要为乡镇企业用地、乡（镇）村公共设施和公益事业建设用地和农村村民住宅用地（即宅基地）。非利用地主要指农用地和建设用地之外的土地如山坡、滩涂、荒地等。

在各方面的呼吁推动下，十七届三中全会已经提出要改革农村集体建设用地使用权出让和转让办法，除集体公益事业建设用地和宅基地之外，农村集体建设用地经过确权发证，可以采用出让、流转等各种方式，有偿使用和流转，而且将本着"初次分配基于产权，二次分配政府参与"的原则，研究建立集体建设用地有偿使用、有关税费征缴和分配办法。

新的思路拟首次允许农村集体建设用地可以不经过国家征用直接进入市场。但其受益者首先是不能清楚界定的农村集体经济组织，如果这个集体建设用地的来源界定不清，转让收益又变成合法化和数额巨大，肯定还会引起新的矛盾和争论。更重要的是，占农村建设用地主体部分的农民宅基地向本村村民以外的人（主要是市民）转让和进入市场，现行法规并不允许，解决问题的思路也还完全不清楚。

三、新三农问题之三：农民离乡进城务工

这其实是工业化和城市化对中国农村带来的最大和最普遍的冲击。土地非农用毕竟只涉及部分主要是城郊农民，而现在包括最贫穷最偏僻地区在内的几乎每一个村庄，其大多数中青年农民都已经被卷入打工潮的队伍。中国农村适龄劳动人口的大约一半，而且是最有活力的一半，即约2.5 亿的中青年农民转到非农产业就业，成为中国工人阶级的主体，这是中国农村和中国社会在现代化转型中最深刻的变化。

但令人奇怪的是，尽管农民工问题近年来引起了普遍的社会关注，人们对农民工的欠薪、就业和劳动条件表示了关切、援助和同情，但是迄今在制度层面上并未就此作出任何重大调整或改变，农民工问题其实也不是学界和舆论界真正持续关注的焦点。农民工不管已经在城市就业了多少年，他们仍然被视作为短期流动来的农民，被排除在城市的住房、教育、医疗、社会保障和社区服务的网络之外。近年来情况开始有所改变，但作为承载所有这些公共福利的歧视性户籍制度仍无改变。前些年甚至有学者提出应当给农民工在城市或城郊自己开拓贫民窟的权利，但既未引起多少赞同之声，也未招致过多激烈的抨击，而是无声地消失在人们的漠然之中。

四、新三农问题的难点和症结：土地非农开发使用

由上可见，在上述新三农的三个焦点问题中，其中农用地的流转和规

模经营，实际正在积极发展并受到政府推动；而农民工进城受阻，务工不能落户的户籍垄断与歧视，大家在解决问题的方向上并无分歧，但掌控着资源、维稳第一的政府和受城市居民主导的舆论，还没有拿出真正改变目前城乡隔绝、身份歧视的现状的可行办法。唯有农地的非农使用，由于直接牵动着市民、农民、资本、政府几方利益，成为争论和利益冲突的焦点。这样，我们看到，在农地的非农使用上，目前在实践中出现了在一个法治国家中不可思议的混乱景象。

其一，是中央政府在政策上的自相矛盾。例如，中央政府一方面在政策上鼓励和推动农地的流转，一方面又推行严格的耕地保护制度和土地用途管制法令，由国家来垄断非农业用地的征收和规划，并严格控制农用地乃至非利用地（即既非农用地又非建设用地的坡地、滩涂地、荒地等）的非农使用，严格控制农村集体建设用地特别是农民宅基地的扩大，禁止以农村土地建设"小产权房"和严格限制农民宅基地的转让。又如，面对人们日益增长的对政府垄断农村土地征用的压力，中央政府既似乎开始接受但又不敢完全放开让主体不是很明确、来源难以界定清楚的农村集体建设用地进入流转和流通。再如，在集体土地上建造并出售给城市居民的小产权房已经积重难返，处于社会稳定的考量，政府既一再三令五申坚决不容许再兴建小产权房，又声言要保护已购小产权房群众的利益，这种自相矛盾和欲禁不能的政策信号，进一步激发了一波又一波抢建小产权房的热潮。

其二，是地方政府与中央政府的政策博弈。地方政府在中国经济高速发展中起到独特作用，而农地转为非农用的建设用地又是地方加速经济发展最重要的载体和生财之道。因此，地方政府往往在"发展才是硬道理"的推动下，巧立名目，破坏土地用途管制制度，扩大农村土地的使用范围，很多地方借农民集体建设用地使用权流转、土地整理折抵和城乡建设用地增减挂钩等名义，想方设法擅自扩大建设用地规模。在中央政府实行行政问责制后，利用法不责众和国家在农村基层执法能力衰减的漏洞，土地违法行为的主体由省、市、县政府，向乡、镇和村级组织蔓延。

早在 2008 年 1 月，国土资源部有关负责人在解释国务院办公厅 2007 年发 71 号文时就明言，"当前农村集体建设用地管理存在的问题，突出反映在乡镇政府和村级组织擅自占用农用地，建设'标准厂房'和配套设施后向社会出租，'以租代征'；以村级组织与外来投资者合作经营的名义占用土地，提供建设用地；违法利用农用地开发、销售商品住宅等方面"。这几年来，各级地方政府违法用地更是越演越烈。至于在经济发达和外来打工人员集聚的地区，农民根本不管有关规划管制，自己利用宅基地乃至承包农地兴修多层商住两用楼房，出租给经商单位和外来务工人员，形成一种准贫民窟的城中村或城郊村，更使政府鞭长莫及。

有意思的是，面对在农村土地问题上的种种尾大不掉乱象，一方面许多人忧心忡忡，但另一方面也有相当多的人不以为意。有人进而认为，今天在土地管理上的众多违法违规现象，就如改革开放初期的家庭承包一样，当初也是非法的，但因为代表了改革的方向，最终成为合法主流。因此，他们认为小产权房本来就应当合法化，农民的宅基地本来就应当可以自由转让，所有农村土地就应该确权和还权到户，这样农民才能将中国最大的财富——土地进行资本化，乡村干部才不能利用集体土地中饱私囊。有人把土地的私有化和自由开发权称之为中国的"第三次土地革命"，认为其意义比农村家庭土地承包更加深远。毋庸置疑，学术界和舆论界的多元导向，显然在中央和地方、城市和乡村本来就复杂的多重利益博弈中进一步增添了发散的因素。

进一步看，农村土地如何非农使用，既直接影响农民工移居城市的方式，也间接制约了农地流转和规模化经营的步伐，因此成为新三农问题的症结所在。现行的土地制度和管理办法遭到的普遍破坏和广泛质疑，确实反映了它已经漏洞百出，难以为继。农地非农用汇集了各方利益，是新三农问题中大家都想抢食的蛋糕，而农民工市民化是要花钱补欠账的大开支，是新三农问题中长期被绕道走的真正核心和焦点难点。破解这两大问题，是中国城市化和现代化转型面临的主要挑战。

不搞卖地财政，土地权利如何归属？土地转用特别是农地开发的级差收益归谁？土地私有是解决问题的最终出路吗？对这些问题，人们有很多分歧和盲点。

我们已经看到，中国新世纪前后的最大社会变迁，是从以农民、农业、农村为主体的传统社会转到城市化的现代社会，由此也产生了农田流转、农民进城、农地转用的新三农问题。

其中，农田的流转即规模经营的扩大，取决于农民离开农村迁移到城镇的规模与速度；而进入城市的农民工及其家属能否真正离开农村、释放出农地，又取决于他们是否可以和能够在就业的城镇举家安居；而他们能否安居，不仅取决于他们是否能有稳定的就业（这一点即便没有近年来愈演愈烈的用工荒，也从来不是主要问题，因为从农民工的普遍称谓就知道，他们离开农村的第一步，就是以找到了工作为前提的），更主要取决于他们是否能和城里人一样，有自己较为体面的稳定住所。因为全球的经验都表明，就业和住所是农村移民融入城市生活的基础，其他的所有权利和保障不过是这二者的附属物。

这样我们就来到了问题的核心，即城市化带来的土地占用和进城农民的安居问题。因为所谓城市化就是农民进城，农民变市民。城市化面临的主要挑战就是在家乡本来有土地和居所的农村移民（其实也包括那些再迁移的中小城镇居民），如何在就业城镇再次安居变市民的问题，其实质，是土地权利的再分配。

第一节　土地财政的异化

一、中国式土地财政从何而来

　　从土地产生财政收入，特别是征收不动产保有税作为地方政府的主要税源，是现代发达国家的通例。我国的土地财政则不同，属于二战后后发的发展中国家利用土地增值收益推动城市化的特殊情况，同时又有着自己独特的背景和发展路径。我国在 1949 年以后土地使用是跟随项目批准的划拨使用，无需付费。20 世纪 80 年代后期随着对外开放和招商引资的需要，从经济特区发端，开始了土地使用权的批租转让，从此，土地一次几十年的使用权转让开始流行，并成为地方吸引外来投资、发展工商业的重要手段。

　　1994 年中央和地方财政分税制的改革，限制和减少了地方政府在税收收入中的分成，但将当时还很小的土地转让收益划给了地方，土地收入开始逐步为地方政府所重视。不过，在相当一段时期中，从农民那里征来的廉价土地主要还是作为地方政府吸引投资、发展经济的竞争手段，还不是作为财政收入的多大来源。但是在 1998 年国家启动住房商品化改革以后，土地增值的空间开始显现。只是当时开始主导的还是土地开发市场化，即房地产开发商各显神通拿地。那时开发商只要一手搞定城市有可能出让土地的工厂单位或城郊的农村集体，一手公关城市规划部门取得许可，然后支付国家规定的少量土地出让金，就可以拿到开发土地。正是由于这其中的关系拿地、官商勾结、囤地暴富严重到了相当程度，有关政府部门才几经酝酿，排除了相当阻力，最后在 2004 年国家出台了开发土地出让一律要由政府收储，实行土地招、拍、挂的政策。

　　土地拍卖的收益，自然进了地方政府的腰包，从而形成了和政府正常的收入即税收财政并列且日益膨胀的土地财政（见表 2-1，土地出让占财政收入的比重变化）。但是，这个所谓的土地财政收入，其实几乎只是拍卖商住用地的结果，而不包括工业用地。因此，中国所谓土地财政的实质是房地产财政。

表2-1　我国国有土地使用权出让收入及支出情况　　　单位：亿元

	2003	2004	2008	2009	2010	2011	2012
1. 地方财政收入	9850	11893	28650	32603	40613	52434	61077
2. 国有土地使用权出让收入	5421	5894	10375.28	13964.8	29109.9	33477	28886.31
占地方财政收入的百分比	55.04%	49.56%	36.21%	42.83%	71.68%	63.85%	47.29%
3. 国有土地使用权出让收入安排的支出	——	——	10172.5	12327.1	26975.8	33172.16	28421.9
其中：征地拆迁补偿等成本支出	——	——	3778.15	5108.58	13395.6	24053.76	22624.9
城市建设支出	——	——	3035.32	3340.99	7531.67	5564.88	3204.15
其他支出	——	——	3359.03	3805.53	6048.53	3553.52	2592.85

资料来源：2003、2004年数据来自《中国国土资源统计年鉴》，2008—2012年数据来自国家财政部网站2008—2012年财政收支情况统计。

二、对中国式土地财政的两种相反观点

现在对中国式的土地财政，可以说存在着截然相反的两种评价。

一种观点是，土地财政是中国特色工业化、城市化发展道路的核心和基础。土地财政通过出让城市土地使用权，对基础设施建设融资，开辟了一条以土地为信用基础，积累城市化原始资本的独特道路。土地财政的本质不是收入而是融资。中国之所以能走这条道路，是因为计划经济时代建立的城市土地国有化和农村土地集体化，为政府垄断土地一级市场创造了条件。土地财政的作用，就是通过拍卖土地的市场机制，将这笔隐匿的财富，转化为启动中国城市化的巨大资本。同时土地财政通过对工业用地的成本补贴和工业企业的税收补贴，大大增进了我国工业制造品的竞争力，是中国成为世界工厂的主要秘诀之一。

　　这种观点认为，土地财政比税收财政的成本低、效率高，特别是我国实行的是以间接税为主体的税收体制，转向直接税非常艰难，同等税负水平下，直接税给人们带来的痛感和反感都会大很多。通过大规模增加直接税包括个人所得税和财产税等地方税来替代土地财政收入，隐藏着极大的社会和政治风险。因此，尽管土地财政模式也容易累积不动产信用的金融风险和拉大有（房）产者与无（房）产者之间的贫富差距，但绝不能轻言放弃。现在关键是要控制住征地拆迁成本的急剧上升销蚀土地财政的竞争力。所谓农地无条件入市就更是自杀性的行为。土地财政作为一个伟大的制度创新，其经济学意义，远比大多数人理解得要深刻、复杂得多。土地财政不是要否定而是要升级，即今后可逐步从对工业和工业用地的补贴转为对劳动者特别是农民工以先租后售的保障房形式补贴。①

　　如果说上述观点主要反映了政府长期以来的做法，或为此提供了理论证明，现在媒体上和学术界占压倒性的舆论则是另一种对土地财政的严厉批评和完全否定的观点。综合起来看，对土地财政的批评，主要是说地方政府垄断了土地的一级市场开发权，因而侵犯了农民的财产权利，阻碍了市场机制发挥土地供求平衡的调节作用。暗含的解决办法是打破政府的土地垄断，开放土地一级市场。应当说，从开发商到学界的这个普遍认识其实并没有抓住土地财政的真正问题和要害。当代世界各国都普遍存在土地的严格用途管制和规划管制，民间开发每一块新的土地，都要得到政府批准。从这个角度说，各国政府在土地供给的源头都有垄断性。

　　以与中国在人口资源禀赋、人均可耕地和出口导向型赶超经济模式等方面相近的日本、韩国、我国台湾地区为例来看。在上世纪下半叶它们各自的城市化加速期，无论是日本长期一党执政的民主政府，还是韩国长时期中的军政府及民主转型后的新政权，以及台湾蒋家父子的威权统治下，都曾经一度完全垄断了土地一级市场的开发权。但它们并没有产生类似中

---

　　① 对这个思路进行了全面阐述并给出逻辑完整论证的代表性观点有赵燕菁及贺雪峰等，见本书末文献索引。

国土地财政的问题，相反却借助土地增值的社会分享较好地解决了土地和住宅资源的公平分配，实现了在城市化高速发展阶段的住有所居问题，从而到上世纪末工业化实现、城市化完成（城市化率达到 80% 以上）时，社会收入分配的基尼系数均保持在 0.3 左右，几乎接近我国计划经济时代的水平，成为我们今天号称的社会主义市场经济几乎不可奢及的公平目标。

也就是说，政府垄断土地一级市场开发权并不必然带来利益分配不公、贫富分化的弊病；相反，利用垄断土地增值收益的社会再分配推动城市化，包括基础设施建设、使土地增值收益为移居人口和社会利益而不是少数人利益服务，正是东亚模式城市化、现代化的成功经验。可见，什么是中国土地财政的真正问题，人们认识得并不很清楚。

三、什么是中国式土地财政的真正问题

其实中国房地产财政的真正问题，是它与东亚模式中政府中立、财务平衡、土地增值收益优先用于移居者安居不同，中国的土地收益成为政府可以随意支配的小金库，卖地收入成了不受约束的天上掉馅饼、多多益善，而且支出也完全忽略农民工等移居者这个城市化主体的需要。这种卖地牟利的财政必然扭曲了政府在市场经济中的功能和作用，从而极大地推升了城市化的成本。政府本来是公共利益的服务者和守望者，但倒卖土地的房地产财政却扭曲了政府角色，使之成为似乎一手低价买进、一手高价卖出农民土地的生意人，从而丧失了政府执法的公正性和中立性。各种违法征地、野蛮拆迁、逼农民上楼都是这种行政权力在利益驱动下的必然产物。

这种倒手房地产的财政还进一步产生了两个扭曲的结果：一方面，因为政府本身靠土地买卖差价牟取利益，征地价格的确定就缺乏正当性和合理性，这必然激起政府与民众的对抗，推动被征地者要价攀比和城市化的成本迅速上升。换句话说，土地征收拆迁成本的不断上升是土地财政导致政府行为异化、政府丧失中立性的内生性产物。另一方面，由于卖地财政的绝对收益取决于卖地的数量和价格，这样地方政府又和接盘的房地产开

发商形成了生物链上的利益依存关系，地方政府成了房地产价格高企的共谋者。

　　同时，地产暴利和金融倾斜使各行各业都进军房地产从而造成产业空洞化，并且由于楼价和土地价格直接影响地方政府的偿债能力和银行的资产安全，宏观经济政策在很大程度上被房地产市场绑架。至于说房地产财政对工业企业用地的补贴，其实这种补贴并不均匀和公平。土地和税收补贴一般都是只向知名企业和大资本投入倾斜，并还带来了工业用地狮子大开口的滥用和严重浪费。① 因此这种方式的补贴是否真正提高了资源配置和利用效率、提高了经济的整体活力和竞争力，还是一个有待证明的问题。

　　应当看到，在为土地财政辩护的观点中并非没有合理的因素。比如说，在城市化转型中的基础设施投入，不可能主要靠常规税收包括财产税来弥补。财产税在发展中国家所占比例一般都较低，即便在当今财产税占地方政府收入比例很高的西方发达国家，也只够维持地方政府一般性的公共服务开支，而不能支持大规模的城市扩张建设。再如，土地的级差收入不能简单地归城郊农民所有，而应当通过财政再分配的形式为社会分享，等等。

　　但同样明显的是，无论中国特色的土地财政过去发挥过怎样的作用，其消极作用现已日益突出。城郊农民补偿不断加码，征地成本直线上升，征地、卖地已经成为社会矛盾和官民冲突的一个焦点。换句话说，支持土地财政者最看重的低价征地和土地增值归公现在已经越去越远。放弃替代也好，升级转型也罢，现有的土地财政模式事实上已无法照旧维持，这是不以人的意愿为转移的。因此问题的关键在于，这个制度究竟应该如何转

---

　　① 我国工业用地过于铺张、利用效率低、浪费严重已经引起各方面的关注。据中央财经领导小组办公室副主任杨伟民提供的资料（未经本书作者独立核实），我国居住用地与工业用地是1.5:1，许多城市甚至工业用地超过居住用地，而日本三大都市圈居住用地是3700平方公里，工业用地是600平方公里，比例为6:1，法国大巴黎地区居住用地是1100平方公里，工业用地是205平方公里，比例为5:1。见杨伟民在2013中国城镇化高层国际论坛上的演讲（http://www.town.gov.cn/cszx/csjs/2013czhlt/201304/15/t20130415_699213.shtml）。

变。可以说当今经济和社会发展的所有重大问题，如经济发展方式转变和结构转型，政府职能和收入结构转变，城市化与城乡统筹，土地、住房和收入分配，维稳与法治等，都与土地制度密切相关。

第二节　土地所有权之争的背后

尽管学术界和媒体对现行卖地财政的抨击几乎众口一词，但是，不搞卖地财政，土地权利如何归属？土地转用特别是农地开发的级差收益归谁？土地私有是解决问题的最终出路吗？对这些问题，人们则有很多分歧和盲点。

一、农村土地集体所有制的存废之争

按照我国现行法律规定，农村土地实行农民集体所有制。我国农民集体所有制来自 20 世纪 50 年代不断升级的合作化运动。在 1958 年经历人民公社的共产风灾难后，虽然形式上还保持了人民公社，但实际上退到了生产小队的小集体，即所谓三级（公社、生产大队、生产队）所有，（生产）队为基础。1962 年颁布的《农村人民公社工作条例修正草案》第二条规定，"人民公社的基本核算单位是生产队"。第二十一条规定，"生产队范围内的土地，都归生产队所有"，并明确生产队所有的土地，非经县以上政府批准，任何人不得占用。可见当时土地集体所有的这个集体就是生产队。

改革开放，搞了土地家庭承包，人民公社解散，恢复为乡，生产大队恢复为行政村，原先形式上的三级所有也不复存在。队为基础实际上变成了户为基础，但土地的权属问题并不明确。1987 年的《中华人民共和国民法通则》有了重大改变，土地不再归生产队（即现村民组）所有，而是首次明确 "集体所有土地依照法律属于村农民集体所有"，已经属于乡（镇）或村内组织的，也可以属于乡（镇）或村内组织农民集体所有。后来的法律包括现行的 "土地管理法"、"物权法" 大体均沿用了这一说法，即土地一般属于村集体所有，如已属于乡或村内村民小组等的，亦归其行使所有权。

　　现在对土地集体所有的主要批评是，这个"集体"到底是谁，无论是过去规定的生产队即今天的村民组，还是现在规定的村集体，都是政府一句话，农民自己并无选择权和决策权。况且就是今天的所谓村所有，村对土地究竟有多大权利，还是由国家说了算。因此这种农民集体所有主体不清、名不副实。很多人主张干脆取消这种有名无实的形式。

　　而主张保留集体所有制的观点，主要是认为一方面，集体所有阻滞了土地承包后的土地兼并和贫富分化，对传统小农经济向现代农业经济和组织过渡还具有一定的积极意义，另一方面，大规模农田水利等基础设施和农民的集体行动也需要有一个形式上的正式代表。农村村委会直选之后，村作为农民集体行动的协调人和代表，是一个现成的形式，又易于与既往的制度和法律形式衔接。因而，废除土地的农民集体所有，弊大于利，属于多此一举。当然主张保留集体所有制形式的人也大都强调家庭承包的土地不仅要长久不变，而且需要进一步确权领证，强化农户的权利。这种观点认为，只要把农户永久的土地权利做实了，包括使用、出租流转以至今后条件成熟时的抵押、转让出售的权利都落实在农户身上了，农民的这个承包权就事实上与私有产权等价，这样集体所有的外壳就并不是缺陷和障碍。

　　在反对农村土地集体所有的意见中，又分为形式上似乎截然对立的两派。

　　一派主张实行土地国有化。他们认为既然土地归属决策本来就是国家说了算，宣布土地国有就名副其实了。土地的集体所有具有不稳定性，实际上很难保证农民承包土地的永久不变。如果实行土地的国家所有，农户永用，由国家机关确权发证，权威性大大增强。这其实是用法律形式强化了农民个人永久性的排他使用权和各种土地权利。农村土地国有的另一大好处是统一了城乡土地制度，使城乡居民的土地权利平等化。世界上实行土地国有的国家和地区，并没有影响土地产权的私人占有、流转和保护以及产权的有效性和市场效率。

另一些人就直接主张土地私有化。他们认为，既然大家都同意关键在于保护农民的权利包括财产权，干脆实行土地私有，这是最有效、最直截了当和最可靠的保护。因为它脱去了所有外力强加的不必要的外衣，土地归农，农民自然会以最符合自己利益的方式去使用和处置它，根本不用外人去担心和操心。土地归农民是最彻底保护农民和尊重农民意愿的制度安排，也是为大多数国家所采纳和证明了的成功制度。唯一要克服的不过是意识形态的障碍和阻力。

显然，从形式上看，主张维持土地集体所有、主张土地国有和土地私有的不同观点似乎是完全对立的。但从实质上考察，其实他们在主张确权、强化和尊重农民家庭的土地财产权方面并无大的分别，只是出于不同角度或者基于策略上的考虑，提出了不同的土地所有制形式，但基础都是给农户确权、保障农户实质性的土地占有权利。就主张把土地权利真正落到农户而言，他们的观点在本质上大同小异。由此可见，如果仅仅从土地所有权的名称去提出和争论问题，虽然好像争得很热闹，但恐怕并未真正抓住问题的症结。

二、今天的土地权利之争究竟争什么

正如我们已经指出的，在农村土地的农业使用即农地农用方面，其实人们的分歧以及和现行政策的差距已经很小。在农地农用的情况下，是农民自种，还是农民收租金流转给公司大户去种，现在基本都是由农民自行决定。以后如果农民不依赖农地也能生存、发展，那么对农地的抵押和永久出售也不会有太大分歧。强迫农民交出土地由别人去从事农业的情况，在农地流转中确实也还有，但肯定不是主流。农民一般总是在收租比自己种地有更好收益时才愿意流转。

因此，人们包括主张土地私有化的人真正关心的并不是农地由农民自己种还是租给或是卖给别人种的权利（这现在已经基本解决），而是土地转用即非农开发后的权利。如果自己种田只有300元净收益，流转给别人种可收上千元租金，甚至还可以住在家里帮别人种田打工赚工资，没有人会反对或反悔。但当最初流转出去或被征用的土地被人转手开发，一亩地变出几十万几百万暴利时，没有一个人的心态还会依旧平衡。因此现在几乎所有的土地纠纷和冲突都是从后者产生。

所以，中国今天真正的矛盾和焦点不在农村土地实际上由农民家庭确权占有、原集体经济组织的成员权主要是对土地的权利不复存在后，农地农用到底在形式上叫个什么样的所有制名称，而是在工业化、城市化大潮下，农地非农用即农地开发（实际上也包括城市居民用地再开发时）的财产权利归属问题，正是在后一点上，真正的分歧和盲点才暴露出来。

第三节　土地开发权与所有权的分离

一、关于农民是否应拥有土地开发权的两种观点

主张土地私有的许多人对土地开发的观点是鲜明的。他们认为，农地农用的市场价值很低，农地私有的一个关键就是农民自己要拥有土地开发权和收益权。如果农民自己不能决定土地的用途和开发，土地资本化和第三次土地改革就失去吸引力，土地私有也就在很大程度上失去了意义。主张土地集体所有或国有的部分人也持有相同的观点，认为农民的土地应当与城市土地同地同权，农村集体土地不必经过政府批准或征用就可以开发并进入市场流通，和城市国有土地具有同等法律地位。

而不那么激进的多数人认为，土地的国家用途管制和规划管制还是需要的，因此，无论农村土地采取集体、国有或私有形式，农民肯定都不能自行随意改变土地用途和规划。但是，在符合城镇规划的情况下，城郊农民应当有权自己开发土地。国家征地应当严格限制为公益事业。所有非公益用地，农民或者可以在符合规划的情况下自行开发，或者由开发商与农民进行市场化谈判。当国家必须征地时，也应按土地的市场价值补偿。这一观点现在应当说已经成为相当普遍的共识，也为政府所部分接受，是国

家土地管理法修改考虑的一个重要方向。

显然，第一种观点即允许所有农民自行改变土地用途搞开发的主张，不管听起来如何义正词严，但实际上完全脱离了当今世界的现实。因为即便在这些主张者求学的西方市场经济国家里，拥有私有土地的农民或农场主也没有这个权利和自由。其道理也很简单，土地是特殊商品，其开发利用具有极大的地理垄断性和环境外部性。除非国将不国，世界上没有任何一个国家会允许居民随意改变土地用途搞开发建设。更不用说即使允许所有农民均可自行开发土地，城郊农民可以一夜暴富，但远离城镇的乡村土地还是不会有什么市场价值，绝大多数农民仍然不能因此致富。因此需要认真研究的只是后一种意见，即处于现在和未来城镇规划区范围内的农民，是否应当自然享有自己土地开发的权利。

二、土地开发权是解开土地迷局的总钥匙

从一般财产权的角度来说，你拥有一个物品的所有权，你自然也就拥有了开发利用乃至毁坏它的全部权利。所以不奇怪，工业化之前的农业社会，土地如何处置被定义为所有者的权利。

不过，随着工业化和城市化的发展，土地非农使用的限制逐步被提上日程，各国均用立法形式将土地所有权与开发权相分离（详见第七章）。只是在中国农业社会中，人们传统上只重视土地所有权问题，而现在引进西方经济学概念的人又过分关注于土地私有权而遮蔽了自己的眼光，使得在城市化过程中真正重要和有决定意义的土地开发权问题，至今还没有进入公众的视野。政府则近水楼台，以社会和国有土地所有者代表的双重身份，顺手牵羊拿走了土地开发权。

与此同时，中国从计划经济时代继承下来未加改革的城镇户籍垄断制度，又将进城务工的农民自然排斥在土地升值的分享之外。这是中国的城市化道路走偏方向，变成了全国性的强制拆迁和只有土地而无人口的城市化的根源所在。当今中国工人阶级也是城市化的主体——中国几亿农民工及其几亿留守家属子女之所以落入今天这样无助弱势的地位，也正是工业

化城市化过程中土地开发权不公正分配的直接结果。

而所有主张尊重农民土地其实只是城郊农民土地入市同等权利的呼声，无论在表面上显得如何公允，实际上只是在为大约3%被动城市化的城郊农民说话，而有意无意忽略和抹杀了占97%的中国农民这个城市化主力军的权利（中国迄今为止的城镇建成区才约4万平方公里，即6000万亩，即便不算老城区，将其全部算作这些年来城镇化扩张对农村的占地，也只占现农村耕地和居住用地20多亿亩的3%）①。他们没有想到，如果仅仅给予城郊农民以土地开发权的特惠而剥夺占人口绝大多数农民的土地开发权，这只会造成更大的社会不公正和贫富分化。就如现在城郊农民土地上的小产权房之所以廉价，正是源于其在现行政策下的不合法性。如果明天宣布城郊农民拥有土地开发权，小产权房全部合法化，市场规律决定了城郊土地和房屋会在一夜间跳升至市场均衡价。这样占全国人口多数的已经和将要进入城市的外来移居者会落入更加困难和不平等的境地。

这样我们就触及全部问题的症结：在工业化和城市化时代，世界各国土地的所有权与开发权已经普遍分离。土地财产权包括私有产权并不等同于土地的开发权。由于许多人没有土地开发权的概念，或者有意无意地把土地所有权与开发权混为一谈，这样，他们全力关注和争辩的土地所有权就不免往往流于问题的表面，而他们真正想争的并非农地农用的私有权，而是农地转用的开发权。

因此，城市化转型的中国面临的真正问题，与其说是土地所有权的形

---

① 据《中国统计年鉴》2012年的数据，全国2011年城市建成区（含建制镇）为43603平方公里，城市建设用地面积41861平方公里。不过，一些权威官员提供数据与此有口径不同和矛盾之处。如国土资源部规划司司长董祚继在2012年12月10日出版的《国家财经周刊》上的文章"稳定土地供应并非不能"中说，目前建设用地总量超过4.7亿亩，其中城镇用地0.5亿亩，工矿用地0.5亿亩，人均城镇用地达133平方米，全国村庄用地达2.5亿亩。而中央农村工作领导小组办公室主任陈锡文在"全国金融四十人论坛"上说，我国城镇建设用地、工业园区建设用地，大概是8万~9万平方公里，其中将近5万平方公里是城市建设用地，2万多平方公里是县城和城镇建设用地，农村建设用地大概为17万平方公里。见《第一财经日报》2013年6月10日第23版。也就是说，与官方正式发布的数据不同，各种权威渠道的说法在农村建设用地面积上大体一致，在城镇建设用地的面积上则说法和口径各不相同。

式，不如说是土地开发权的归属和分配。如果土地所有者并不自然拥有自己土地的开发权，那么土地开发权归谁所有？它在当今发达的市场经济国家中是如何界定和分配的？土地开发权的不同分配方式是如何使一些后发国家跳过或跌入了城市化陷阱？中国迄今又是在如何和依据什么规则在分配土地开发权，产生了怎样的经济和社会结果？更进一步，我们是否还能亡羊补牢，矫正土地开发权的随意和错误分配给中国房地产市场乃至整个财产和收入分配带来的混乱？要回答这些问题，我们既需要理解我国土地财产权和开发权分配演变的特殊轨迹，也需要研究和借鉴国际上先行国家的经验教训。

第三章

我国土地财产权和开发权分配的历史沿革和现状

通过回顾新中国成立以来土地权利法律规定的历史沿革，厘清今天土地财政模式的形成原因和现实困境，进一步突显出土地制度变革的必要性和紧迫性。

第一节　历史沿革

一、改革前的三部宪法对土地所有权的规定

1949 年中华人民共和国成立之后，我国的土地所有权和开发管理制度走了一条独特的道路。就在新中国宣布成立两天前，中国人民政治协商会议通过的"共同纲领"被认为是新中国的临时宪法，当时的提法还是通过土地改革"有步骤地将封建半封建的土地所有制变为农民的土地所有制"，实现耕者有其田。其他土地包括城市的土地并未提及，但在这个纲领所确定的"公私兼顾、劳资两利、城乡互助、内外交流"的"经济建设的根本方针"下，对城乡私有土地所有权的保护应当还是题中应有之义。

1954 年首个正式的《中华人民共和国宪法》即"五四宪法"在社会主义改造的大背景下开始有了微妙的变化。虽然首部宪法第八条的提法还是"国家依照法律保护农民的土地所有权和其他生产资料所有权"，不过，这里的微妙之处是把土地认定为生产资料，而非生活资料，这样就会潜在地属于社会主义改造的范畴。与此相对应的，这部宪法的第十一条称"国家保护公民的合法收入、储蓄、房屋和各种生活资料的所有权"。值得注意的是，这里保护的各种生活资料有房屋没有土地，即房屋是生活资料而土地不被视为生活资料。接着第十三条"国家为了公共利益的需要，可以依照法律规定的条件，对城乡土地和其他生产资料实行征购、征用或者收归国有"，这里再次将城乡土地和其他生产资料并列，强化了土地作为生产资料的含义。

由于推进生产资料的社会主义改造已是这部宪法提出的向社会主义过渡时期的总任务，因此，随着其后轰轰烈烈展开的"一化三改造"（国家工业化和对农业、手工业和资本主义工商业的社会主义改造），农民的土地作为生产资料就自然变为集体所有，城市后来也只剩下部分"私人房屋"成为私人土地问题的尾巴。因此可以看出，从革命战争年代打土豪分田地，建国土地改革后普遍耕者有其田，土地归农民所有，到把土地定为生产资料，从而必然是随后开展社会主义改造的对象，在首部宪法中已经埋下伏笔。

不过，在"文化大革命"影响下推出的第二部宪法即"七五宪法"，除了明确农村已经是集体所有制以外，倒并未对"五四宪法"中关于土地财产权利的规定进行任何大的修改，基本照抄了"五四宪法"中关于国家可以对城乡土地征购、征用或收归国有的条款。与其说"七五宪法"的这个提法像有人希望的那样暗示了仍然承认城市里也有非国有土地，不如说是在"文革"已经打破一切法律还残存的威严的背景下，当时的人们并不在意这个简单的照抄会在法律上留下什么破绽或歧义。

有意思的是，就在"文革"刚结束后制定的第三部宪法即"七八宪法"，反而是看到了这里可能的漏洞，"七八宪法"在土地的征购、征用和收归国有这一条中，独独删去了土地之前的"城乡"二字。基于"五四宪法"之后对农村的社会主义改造早已完成，"七五宪法"将1962年党的八届十中全会通过的人民公社工作条例（又称人民公社60条）中关于农村人民公社是政社合一的组织，以及集体经济实行三级所有、队为基础，"即以生产队为基本核算单位的公社、生产大队和生产队三级所有"和人民公社社员可以经营少量自留地等规定写入宪法第七条。"七八宪法"则删去了人民公社是政社合一组织的提法，但对于农村集体经济三级所有等提法则原封不动地保留。

二、现行"八二宪法"对土地所有权的规定

相对于土地财产权利在法律规定和用词上的变化，土地开发即建设用

地的管理在建国后则几乎没有变化，这就是建设用地一直跟随建设项目走，实行政府批准、单位使用和谁使用谁管理的原则。而且1954年2月24日政务院财司字15号文件和同年3月8日内务部文件中都明确规定，国家机关、学校、团体、国企乃至公私合营企业经政府批准占用土地，均不必交纳租金和土地使用费。这样就形成了建设用地的使用，经相关各级政府批准后无偿划拨和无限期无偿使用的土地制度。在这种制度下，由于政府批准项目就已经决定了土地的占用、使用和管理，因此也就没有必要而实际上也没有出台任何土地管理法律和设立任何土地管理机构。

这样，到改革开放以后，1982年第四次重新制订宪法时，关于土地所有权的法律规定在酝酿中就引起了一些不同意见的争论。由于在农村的社会主义改造完成之后，农村的土地已经全归集体所有，而这个集体所有的含义和决定并不是由农民或农民集体决定，而完全是由国家决定，因此有相当一部分人在制订1982年宪法时就主张干脆如同苏联一样，宣布农村土地为国家所有，农民集体只是占用或使用，这样既符合事情的本质和经济现实，又可以减少国家建设征用土地时的麻烦和代价。当然，主流的意见认为一下子规定农村土地为国家所有引起的震动太大。因为中国革命的成功是从打土豪、分田地为口号而发端，后来的社会主义改造也只是在农民"自愿"合作化过程中使土地集体化，因此土地集体化顺理成章，而土地国有化则有明显的逻辑跳跃。更重要的是，即使宣布土地国有也并不能改变国家征用农村土地必须给实际占用土地的农民以补偿的现实。基于这些或其他方面的考虑，农村土地集体所有的法律规定才算最终定局。

也许正因为如此，"八二宪法"也即现行宪法在对农村集体所有的具体形式（如哪级所有）不再具体涉猎（这显然是考虑到当时正在蓬勃开展的农村土地改革实践），但对土地的所有权问题则单列第十条，首次作了一系列明确的界定，规定"城市土地属于国家所有"，"农村和城市郊区的土地，除有法律规定属于国家所有的以外，属于集体所有；宅基地和自留地、自留山，也属于集体所有"，"任何组织或者个人不得侵占、买卖、出租或者以其他形式非法转让土地"，从而在土地所有权问题上结束了过去历次宪法条文可能留下的任何疑问和其他解释。

不过，虽然"八二宪法"第一次对中国土地的所有权问题作了最明确的宣示，但恰好从那时起，由于工业化和城市化的骤然加速，过去隐蔽的土地开发权问题迅速地浮上了水面，后来并且越来越占据了中心地位。

这主要是源于包产到户、包干到户的农村联产承包责任制，其实质是分田到户的农村土地制度改革，极大地调动了农民的生产积极性，特别是赋予了农民自 20 世纪 50 年代合作化以来从未有过的经济自由、时间自由和人身自由，从而造成了农村经济的全面复兴。集体所有、均分土地到户的这种统分结合的土地制度形式，实现了中国有史以来最普遍和最公平的均田制，同时又排除了土地兼并和集中的可能，不仅带来了粮食和其他农副产品的巨大增长和丰裕供给，让农民普遍解决了温饱问题，而且为一直被粮食和农产品短缺而捆住手脚的国家工业化和城市化打开了大门（须知中国在 20 世纪 50 年代的工业化和城市化，正是因大量农民迅速涌入城市、导致城市粮食等农副产品供应危机，从而政府强行干预而中断和停滞的。1957 年 12 月 18 日中共中央、国务院发布的《关于制止农村人口盲目外流的指示》，和 1958 年 1 月 9 日以中央政府令颁布的《中华人民共和国户口登记条例》，即城乡割裂的户籍管理制度，标志着我国城乡二元经济结构体制性固化的开始）。

这样就造成了两方面的冲击。一方面是停滞多年的城市化的起步（表3-1），产生了对城市建设用地的巨大需求，而长期以来建设用地谁批准谁负责，谁使用谁管理的多头分散的管理制度显然已经无法适应新的情况。同时新中国成立以来在计划经济体制下一直实行的建设用地无偿划拨的管理既造成土地浪费和不合理使用，也放大了用地需求，造成了对征地和耕地保有的压力。另一方面是农村本身的建设用地需求。自 20 世纪 70 年代就在若干沿海地区出现的社队企业（1984 年后改称乡镇企业）在土地包干后异军突起，蓬勃发展，造成农地转工业使用的巨大需求。同时富裕起来的农民纷纷改善和扩大住宅，农民的住宅和农村居民点用地的迅速扩张进一步蚕食了耕地。正是这些情况，推动了建国后首部《土地管理法》即对土地非农开发管理的法规的出台。

表 3-1 1952—2011 年我国工业化率和城市化率

年份	工业化率 （％）	城市化率 （％）
1952	17.6	12.5
1962	28.3	17.3
1968	28.5	17.6
1972	39.3	17.1
1978	44.1	17.9
1982	40.6	21.1
1988	38.4	25.8
1992	38.2	27.5
1998	40.3	33.4
2002	39.4	39.1
2008	41.5	47.0
2011	39.9	51.3

资料来源：《中国统计年鉴1998》、《中国统计年鉴2012》。

三、《土地管理法》对土地开发权的规定及其效果

1986 年 6 月颁布的《土地管理法》建立了以对建设用地审批管理为核心的用地管理制度体系，其本质就是对独立于土地所有权的土地开发权的管理和分配。《土地管理法》提出了要制订土地利用的总体规划，规定各级政府设立统一的土地管理机构，对建设用地实行统一的分级限额审批，并对国家建设用地和乡（镇）村建设用地实行了不同的审批通道，将后者的审批权赋予了县乡政府，要求农民的宅基地面积不得超过当地省、市、自治区规定标准（但当时并无建筑率和容积率的限制）。在当时大力发展乡镇企业的大背景下，对于乡镇企业用地只是要求与其行业和企业规模相适应，采用了相当宽松的尺度。

就在此后不久，另一件意义重大和影响深远的用地制度改革发生了。为了适应对外开放和招商引资的需要，经国务院批准，深圳市于 1987 年 12 月 1 日首次公开拍卖了一宗开发土地出让 50 年的使用权，拉开了土地所有权与使用权分离、将土地使用权作为财产拍卖转让的大幕。1988 年《宪法》修改，增加了"土地使用权可以依法转让"的规定。同年《土地管理法》修订，明确了"国家实行国有土地有偿使用制度"，"国有和集体所有的土地使用权可以依法转让"，"土地使用权转让的具体办法，由国务院另行规定"。

自此，在计划经济下长期潜伏的巨大土地开发价值开始得以释放。不过，出于对农村的集体土地使用权转让可能带来的农民失地和用地失控等种种问题的顾虑和意见不一，虽然国务院于 1990 年 5 月就发布了《城镇国有土地使用权出让和转让暂行条例》，但集体土地使用权转让的相关条例却一直没有出台。

随着 20 世纪 90 年代社会主义市场经济方向的确立，建设用地使用权的转让越来越普遍化，1986 年《土地管理法》显然不可能遏制建设用地的扩张和耕地的流失。因此，1998 年修订的《土地管理法》，从保护耕地、限制农地的非农转用出发，推出了一系列新的规定，明确"国家实行土地用途管制制度。国家编制土地利用总体规划，规定土地用途，将土地分为农用地、建设用地和未利用地。严格限制农地转为建设用地，控制建设用地总量，对耕地实行特殊保护"。除了依法批准的农村本身的乡镇企业用地、乡（镇）村集体公共设施和公益用地、村民住宅用地之外，强调"任何单位和个人进行建设，需要使用土地的，必须依法申请国有土地"，堵住了农村除农民自己之外的任何单位和个人利用集体土地搞建设的路子。同时，国家实行对建设用地总量控制，在年度土地开发利用计划中，制订层层分解的建设用地指标分配和控制，特别是严格控制每年度的农用地转用指标。这些规定充分显示，我国的土地管理制度已经从最初主要注重所有权，转到建设权即土地开发权的控制和分配的轨道上来。

应当看到，1998 年修订的《土地管理法》所实行的土地用途管制和规划管理，并没有能遏制住非农建设用地的迅猛扩张。各地以化整为零、先租后征、先征地改变用途再申请等待指标等种种违法违规用地现象层出不穷。特别是随着住房制度改革的深化，住房的商品化实际上就是土地使用权开始普遍货币化。在房地产开发的巨大利益及其影响到所有城镇居民财产分配的背后，其实都主要是土地开发权不同分配方式的结果。

进入 21 世纪后，中央政府关于整治土地开发方面的文件几乎每年加码。2004 年改革国土资源管理体制，实行省级以下国土资源主管部门的垂直管理，并实行国家土地督查制度，向地方派驻土地督察专员，监督土地执法。所有土地一级开发由政府主导进行招、拍、挂出让。国土资源部近年来甚至还动用卫星遥感扫描测绘等技术手段，来监控土地的开发使用状况。但是，在土地开发收益权属于或主要属于地方政府的情况下，各级地方政府自己往往成为违法违规用地的主体，这使中央对土地开发的监控必然大打折扣。况且，在发展是硬道理及保经济增长的基本国策之下，中央对地方的违规用地也只能是睁一只眼，闭一只眼，各种惩罚措施的鞭子也是高高举起、轻轻放下。这种情况显然进一步推动了土地违法违规开发使用的普遍化和法不责众现象的泛滥。

第二节　现状：乱象不可持续，改革不可避免

这就形成了今天这样的状况：最初是为了治理土地开发中的腐败混乱局面而引进的土地招拍挂制度，变成了地方政府土地财政膨胀的契机。各地政府纷纷把不断征收农民土地整理拍卖取得财政收入作为主要的生财之道。地方政府靠储备土地抵押取得的银行贷款、靠拍卖土地筹集资金扩展城市搞建设成为中国特色的土地财政发展模式。由于有限的商住土地的拍卖收入承担了城市化乃至政府方方面面的用钱需要，这部分土地的价格也就被畸形地不断推高。

这样，一方面政府与被征地农民之间的矛盾与冲突与日俱增，不断上升的土地补偿标准不仅没有缓和，还经常因补偿标准在区域间和时间上的

差异而引起更大的不满和冲突；另一方面政府对土地财政的依赖不断加深，土地拍卖价格以及下游的房地产市场状况既直接影响政府的钱袋子，也影响到被土地财政拖进来的银行金融体系的安全性和稳定性。经济增长、地方政府财政状况、银行信贷安全、房地产商和地价房价之间，形成了一荣俱荣一损俱损的奇特依赖关系，这也是这些年来的房地产市场虽然多次调控无功而返的原因。

当然，在地方主要是城镇政府做大 GDP 和财政收入增长的冲动下，靠征收和变卖土地谋发展的时候，更基层的人们主要是城郊的乡、村和农民自然也不会任人摆布或袖手旁观，数量巨大的小产权房就是在乡、村两极的怂恿、支持甚或策划下蓬勃发展。这种被有人称为"农民自主城市化"的行为，尽管违法违规，但被认为是对政府垄断敛财的城市化模式的反抗而得到理论界和舆论界的不少支持。这种情况显然进一步加剧了土地开发的混乱局面和社会财产分配的分化和不公平。

现在几乎所有人都看到了这种土地开发乱局的危害和不可持续性，改变是不可避免了。问题在于如何变革。

第四章

土地制度改革不同思路评析

这些年来关于土地制度改革特别是土地开发权的分配，一直有积极的讨论和探索，也有各种不同的思路和建议，但是一直没有形成共识，本章主要讨论政府和学界几种有代表性的意见或思路。

第一节　土地制度改革的政府思路和政策困境

应当说，中国政府对于目前土地制度的种种问题并非没有引起重视，多年来也在积极探索改革的新路径。但在各种探索和试验的左冲右突中，却始终没有找到可行的出路和替代路径，在土地问题上的思想混乱却不断加剧。我们下面就来剖析这个局面和其成因。

一、思路一：按区分公益性和经营性原则征地

2008 年秋的十七届三中全会，通过了"中共中央关于推进农村改革发展若干重大问题的决定"。这个决定对农村土地管理制度进行了比较完整的阐述。决定在坚持土地集体所有、家庭承包的基础制度的一贯方针以外，首次提出要改革征地制度，严格界定公益性和经营性建设用地，逐步缩小征地范围。征收农村集体土地，按照同地同价原则及时足额给农村集体组织和农民合理补偿。在土地利用规划确定的城镇建设用地范围外，经批准占用农村集体土地建设非公益性项目，允许农民依法通过各种方式参与开发经营并保障农民合法权益，逐步建立城乡统一的建设用地市场。对依法取得的农村集体经营性建设用地，必须通过统一有形的土地市场，以公开规范的方式转让土地使用权，在符合规划的前提下与国有土地享有平等权益。十八大报告中又进一步提出要改革征地制度，提高农民在土地增值收益中的分配比例，加快完善城乡发展一体化体制机制。近几年来中国政府在土地制度方面的改革尝试，应当说都没有脱离这个框架。

在上述的意见中，除了坚持和稳定现有的土地管理制度外，第一条新

思路就是通过严格界定公益性和经营性建设用地去改革征地制度，逐步缩小征地范围。应当说这是一个相当大胆和突破性的提法。如果真这么做，政府征地仅用于公益，那么，政府就不能再征经营性的土地去招、拍、挂，这样不仅现行依赖于土地拍卖和土地储备的土地财政不复存在，而且政府还要为公益性征地设法筹措新的资金来源。政府的财政收支结构就会发生重大变化。这将是政策的巨大转变和跳跃。

但是也许正是因为这种提法离现实太远，也完全没有经过任何可行性论证，故从 2008 年中央决定颁布以来的情况看，政府征收经营性建设用地和靠卖地搞建设的土地财政不仅没有停止，反而变本加厉、规模越来越大。这也就使严格界定用地性质、逐步缩小征地范围、只进行公益性征地成为一句空话。可见，这条思路能否实施，既取决于政府对卖地财政的根本态度取向，也取决于其现实性和可行性。应当说，政府对现行土地财政的态度并不明朗，至今没有任何明确的意向甚至也没有过放弃售卖土地的财政、寻找其他替代办法的意向和考虑，是这几年来征地范围继续扩大、土地纠纷和冲突不仅没有解决反而越演越烈的基本原因。

由此可以总结的一个教训是，当某些新提法（如公益与非公益征地之区分）既与现行法律和政策实践相矛盾对立，又未经过可行性研究，草率地抛出后，并不实行也不可能实行，并不会产生指导改革的积极作用，反而会加剧实践中的认识混乱，降低政府的公信力。

二、思路二：按同地同价原则征地

决定中提出的第二条思路，是征用农民土地要按同地同价原则足额合理补偿。但是，决定公布后这些年来的土地纠纷可以说几乎全是因补偿问题而起，那么为什么这个同地同价原则不好用呢？

同地同价的提法最初来自"国务院关于深化改革严格土地管理的决定"（国发 2004 年 28 号文），决定提出"省、自治区、直辖市人民政府要制订并公布各市县征地统一年产值标准或区片综合地价，征地补偿做到同地同价"。其含义是征收同一块地按统一价格进行补偿。因为此前按照

1998 年通过的《土地管理办法》中的规定，土地的征地补偿为被征收耕地前三年内年平均产值的 6 倍至 10 倍，安置补偿为耕地被征前三年平均亩产值的 4 至 6 倍，且这两项之和最高不超过平均亩产值的 30 倍。

这样，在实际征地时，预算较紧的重点工程在农村地区用地和转让价较低的产业园区用地，往往就按较低标准掌握补偿，从而经常补偿过少，而卖地收入较高用途的如城郊商住开发用地，补偿标准就高。特别是有时同一区域的土地，因为用途不同、维稳需要，补偿标准差异很大，从而引起不公和纠纷。同时这个亩产值 30 倍的最高补偿标准，按照粮食作物年产值计算，也只是几万元人民币，这个标准在许多城市近郊这些年来也早已突破，所谓的"上限"已经过时亟待修正。

因此，"同地同价"就是要求面对这个新情况，各地在考虑人均耕地数量、土地区位、土地供求关系、当地经济发展水平和城镇居民最低生活保障水平等因素时，对农用地级别进行修正和调整、划分区片，按区片分别制订统一的征用补偿价格标准。这样一来可保证征地区片地价有最低下限，以保护农民的起码补偿，二来就可以实现同地同价即"在同一区片内，不同宗地的征地标准相同，不因征地目的及土地用途而有差异"，并可照顾到省级行政区内各市县的征地区片价的相互衔接。在一个市（县）的范围内征地区片价被要求原则上控制在 4 ~ 6 个级别，每 3 ~ 5 年更新一次。这项工作经过几年的测算和准备，被要求于 2009 年 1 月 1 日在全国实施。[①]

从上述文件和各地据此制订与执行的统一分区片补偿价格标准可以看出，同地同价就是由各地对征地补偿制定统一分区块的标准，这样使征地补

---

① 国土资源部先后发布 2004 年 238 号文《关于完善征地补偿安置制度的指导意见》、2005 年 144 号文《关于开展订制征地统一年产值标准和征地区片综合地价工作的通知》以及 2008 年 135 号文《国土资源部关于切实做好征地统一年产值标准和区片综合地价公布实施工作的通知》，并在国土资源部网站上刊登了部分省市统一分区片补偿价格标准，如 2010 年江西省国土资源厅发布《江西省关于公布全省新征地统一年产值标准和区片综合地价的通知》，公布《江西省征地区片综合地价》和《江西省县（市、区）分区域征地统一年产值标准》，自 2011 年 3 月 1 日起开始实施，原征地补偿标准同时废止。

偿有了统一参照物，做到同一区片内的土地征收按同一价格补偿。这样既拉开了不同区块的补偿标准，更贴近现实和市场，又在同一区块减少了征地补偿标准不一的矛盾。从实际工作的可操作性来说，这应当说是求实之举。

但是，也很显然，这种标准无论形式上如何公示听证，实际上还是政府自己制订的尺度，并没有什么客观依据。更为重要的是不难看出，划分区片不分用途统一定价，与前述中央文件中提出的严格区分公益性和经营建设性用地的原则正好是相反和直接矛盾的。因为区片统一定价不分用途，恰恰就是不分公益非公益；而同一区块按一个价补偿、增加农民土地增值比例的含义，就是政府将公益征地（这是没有收益还要贴本的，所以根本没有增值可分享）和经营性征地打包综合计算成本和增值收益，在同一区划内不同用途的土地同价补偿。所以很显然，区分公益非公益，就没有同区块土地的同地同价，但同一区块的土地不同价补偿，过于荒唐而根本没法实施。这就不难理解，为什么严格区分公益性和经营性用地只能是空话，这也成为政府文件提出同地同价并实施以来，征地仍然阻力重重而且矛盾和混乱越来越严重的原因。

三、思路三：按同地同权原则流转

上述文件的最后一个重要思路是在城镇规划区外，农村经营性建设用地可以规范转让，与城市国有土地具有同等权益，从而形成城乡统一的建设用地市场。这个同权在理论上看似乎毫无问题，但是在实践中也是有一连串的不可逾越的陷阱。

首先，农村经营性建设用地按现行法规就是指早先的乡镇企业用地。如果同权，它对应的就是城市国有土地中的工业用地了。麻烦在于，由于现在从环保等因素考虑，过去分散的乡镇企业用地是否适合再开发做工业已是问题，因此，原历史遗留的往往分散的乡镇企业用地与国有工业开发区的土地并不能简单同权。

如果将原分散的乡镇企业用地调整集中进园区，城乡工业用地应当是可以同权的，不过这显然不是很多人所说或心目中所希望的同权。他们希望的同地同权，是乡村经营性建设用地与城镇商住用地同权同价。但他们显然忽略了，即便同为城镇国有建设用地，工业用地并不能随便转为商住用地，二者之间并不同权。因此，乡村经营建设用地即原乡镇工业企业用地当然不可能与城镇商住开发用地同权。

另一个面临的棘手问题是，农村土地包括耕地可转用为乡镇企业用地过去只是开了口子，并没有规范和标准，也没有可转用的比例限制。结果当年率先发展乡镇企业的长三角、珠江三角不少地区，早已捷足先登，将自己大片的农地转变为乡镇企业用地。典型的如江苏华西村将自己的农田用完了，又通过合并周围各邻村，大大扩展了建设用地，北京郊区的新农村建设典型郑各庄，也是赶着最后一班车把农田都变成了建设用地，从而独具竞争优势。珠三角的相当部分地区更是后来居上，20 世纪 70 年代计划经济时的社队企业发展落后于长三角，然后借得改革开放风气之先，现已将大部分农田变为建设用地，东莞等地的农民现在就是靠把原先的农地全建成厂房出租当房东收租过日子，许多人已经根本不愿也不会再去劳动了。其中深圳更是一夜之间把全部农地变为农民继续占用的城市建设用地。深圳原住农民这些年来通过多次抢建，已盖起最高达 30 层的高楼，成了城中村名副其实的地主和房东。

但中国绝大部分地区动作慢、又不敢抢黄灯、闯红灯的农村就完全不同了：别人抢道行车改农田为建设用地，自己还在老老实实种庄稼，等到自己回过味来想占农田搞建设，国家保护耕地的法令已一波波压来。因此，先改农田为经营建设用地的地区已经先发达先富了，遵纪守法听话地区的农民则不让再改土地用途只能种田务农。如果现在不加区分地实行城乡建设用地同地同权，农村乡镇企业建设用地商品化货币化，这样地区间的不平等和差距就更大了。显然，不解决好这个问题，同地同权就会加剧区域差距和社会不公。估计这也是虽然文件中说了同地同权，但实际又迟迟没有起步的重要原因。

其次，农村非农建设用地，比例最大的一块是农民宅基地。农民宅基地按现行法规定义不是经营性建设用地，而是无偿分给 18 周岁以上农民建住宅永久自用的福利性用地，有点类似于城市中改革前大量无偿使用的划拨地，它和城市居民的商品房要花钱购买70年使用权的国有住宅用地，权益是不同等的。如果现在将农民宅基地改为经营性建设用地，可以上市交易，首当其冲的是要先修改现行法律法规。但即便如此农民宅基地无偿获得的永久使用权和城市居民花钱购买来的70年使用权的住房用地，权益仍然是不同等的，因此也不存在简单同权一说。

农民宅基地变为经营性建设用地入市流转，除了要改变现行政策和法律关于宅基地不能对村以外的人流转和转让的规定，同时要规范农民卖了宅基地后，因无处安身再用承包农地建房用作宅基地的问题（现在农民废弃原位置不好的宅基地，自行在交通便利的道路两侧的承包农田里新辟宅地盖房的现象并不少见，乡村干部一般也不会吃力不讨好地去费力制止），否则不仅耕地的保护会更麻烦，城乡居民的权利也更不平等了。这样就先要科学制定和有效实施农村的建筑规划管理，以在宅基地放开交易后避免农民或者有经济实力的城市居民和资本下乡购买农民宅基地在农村乱搭乱建，更要避免建完了不久村子又要撤并，造成更大补偿和浪费。现在这一系列事都还没做或很难实施，是上述思路在农民宅基地这一块还停留在纸面上的原因。

在乡镇企业用地和农民宅基地之外，农村的非农建设用地就只剩道路、桥梁、公用设施等公益用地了。先行国家的经验表明，随着城市化和乡村现代化的发展，这一块的用地相对于农村人口倒会急剧增加，还会出现服务于乡村居民点的各种现代化的基础设施。农村随着人口减少节省下来的建设用地倒是要优先考虑这方面的需要。不过，城市公益用地的性质就是为公共利益服务，没有市场价值，也不能改为经营性使用，农村公益用地和城市公益用地同权虽然没有任何问题，但也并没有什么意义。

除了现存的农村建设用地以外，最有灵活性的一块就是通过耕地占补平衡和城乡建设用地增减挂钩创造出来的建设用地指标。这是一个改革的重大话题，关于这方面的试点和探讨已经很多，兹事体大，我们需要在后面用专门一章来讨论。

四、政策困境：成本与风险的恶性循环

综上可见，土地的乱象之所以现在还在越演越烈，政府自己的改革思路还很不明晰，自己提出的一些东西自相矛盾或缺乏现实可能性而无法细化落实是主要原因。这样我们看到的现实就是卖地财政的不断扩张。由于征收、储备和抵押出卖土地成为各地政府推动城市建设和经济发展的主要途径，地方政府对卖地财政的依赖也只能不断加深。但这一传统城市化模式不仅已经遭遇越来越大的阻力，也孕育着日益增大的风险。

面对巨大利益，农民的土地补偿要求越来越高，社会上各种保护农民权益的呼声使各种提高补偿的要求更加理直气壮。在《土地管理法》修法酝酿删去30倍产值的补偿上限和按原用途补偿之后，有些专家甚至渲染农民的土地补偿要在原来的基础上增加10倍。但实际上在大中城市的城中村和城郊村的征地拆迁补偿许多已经达到惊人的水平，补几千万元或几十套住房早已不是新闻。在全国农民家庭资产中位数仅有十多万元的情况下①，深圳被称为城中村改造典范的罗湖区渔民村33户原住民分了6.5万平方米，1300多套住房，平均每家约2000平方米，家家都是几千万乃至上亿资产②，更不用说很多尚未改造、自己就已经盖到二三十层高楼坐享地利的原住民。在维稳需要和我们"补砖头"（即按农民建筑平方米计算价格补偿）的情况下，城中村和城郊农民以抢建索要高额补偿早已是一个极为普遍现象。

这种情况，造成一方面在工业开发区和远郊区重点工程征地补偿仍然严重不足的同时，整体土地补偿成本不断急速上升。另一方面，地方政府的财政和债务负担则在日益加重。按照财政部网站公布的数据，2012年土地拆迁补偿等支出已占土地出售收入的78%（由于这里只有个"等"字，这个数字被认为是有水分的。但根据国土资源部更早前的披露，不算基础设施投资这个大块，土地拆迁补偿款在前两年已占土地出让金的三分之一

---

① 根据中国家庭金融调查，农村家庭总资产中位数为138050元。《中国家庭金融调查报告2012》，西南财经大学出版社2012年版。

② 《渔民村成城中村改造"样本"》，羊城晚报，2008年4月8日。

左右，近年来还在上升，应是更可靠的数字）。再加征收、储备土地的资金和利息支出，以及平整土地与基础设施、公益用地等大项支出，地方政府已经陷入了严重的债务危机。这最后一点非但没有人怀疑，相反正是许多土地财政和政府的激烈批评者也大肆渲染的。这个情况从反面证明了地方政府从土地出售中的收益与其债务相比其实有限，所谓大幅提高农民补偿更不用说提高 10 倍，就是地方政府把全部土地收益都拿出来也不够的。

实际上，即便在今天的情况下，正如很多人指出的，地方政府在财政负债压力下，已经形成了对高地价进而高房价的依赖，形成了对土地开发商投资买地乃至参与土地一级开发的依赖。这样地方政府就像一个典型的垄断者一样，用限量拍卖商住用地最大化自己的土地收入，以筹集整个城市化建设的费用，以及政府奢华建设、浪费的费用，工业用地补贴的费用，乃至按中央规定去分担农村水利建设等各项的事业费用。这就使高地价高房价成为土地财政制度的畸形产物。

显然，这种高地价与高房价的循环必然进一步打碎城市化的主体即农民工及其家属和其他外来人口的安居梦想，使得这种脱离了多数人真实居住需求的高房价堆积越来越大的房地产泡沫，从而使中国走上在世界许多国家已经上演的房地产泡沫破灭导致债务危机和金融危机的不归路。很明显，不从根本上终结这种卖地财政和融资负债搞发展的传统城市化道路，新型城市化根本不可能起步。当前，在不触动卖地财政基础上的房地产调控使房价越调越高、已经完全走入困境的情况下，改革显然亟待寻找新的方向和路径。

第二节　土地制度改革的学界主流思路

其实，中央文件中关于区分公益非公益土地用途、缩小征地范围、城乡建设用地同权的精神，可以说都是学界近年来的意见和呼吁，可见学界的舆论至少对文件的撰写者已经产生了导向性的影响。但这些思路与现行法律法规或与土地实践中的常识相矛盾，因而在文件中表述得含糊不清和混乱冲突，当然更没有也不可能真正实施。由于学界的观点阐述得更直接、清楚和充分，因此深入讨论这些观点会帮助我们理解为什么学界的观点在转化为政策时会遇到可行性障碍，从而深化我们的研究，有助于今后的制度设计和政策界定。

学界的主流观点是要严格界定土地的公益性使用从而大大缩小征地范围，并明确提出经营性建设用地在符合规划的前提下，由用地主体去和农民谈判，政府不应介入或干预。由于学界一般并不赞同目前的土地财政和集体经济模式，故这个观点在逻辑上是可以自洽的。[①]

按照现在学界主流观点的定义，所谓严格公益使用才征地，是指被征土地必须是直接用于公益用途的土地，如公共道路、桥梁、绿化、公立学校、医院、公安消防及其他公共设施用地，而所有经营建设性的土地都不应征用。

不言而喻，学界的观点相当庞杂，相互之间又各不相同，但是依据其对农民的土地权利主张的不断递进，我们可以在逻辑上大体将其分为三种代表性的意见。

一、观点一：城乡建设用地的同地同权同价[②]

这种观点认为，将土地分为城市国有土地和农村集体土地，农村集体土地必须通过国家征收才能变为城市建设用地，是对农民集体土地所有权的歧视和侵害。因此，他们所说的"同地同价"，不是指目前政府征同一

---

① 张曙光在《城市化背景下土地产权的实施和保护》一文中指出"要解决中国的土地问题，并不需要改变两种土地公有制的制度，只要实现同地同权同价"、"改变政府对集体土地的用途管制，让地权所有者直接参与市场交易过程，主导土地要素的定价权"。天则经济研究所网站，2007年8月3日。

② 蔡继明在《房地产乱象的治本之策》一文中对同地同权同价进行了严格定义："城乡土地实行同地（指按土地规划确定的同一土地用途，如同属农地或建设用地，或同属宅基地）、同权（指具有同等的占有、使用、收益和处置，包括转让、出租、抵押的权利）、同价（指相同用途、相同位置的土地应具有相同的价格，而不能由于所有制不同实行价格歧视），农村的集体建设用地（包括宅基地，如果还继续实行集体所有），应该和城市的国有建设用地具有同样的权利，并按照同样的市场原则定价。"经济观察报，2010年8月20日。另见《成都统筹城乡发展综合配套改革专题研究之四——土地制度改革的成都路径》，北京大学国家发展研究院课题组报告。

区块土地不分用途给同种标准补偿，而是指农村同类性质的集体用地应与城市国有用地具有同等权利，相同位置的地块应具有同等的价格。由于城里只有建设用地，因此这里实质性的要求即农村建设用地与城市建设用地同权。这个观点是在肯定政府对土地用途管制和规划管理正当性的前提下，强调在同样性质和用途土地的前提下，城乡土地应一视同仁，同地同权同价。因此同样性质的土地，城市里可以开发，农民自己也可以开发，如果政府需要征地，就应以城市国有用地的相同价格给农民全额补偿。

应当说，这个不同所有制的土地应同地同权同价的观点是完全可以成立的。因为既然是同种性质和用途规划的土地，仅仅由于土地所有制的不同而加以区分，当然没有道理。不过将这个观点推论到城乡之间就有重大跳跃和瑕疵，因为我国乃至世界上农村与城市土地主要是开发权的差别，与土地所有制相同或不同并无直接关系。农村集体土地的绝大部分是农地，它与城市里国有建设用地当然不能说是同地，它与中国的国有农场的农地的性质倒是相同的，同地同价只能是与国有农场类比。西方市场经济国家城乡土地大多是私有，但城乡土地开发权也是天差地别。因此，这里最重要的，并不在所有制，还在于土地用途管制和规划管理对土地开发权的界定。

这样需要论证的并不是两种土地所有制的同权，而是无论什么所有制的土地在相同用途管制和规划管理下的同地同权同价。

第一，农民的宅基地与城市居民的住宅用地比较。如前所说，农民的宅基地与城市居民的住宅用地要成为同地，就还需要补充几个重要条件。农民宅基地从用途看是为满 18 岁的成年农民无偿划拨永久性自用，面积一般较大（一般规定为 200 ~ 300 平方米），建房的规划管理过去完全没有，现在标准和要求都很宽松。① 而城市居民除早年购买房改房的人享受到相当折扣优

---

① 《中华人民共和国城乡规划法》第 41 条规定，在乡、村庄规划区内使用原有宅基地进行农村村民住宅建设的规划管理办法，由省、自治区、直辖市制定。具体到各地要求不尽一致，也比较含糊。近年来各地政府大多有关于农村住宅建设楼房层高的限制，一般为 3 ~ 4 层或 10 米左右，参见国土资源部网站发布的《福建省农村村民住宅建设管理办法》、《江苏省村庄规划导则》、《河南省村庄建设规划导则》等。

惠外，都是自己以商品房价格购买土地 70 年使用权，面积一般也很小（一个 100 平方米的公寓通常只有 10 多平方米或者更少的土地使用权），而且规划非常明确，执行也相对严格得多，基本没有自己建造扩展的空间。用途、取得成本、使用年限、规划和建造自由及执法管治都不同的农民宅基地与城市居民住宅用地并非同地，又怎么能同权？可见要说这两种地是同地因而同权进而同价，显然要先回答和厘清一系列重要的产权界定问题。

同时，假定在农民宅基地上市流转后，是模仿国有土地也是 70 年的使用权，到期农民可以收回，还是永久的使用权，不能再收回？如果类同国有土地只有 70 年使用权，现在法律已说国有住宅土地使用权到期后可自动续期，那农民的宅基地怎么办？也被强制自动续期？如果国有土地今后续期不再收费了，农民的土地怎么办？如果购买者也是永久无偿自动续期，那农民的土地所有权和使用权还有什么意义？如果尊重农民集体的土地所有权，与国有土地国家同意自动续期不同，让渡了 70 年使用权到期农民有权收回或自行收费，那么，农民上市流转的宅基地与国有居民住宅同地的权利就是不同等的，自然也就谈不上同地同权同价。

第二，原乡镇企业用地与城市工业用地比较。如前所述，农村集体土地真正属于经营建设用地的是原乡镇企业用地。这一块当年为了发展乡镇企业开了口子，但并没有明确的面积和比例规定，因而各地发展极不平衡，上风上水或先知先觉者看出端倪或听到风声，抢着动手，结果撑死胆大的，饿死胆小的，造成今天有的地方农村有巨量经营建设用地，有的地方几乎没有，还都是农田，简单同地同权，显然会造成严重不公和苦乐不均。更重要的是，乡镇企业用地是属于工业用地性质，同地同权同价就是说与城市工业开发区的国有用地类同，但以工业用地作为同权标准，恐怕又是很多主张城乡经营性建设用地同地同权同价的人始料未及和根本不愿接受的。①

---

① 根据国土资源部 2013 年第一季度全国主要城市地价监测报告显示，2013 年第一季度，全国主要监测城市地价总体水平为 3 175 元/平方米，商服、住宅、工业地价分别为 5 964、4 702 和 676 元/平方米。数据来自国土资源部网站。

　　这样就引出了一个更深刻的问题，人们所说的同地一般只是指同为建设用地，其实建设用地内部又分许多用途，如商用、住宅、工业、交通、公用、公益等，其用途和市场价值之差别往往不小于农地与建设用地的差别。如商住用地与工业用地就价格悬殊，进而与交通、公共设施、绿化等公益用地，其市场价值更是有天壤之别。由此可见，同是城市国有建设用地，还根本不能说是同地，因而也不可能同权同价。

　　可见同地同权同价的前提首先是必须真正同地，即同种细分用途的土地。如果像现在许多人仅仅粗糙区分到建设用地这一层，其实并非真是同地，而可能是天上地下，故而也绝不可能同权同价。就如日本东京银座，可谓真正的寸土寸金。但其中私人土地被限定为道路用途的，就分文不值。私人土地的道路虽被称为"私道"，但法律规定必须向行人开放，故这样的私道毫无市场价值。其实不仅建设用地，即便都是农地也有不同，如基本农田和一般农田市场价值就有较大差异，这种差异也应得到承认和尊重。在市场经济的法治国家，对基本农田与一般可改变用途农田的市场价值从而征收补偿标准也是有差异的。

　　更进一步，就是同一种细分用途的土地，如住宅或商用，也有规划管理的差别，因此也不是同权同价，否则许多开发商也就不会在拿到商住用地后，花大价钱公关贿赂修改规划，以便自己通过提高容积率等谋取暴利。规划就是对土地开发权的进一步界定，因此规划就是钱。同一种细分土地的规划不同，其市场价值也大不一样，这些都是房地产开发市场的常识。因此，仅仅看到一个同属建设用地，就呼吁同地同权同价，显然是过分冒失了。

　　可见，离开了土地开发权这些步步深入的界定，简单地仅仅看到不同所有制的差别或一个农用与建设用地的大分类，就要求同地同权同价，而且其中许多人暗含的判断就是要农村宅基地、乡镇企业用地和公共用地等所有乡村建设用地应该与市场价值最高的城市商住用地同权同价，显然是差之毫厘，失之千里，在实践中也必然是完全不可行的。

二、观点二：规划许可范围内不同地也同权

这个观点主张严格区分公益性与经营建设性用地，大大缩小征地范围。其实质是只要乡村被纳入城市规划，土地用途被改变，城郊农民的农地也与城市建设用地同权同价。

这种观点认为，凡纳入城区规划建设的用地，除少数严格用于公益使用的土地国家可以征收外，其他所有土地应允许农民自主开发、自主谈判，自行决定是否转让与以何种价格成交，即农地转用的增值收益应全部归农民，国家可以用税收对土地转用的超额收益进行适当调节。

这个观点应当说是相当主流。它与第一种的观点好像类似，其实这二者有重大差别。因为这种观点实际上不仅主张城乡建设用地应当同权同价，进而主张只要规划许可或规划改变，不同地也同权，即原农村的农用地也应与城市建设用地具有同等权益，并由农民作为主体在市场谈判中去实现其价值。由于在土地使用的市场化谈判中，市场关注的只是这块地以后能够用来做什么，而根本不关心它以前是什么性质。因此在这种观点看来，只要符合规划或调整后的规划，就不存在土地用途分类或土地征收问题，而是应由农民自己按市场价格处置土地。

其实许多主张第一种观点的学者有时也是这种观点的拥护者，或多少有意无意模糊这二者之间的界限。因为他们常常在同一篇文章中，一会儿论证的是农村集体建设用地与城市建设用地的同权同价，一会儿又用农民集体土地这个范围大大扩展、包含了农地的用语来替代。这个土地主权归农民而不仅是补偿标准问题的观点得到了更多的呼吁土地市场化的学者的支持，并且区分公益与非公益性用地、缩小征地范围的思路也已被写入了中央和政府文件，因而值得特别认真的讨论。

第一，关于公益性与经营性建设用地的严格划分，这在理论上似乎很明了，但在城市化过程中却是一个几乎不可逾越的障碍。有人说，可以用列举法把公益用地说得很清楚，如道路、桥梁、绿化、能源公用等基础设施、教育卫生和公共服务单位用地都是公益性用地，而商业、住宅、工业

等产业用地均是经营建设性的。问题在城市化扩展的现实情况中，公益性用地占地一般要在三分之一左右，而且是纵横交错、星罗棋布在开发用地之中。用条征、点征法去征收公益用地，让挖去这些条横和点块的剩下土地去市场谈判只是书生的闭门造车，而根本不可实践和操作。

因为首先，在一个区块中规划公益用地的位置本来并非唯一绝对，不可变动调整（如在小区内部的公益用地的实际具体位置是要根据规划总的控制要求由设计建造方接手后不断比较调整最终才能确定落实），这样人为规划预先列入公益而要被挑出来的征收对象必然大呼不公平而要抗争，就如今天许多地方出现邻避运动一样，人们可以不反对这个工程（如垃圾处理厂或高铁）本身，但反对这个公共工程恰好落到自己头上，损害自己利益，特别是当近在咫尺的邻村乃至邻居因不是公益用地而可将土地囤积居奇卖出市场高价的时候，挑出条横和点块的公益用地去低价征收根本不可操作。

实际上，2004年之前国家统一征地之前，由开发商自主拿地的时候，尽管开发商用地只是规划确定后那一小块用于商住开发的土地，但其中也有小区内的公共设施用地。由于市政当局无力支付也无法单独谈判这小区内的公益用地（如区内道路、小学校等公共设施），故在实践中也是由开发商代征区内公益用地，同时还要向市政当局上缴与小区配套的基础设施等城市建设配套费。可见即便是商住小区内的少量公共设施用地也不能与经营性用地区分，需要打包混合收购，而涉及更大规模的主干线、城市大型公共设施、绿化带等用地就更不可能单独出价征收，而必然要与经营建设性用地打包成片计算综合成本作为支付这整块土地补偿成本的依据。

因此，所谓严格区分公益性与非公益性用地，至少在城市化快速扩张期的城区扩大中，其实并不可行。这种实践中的难处正是当下政府征地要同地同价（即同块地不分公益或非公益用途按统一价格补偿）的原因，也是大多数特别是后发的快速城市化国家和地区，如东亚的日本、韩国和我国台湾地区，均将新城区开发列入土地公益用途的原因。很显然，如果在城市化发展期，将交通、能源、城市扩张和新区开发都列入公益征地范围，那么，还剩下多少属于纯经营性建设用地呢？可见，严格区分公益性和经营性建设用地的提法，表面上给人以很大信心，似乎能解决征地难题，其实在城市化高速发展期，这并不能真正帮助我们向前推进，反而是一个自欺欺人的误区。

第二，如果在城区扩展中严格区分公益与非公益用地并不可能，那么，能否由农民在自己开发时自行协商公益用地和基础设施费用的分担呢？问题在于这个农民不能是一户或几户，甚至也不能是一两个村庄。因为规划所需要的公益用地并不是平均分布的，特别是道路、桥梁和绿化带的分布，这样就需要在一个较大区域内统筹分担。不言而喻，即便不考虑交易成本，这当然不是个别农户或联合起来的若干农户就能在财力上负担、在能力上处理的，这个区域性联合行动的组织者，如果不是政府，就必然是大开发商，而并不存在一些人浪漫设想的由个别农户去自主开发的空间。

因此，所谓在城区扩展中由农民按规划自主开发，就只能是乡村一级组织联合开发商的开发。应当说这多少是我国在 2004 年土地统一由政府收储和招拍挂之前在小范围内实行过的。当时，房地产开发商就是在规划确定后自行与农村集体经济组织谈判，双方协商土地补偿条件，被称为协议收购。不言而喻，这种协议收购倒是与现在很多人提倡的打破政府垄断供地模式的主张相一致了。当时协议价格是按照政府规定的有关补偿标准计算，而远非真正的市场议价，但仅仅因为在国家标准之外多少有点弹性的空间，就造成了普遍的暗箱操作和贪污受贿。开发商往往通过主动或被动地贿赂乡村干部以获取土地，还经常相互勾结采用软硬兼施乃至黑社会方式对付个别"刺头"和钉子户，同时又公关贿赂城市规划管理等有权部门，以增加容积率提高利润。

这种普遍的暗箱操作和腐败混乱正是当年痛下决心，废止协议购地、实行土地公开招、拍、挂的主要原因。因此，仅仅拿出土地增值最高的商住用地去进行有限市场化，在我国房地产商业化开发短短几年后就暴露出了太多的弊病，因而在新世纪之初被广受批评而终止。今天在土地价格已暴涨这多倍、土地利益巨大的情况下，如果重返开发商八仙过海、各显神通的协议拿地模式，其中的黑箱和寻租自不待言。

更为关键的是，当年只是将用于商住开发的小块土地由开发商自主谈判，而大面积的工业用地、公益性用地等仍然是政府征用的，两者的土地补偿都是按国家规定的同一标准，故开发商拿地与国家征地能并行不悖。因此，如果今天商住用地谈判市场化，其他用地和国家公益征地如不支付同样价格显然无法进行。

另外应当指出的是，这种所谓商住用地市场化开发实际上还是完全依赖政府规划，因而商住供给总量仍然是由规划确定而非由市场自由供给，从这个意义上，并不存在所谓商住开发市场化可打破土地供应总量的垄断问题。而且，如果在规划改变后进行自主开发，现在乡村组织和开发商就必须自己承担除商住以外的全部土地包括公益用地的征用，一些跨区域的大型基础设施公益用地还必须为政府代征，因此对各户农民来说，这只是从政府的一级土地开发变为开发商联手乡村组织的一级土地开发，他们仍然是被征收补偿的对象。实际上，这种一级开发市场化模式在土地私有的日本、韩国城市化早期阶段中也都尝试过，但也由于其弊病太多被废止，而由政府主导一级土地开发而取代，并直到大规模城市化扩张建设已经结束后才逐步有所松动，允许私营资本参与土地一级开发，这显然不是偶然的（详见第八章）。

第三，与国内许多人想象的相反，从国外市场经济的法治国家情况看，公益性或非公益性用地的区别其实并不在价格或补偿的差别，这二者价格必然是相同的，区别仅在于前者有强制性，后者没有。当代市场经济的法治国家和地区包括美国，均将用地是否符合公共利益而并非是否严格用于公益使用作为征地的依据。其主要目的是防止在没有以强制性为后盾或威慑的情况下，部分土地所有者或使用权人利用土地的整体性和外部性，为谋求自身利益最大化时损害社会公众利益。故而他们对公共使用或公众利益的解释较为宽泛，但是补偿的标准则相同，均采用市场价格，不因公益或非公益而不同，这样征地才可能进行。同时，以潜在的强制力为后盾，在实际用地过程中，出售方就不会漫天要价，这样结果常常都是通过市场谈判就可取得土地，反而很少需要动用征地条款（日本就是这方面的一个典型）①。

因此，在城市化高速发展期，正确的路径不是去严格区分公益与非公益用地，那根本不具备可行性，而是要在城区扩大的一般性征地中，无论是否为公益用地，都给予公正补偿。这个公正的标准，国际上一般都认为就是土地的市场价格。在法治国家，无论征地拿去做什么都要支付市场价格，这个补偿是要由公共财政即纳税人支付的，因此，这个补偿的市场价格到底指的是什么就成为关键。

现在国内很多人大谈用地补偿的市场价格，指的是征地后土地用途的市场价格，而且往往眼睛盯着城市中商住用地的最高价格，其实这是极大的误导。如果凡征地就以该土地最高使用价值的用途支付市场价，公共财政支付不起，对社会来说也既不公平又不合理。那么，按照该地段被征用后的实际使用用途来支付市场价行吗？其实更不行。因为用于高价值如商住用途的土地价格很高，但其中用于低价值如工业使用的土地价格就低，用于公共设施如交通、公园和绿化带的土地就可说没有市场价值。这样同一区块土地被征收人的补偿相差悬殊，甚至有的不给补偿，既荒唐也完全行不通。由此来看，我国政府现在实行的同地同价即同一区块部分被征后用途按统一价格补偿，确实是有公平性的考虑和不得已的苦衷。只是现在的这种"同价"的来源是政府人为综合定价的结果，并没有客观或市场依据。

那么，是否按照该地块以后实际使用用途的各类土地市场价格的平均值去补偿就合理了呢？这样价格来源的客观性倒是有了，但又产生了三个新的问题。

---

① 日本住宅公团没有动用过《土地收用法》，但宅地开发公团在其存在的 5 年中共开发了 4100 公顷土地，其中工业用地 100 公顷、住宅用地 4000 公顷，动用征地条款 109 次，其中判决成立的 33 次，征用土地 9.24 公顷。（修订后的《土地收用法》规定的 35 种可征地事业中的第 30 种：国家、公团及公社在取得符合城市规划法第二中规定的，在居住区及准居住区内为取得建设规模在 50 套以上的用于出租或出让给自住者的住宅用地时，可动用征地条款。动用征地条款就是因为有农民漫天要价。）资料来源：《日本宅地开发公团史》，《宅地开发公团与住宅公团的差异》，日本宅地开发公团编著，1981 年。

一是土地的新用途本来与土地所有者或使用权人无关，而完全是城市规划的结果，往往还需要大量后续基础设施及相关配套投入才能为新用途所用，将之平均为原土地持有者的贡献或补偿并不合理。

二是在多大范围里平均。如果平均的地块范围小了，相邻区块若规划用途不同（如有的地块被规划进工业开发区，或有的区块正好大部分落入绿化隔离带），就会造成相邻地块土地价格计量不同从而补偿非常悬殊。低补偿地块的农民显然不会接受。但平均的范围越大就越偏离农民自己的那一小块土地改变用途后的具体使用价值，因而既难被农民理解也与按土地新用途补偿的定义矛盾，结果只是改变了形式的用计算价格补偿。

三是这种按新用途的补偿完全忽略了这些土地原来的用途分类和市场价值，既与国家多年来费大力气去区分农地与建设用地的政策努力直接矛盾脱节，也与任何法治国家在乡村都要严格区分农地和建设用地等政策完全背离。况且这种打乱了农民在征地前原先持有的土地财产价值及其相对比例份额的做法，对各户农民自己来说也是不公平的。

正因为如此，也许是在反复试错中综合以上所有这些因素，国际上市场价格补偿才普遍定义为该土地在征收前的即原用途的市场价格。这个价格，不仅对不同土地的原权益持有人是公平的，对支付土地价格的公共财政即纳税人也是公平的。为了剔除征收对土地市场价格的影响，有的国家规定了要搜集此前附近同类的市场成交价格作为参考①，有的甚至规定以征收几年前的同类土地市场交易价格为参照，以排除征地信息本身对土地作价的影响②。

---

　①　日本《土地征用法》第七十一条规定："对于被征用的土地以及对土地除所有权以外的权利进行赔偿的金额应为：参考附近同类土地的交易价格进行计算，用公布认定公告时的相应价格，乘以根据到获得权利裁决为止的物价变化计算出的矫正系数，所得出的金额数。此校正系数依据政令规定的方法进行计算。"

　②　瑞典对土地征用赔偿价格的计算，是以 10 年前该土地的市场价格为标准的。法国虽然参考土地征用日的被征土地周围土地市场价格，但是还要以最终裁决日一年前的被征土地的用途为准确定地价。资料来源《国外土地征用制度比较研究》（国土资源部软科学项目）以及法国《公用征收法典》L11-7。

可见，国内很多人一提市场价格补偿，就将其想象或等同为要按该土地最高用途如商住的市场价格补偿，是对市场价格的错误理解和极大扭曲。所以，土地征用补偿并非越高越好，而是要有客观合理的尺度。美国和许多国家法律中强调的"公正补偿"，包含着对不同的被征收人和付出补偿资金的公共纳税人等各个相关主体的公平公正（详见第八章）。对比之下，我们很多地方在征地补偿中的随意性和维稳思维，造成既无客观依据又高低极为悬殊的补偿。有些地方补偿过少影响了失地农民的生计，而有些地方又补偿过多，使被征收人一夜暴富，从而产生了一系列征地纠纷和群体性事件，其实恰恰是没有做到公平公正补偿之故。

第四，城市规划区内的郊区农村土地市场化开发后，可以用税收调节超额收益的说法，其实并不现实。土地转用途开发出售若征收高额累进税收，人们就会转为自己开发，或者与开发商联合开发转为出租或以租代售，等等。当买卖双方联手合作时，税常常是征不来的。现在城市中不光有阴阳合同，就是连法律规定的 20% 房产交易个人所得税实际上都征不了。至于说对租金收税，现在城市中居民租房还普遍不交税也征不了税，奢谈对农民房租收入征税，实在有点一厢情愿。眼下城中村、城郊农民普遍出租房屋，几乎从未有人纳税。广东一些乡镇农民普遍靠租房为生，当地基层组织也只是收一点用于维持公共设施开支的物业费，从来没有什么调节超额收益的累进所得税。不用说在法治如此薄弱的中国，即便是在一些市场经济的法治国家，也不是靠对农民土地非农转用时增值的货币形式征税。东亚的日本、韩国更不靠土地市场化开发后去征货币税，而是学习法、德等国当年的减步法，直接把土地扣下来抵税（故我国台湾地区在土地整体区段征收中有个形象的词叫"抵税地"）。

最后，符合规划的郊区农民可以自行开发的说法，其实也给规划实施执行加上了太高而不可能负担的重任。因为被规划限制而土地价值较低的农民很难不破坏规划而向他们幸运的邻居看齐。而紧挨着城市规划区的农民也不会看着规划区内的邻村卖地发财而自己仍然老老实实地种田。实际上这正是今天小产权房泛滥的原因，也是很多发展中国家规划失控、贫民窟膨胀的原因。

综上可见，通过严格区分公益性和经营性用地的办法，让土地在符合规划的条件下开发权归农民的观点并不像表面上那样合理与可行。同时需要指出的是，很多持这一观点的人也同时是城乡建设用地指标增减挂钩的积极支持者。但其实这二者并不相容。因为当符合规划的城郊农民可以自主转农地进行建设开发时，他们就不再需要任何建设用地指标。同理可知，农村中节省出的建设用地指标在符合规划的城郊没有人需要和购买，在不符合规划的地方又因无法落地而毫无用处。这样城乡建设用地的增减挂钩就失去了指标落地存在的基础。这恐怕是同时推崇这两个政策的人所不曾想到的。

三、观点三：废除管制农民拥有土地开发权

这种观点认为，土地是属于农民的，因此农民应当有权自主实现城市化。

这种观点与第二种观点的重大区别是实际上主张土地开发权应与土地财产权合一，归农民所有，因而潜在地不承认政府用途管制和规划管理的权威性和合法性。所以，持这种观点的许多人都明确表示，如果农地只能农用，即使土地私有对农民也价值不大，故主张土地私有或农民的土地财产权最重要的就是包括农民自己有改变土地用途的权利，也即土地财产权应当与土地开发权合一。[①] 主张小产权房合法化的人许多是这种观点的拥趸者。他们认为小产权房是农民对土地财产权利被限制而抗争的产物，属于合理不合法，某种意义上代表了改革的方向。

当然这里也有不少人的观点是在第二种和第三种之间摇摆，从他们主

---

① 陈志武在《把地权还给农民——于建嵘对话陈志武》中提到"农民既然拥有土地所有权，他们就必须有转让和改变用途的自由，如果加上任何转让和使用上的限制，就等于让农民重新受制于官权力。"《东南学术》，2008年第2期。茅于轼也曾提出"现在规定的小产权，是农民在自己的土地上经营的业务，有可能是房子，也有可能是别的业务，据我了解，这些地还不是集体所有的，而是农民个人所有，相当于农民自己的宅基地。按道理来讲，不管如何使用，他们拥有合法的财产所有权，只要不违法，就可以进行任何经营。"《时代周报》，2012年3月8日。

张废除土地用途管制的要求看，他们主张农民应完全拥有土地开发权，而从他们有时又主张小产权房凡符合规划的应当合法化的表达，他们又似乎还承认用途管制和规划管理的某种正当性。

这种主张废除土地用途管制的逻辑往往是从城市国有土地和农村集体土地区分的角度论证的。持这种观点的人认为基于所有制不同的用途管制从根本上缺失正义性和合理性，因而对自己从不同所有制的土地权利应当平等的角度出发否定用途管制的正确性和正当性深信不疑。但正如我们前面已经指出，历史上由于城市发展而实行的土地用途管制和规划管理，进而土地开发权与所有权的分离其实本来与所有制无关。恰恰是中国的这两类所有制的区分与城乡的某种重合使一些人产生了错觉，以为土地的用途管制是因土地所有制差别而起。我们知道，在世界上绝大多数国家，即便土地都是私有，城乡土地开发权也截然不同。而且就在我国，同样在农村的国有农场的土地，在法律解释上就是与农村的集体土地同权，而不是与城市国有土地同权。① 也就是说，农地与市地的权利差别是高于所有制的，中外都不例外。批评依所有制划分土地用途的人显然由于太过急躁而没有去认真考察。

农民有权自主城市化观点的本质就是主张土地财产权与土地开发权合一，土地所有者自然拥有土地开发权。我们在后面对国际经验考察一章中会看到，即使是最自由的资本主义私有制国家，土地财产权也与土地开发权分离。任何人包括私人土地所有者都没有自行决定和改变土地用途的权利，也没有在同种用途下随意决定建筑高度和容积率的权利。在现代社会中土地开发权包括土地具体的开发密度和强度已经成为由社会进行管理的权利，而由政府代表社会行使。因而土地所有者或使用权人只有向政府申请并获得批准后才能从事被许可的开发。而政府有权从社会利益出发，不

---

① 《国土资源部、农业部关于加强国有农场土地使用管理的意见》（国土资发［2008］202号）中"因国家经济建设或地方公益性建设需要收回国有农场农用地的，需依法办理农用地转用审批手续，并参照征收农民集体土地的补偿标准进行补偿；需要收回国有农场建设用地的，参照征收农民集体建设用地的补偿标准进行补偿，保障农场职工的长远生计"。

批准申请的开发，或者在规划允许调整的范围内批准开发时也增加其他附加条件，包括土地所有者无偿让渡部分财产权利的条件（所谓减步，即交出部分土地以换取规划变更）。

因此，除了英国在二战后工党政府过于激进地试图将土地开发权国有化作为国有财产出售牟利而受到质疑抵制外，土地开发权的管理在当代确已成为政府治理权（又称警察权）的一部分，而不再属于土地包括私人土地所有者所有。以香港这个已经连续十多年被评为世界上排名第一的自由经济体为例，其土地开发权也完全由社会管理而不属于土地和房屋的财产权利人所有。任何人在自家院子搭建、扩建都需要事先申请极其严格和难以获准的规划许可，否则即便香港特首私建也均属违法行为而必须无条件拆除。可见一些人想象的自由开发权即便在最自由的市场经济体中也并不存在。

主张土地开发权应归属于财产权的人还认为，国家如果不允许土地所有者从事开发，应当向土地所有者购买开发权。这种观点在很大程度上是受了美国 PDR（土地开发权购买计划）的影响。但他们不知道的是，美国的绝大多数农地都没有土地开发权，现存的土地开发权（即在一大片农庄上有建几处房子的权利）也是考虑到美国历史上自移民拓荒时代以来，农场主在自己农场上建住房和农用房从来是自己的权利，故在实行土地用途和规划管制（即等于是一次性无偿收走所有人的开发权）的同时，由各地政府相应规定了在多大面积的农场土地上可以建一处房子的开发权利。对于这些法规准予的极少量住房开发权，政府还可以通过收购等手段，予以赎买收回。显然，这与所谓农场主天然拥有其全部土地的开发权完全是两回事，而且农场主仅有的这点开发权在西方世界中也仅是美国保留的特例。①

---

① 美国的土地制度包括国家购买开发权制度和开发权转移制度。国家购买土地开发权是指国家为了保护农地、环境敏感地带和历史古迹，按照市场价格购买发展受限制地区土地的土地开发权。国家购买土地开发权之后，发展受限制地区的土地仍归原土地所有人所有，但是，土地的用途仅限于对土地现状的利用，而不能对土地作不利于保护农地、环境敏感地带和历史古迹的深度开发，如因为保护农地而购买土地开发权之后，原农地所有人便不能再将农地转变为建设用地，而是只能就农业用途利用土地。

这样连带出的一个有意义的问题是，既然本来完整的财产权利就包含了使用和支配的各种权利，为什么西方资本主义国家不是自然地保护开发权与财产权合一的土地产权，国家需要时再去从土地所有者那里去购买开发权？而且按照科斯定理，如果交易成本为零，产权只要界定清楚，无论给哪一方，都可以达到资源的优化配置。那么，为什么随着城市化的发展，土地开发权不是一般地界定给土地所有者，而要将其单独剥离转归社会管理呢？

我们将要论证的城市土地利用叠加的外部性肯定是一个主要原因，它使得开发权界定和定价等交易成本过于高昂。但农村地区并不存在这种土地利用的交叉外部性，一个农场主在自己的硕大农场里盖几处房子可以说对邻居和社区毫无影响，为什么其土地开发权也被严格限制呢？从美国的土地开发权购买计划看，这主要是基于农业和国家生态保护的目的，因此由政府和各种生态环境保护与慈善机构出面收购农场主除自己住所外的那几处住宅的土地开发权，以保证尽可能多的土地免于被用作非农开发利用。显然，如果农场主拥有他们全部土地的开发权，那么，巨大的购买资金是任何人也支付不起的，而在土地私有的城市区域若通过购买去限制土地开发的方式和强度，即便不考虑会造成的巨大贫富不均不公，需要的资金量也更是天文数字和无法想象的。这是土地开发权的计划管理即政府的用途管制和规划管理替代市场的原因，也是土地开发权的社会管理代替私人所有的原因。

由此可以看出，土地开发权在城市区域的使用，实际上是以一个国家绝大部分农村区域的土地开发权被无偿剥夺和严格限制为前提的。因为不这样限制，土地的随意开发利用和区域间的恶性竞争会恶化所有人的生存条件和整个国家的生态环境。因此，城郊农民之所以不能拥有自己土地的自由开发权，没有所谓自主城市化的权利，就在于这些区域的土地开发权已经不是如一般财产权那样普惠的权利，而是一种由于规划和管制而形成的特权，它是以剥夺和严格限制广大农村地区的土地开发权为基础和前提的，所以它应当属于社会管理而非幸运的少数人所有。

　　例如，在现代大城市的近郊即这些潜在土地升值最大的区域，有的区域被规划强制划为绿化带或限制发展区，试想，如果城郊农民具有自主开发的权利，他们必然会利用土地价值的天然落差而将农地全部改为非农开发或出售，以谋求自身利益的最大化，这样城市郊区的绿化带、隔离带就根本不可能存在。这也是许多法治松弛的发展中国家的大城市无限蔓延和城郊贫民窟无止境扩展的主要原因。

　　更进一步，同样的土地开发权在大城市和中小城镇、在城市中心和城市外围之所以价值相差巨大，也主要是由移居就业人口的密度、单位面积土地的基础设施投资量所造成的，而与原土地所有或使用者无关。在这个意义上说，城市化就是要解决离开乡土的移居人口如何分享在就业城市分享土地开发权的问题。这是为什么在土地私有制的国家和地区，如日本20世纪60年代初就确认私有土地也具有公益性质，韩国在城市化高速发展期推出土地公概念（其实是土地开发权公共管理）的一系列立法，我国台湾地区则推行平均地权条例、实行土地开发涨价归公法规的原因。而恰恰是这几个多少有效调节了城市化土地增值收益从而调节财产和收入分配的国家和地区，成为二战后世界上少有的成功现代化转型的代表，这显然不是偶然的。

第五章

小产权房失控的困境与保障房的弯路和歧义

小产权房泛滥和保障房弯路是我国传统城市化模式走入僵局的写照，人们在认识上又极为混乱，所以需要用专门一章来讨论。

第一节　小产权房问题剖析

一、小产权房定义：违规建设的不合法商品房

小产权房问题值得特别讨论，一来因为它是现行土地政策失效、失灵和失控困境的一个典型（对小产权房数量没有权威的统计，但有人估计全国已达 66 亿平方米，是全部商品房住宅面积的一半，在深圳则占全部住房面积的一半，和商品房即所谓大产权房平分秋色)[①]，二来在这个问题上官方立场与学界又呈现出最矛盾和冲突的局面，利益驱动、思想混乱、法治荒弛、政府无措在小产权房问题上表现得最为突出，因此，任何土地制度改革的规划和思路都无法回避这一棘手的现实问题。

现在一般所说的小产权房是指农民在农村集体土地上建造并对外出售的住房。由于 1998 年《土地管理法》修改删去了允许城市居民经县级人民政府规定可有偿使用农村土地建住宅的第 41 条，从 1999 年起国家多次下文明令禁止非本集体经济组织的成员购买农民宅基地和住宅，故这类在农村集体土地上对外出售的住宅因不能取得土地使用证和房产证，从而被称为小产权房。

其实从法律定义上说，凡违反国家关于土地用途管制和规划管理而建造的、不能取得商品房合法证书合法租售的住宅可以说都是小产权房。例

[①] 《全国 66 亿平方米小产权房难 "转正"》，重庆商报，2010 年 6 月 28 日。《深圳小产权房 4 亿平方米，占全市总建筑面积一半》，观点地产网，2012 年 3 月 7 日。

如深圳原特区关内的土地早已全部收归国有了，但原住民在这种国有土地上建造的违规和超标住房现在也一直被公认为是小产权房。城市居民在购买的商品房上的违规加建、别墅区户主的自行改建、扩建、重建乃至北方庭院和占地住户的房主自行违规的挖建、扩建由于都不合法不被承认，其实也都同样属于小产权房的范畴。

农村的小产权房也分为几种情况，一是建在农民宅基地之上的，在农村旧村改造时，由于新村建设往往按照地方政府统一规定的标准面积建房，故在靠近城镇的农村节省出来的宅基地往往被有组织地建房出售。二是建在农村集体建设用地上，主要是原乡镇企业用地的住宅。三是建在原未纳入使用的未利用地上。四是干脆就是占用农田甚至基本农田建造的。这几种占地情况有时也相互交叉，如常见的是既利用了原宅基地，又扩大到邻近的农地，联为一体。

二、小产权房成因：政府规划不明及法治缺位

由于小产权房的建造一般都不是农户个人行为，而是由乡村干部操刀，半明半暗地利用旧村改造、新农村建设现在又借城镇化的新社区等名义规模建设，很多是与开发商合作或干脆由自己亲属出面做开发商倒腾村里土地，其中贪污受贿、中饱私囊的情况特别严重。

再加上过去农民一般经济能力有限，故长时期以来政府并没有对乡村建筑进行明确的规划管理和法律治理。如过去在农村地区，农民的宅基地分配往往就大小不等，控制不严，而政府对宅基地的建筑率并无规定，对容积率也没有很明确的法规。近年来一些地方开始对农民住宅有层数的要求（如不超过三层），但一般要求宽泛，对突破层数限制的情况也没有有效的约束。

典型的情况就如深圳，由于原特区关内土地已经在 1992 年已统征为国有用地，且已纳入城市规划，但随着特区发展、人口剧增、需求旺盛，在巨大的利益驱动下，原村民不断扩建、抢建。2006 年政府出台《深圳市原村民非商品住房建设暂行办法》，规定原村民建设非商品住宅一户一栋，

居住用地基底面积不超过 100 平方米，住宅建筑面积不超过 480 平方米，这个标准应当说已经非常优惠，也是其他绝大多数城市的农民所难以奢求的。但人的贪欲是没有止境的。今天又经过几轮抢建与反抢建的争夺，深圳现在实际上十多层带电梯的高层小产权房比比皆是，最高的已达 30 层，占地面积更是普遍超标。可见，所谓只要允许农民能合法地建房，城中村的"握手楼"等现象就不会出现，只不过是书生的一厢情愿。

除了深圳这种城中村的情况在不少城市也程度不等地存在之外，应当说在全国绝大部分地区，小产权房一般都建设在城郊的城乡结合部。这样既受益于城市道路等基础设施条件的改善，因而其住宅的使用价值和吸引力不断上升，同时又因不分担城市基础设施费用和公益用地成本、免交土地出让金和城市建设配套费等税费而成本低廉，这样就使小产权房具有独特的市场竞争优势。虽然小产权房因无土地使用证和房产证因而不能像商品房一样在市场上流通，但其独有的性能价格比和价格优势（一般小产权房价格仅为周边商品房价格的三分之一到一半左右），使其对相当多的城市居民和外来移居人口具有极大的诱惑力。

如果说小产权房的租户主要是农民工和其他外来打工者以及当地就读的外来大学生，那么小产权房的购买者则以本地城市居民为多，也包括一部分收入较高的外来中层白领和自谋职业者。他们看中小产权房的主要原因是其价格优势，以及法不责众的判断和预期。城市居民购买的小产权房很多是作为投资或周末度假的二套房或三套房，还有相当部分是城市里的中上收入阶层，以一个自己可以负担得起的便宜价格住上乡间别墅。

应当说政府对小产权房的态度从来是明确的，就是认为其属于违规非法的建筑，因而不准予以确权、登记颁证。甚至在一些治理高峰期，也陆续抓过少数典型案例，进行查处乃至拆除。但是，由于各种历史遗留因素的复杂性，各种利益关系的牵扯，以及在维稳思维下多一事不如少一事，以能拖就拖为上策而留给下任去解决的自然推诿，很少有人愿意去动这个马蜂窝乃至火药桶，故而小产权房问题越累越大、积重难返。这反过来又助长了法不治众的社会心理，进一步推动了小产权房一波又一波的蓬勃发展。政府的不承认又不处理的态度，是小产权房僵局和波浪式扩展的根本原因。怎样能够妥善处理现有的小产权房问题，既不因过于严厉引起大的对抗和群体性事件，又不致因过于宽松鼓励和诱发小产权房更大规模的发展，是政府现在面临的最棘手的问题。

三、小产权房合法化：正当性及可行性探讨

与政府对小产权房围追堵截的态度不同，学界对小产权房则采取了明显宽容甚至支持的态度。很多人认为政府力图遏制小产权房完全可以理解，因为小产权房的发展直接减少和威胁政府的土地出让收益。因此小产权房其实是城郊农民和政府争夺土地增值收益、试图自主城市化的努力。

一些人认为，小产权房的产生完全是因为政府垄断了土地开发市场及其收益，结果造成城市大产权房即商品房价格过高。这样一方面农民不满政府征地倒手从自己的土地中获取暴利，而城市中低收入阶层又因无力负担高房价而对农民自建的廉价小产权房产生旺盛的需求，故而小产权房的产生有其合理性。农民本来就应拥有在宅基地和集体建设用地上建房出售的权利，因此，除了建在农地上的小产权房若严重违反规划可予以拆除外，其他的小产权房只要能符合规划，均应通过补交相关税费和土地出让金的办法让其合法化。这样既可解决小产权房问题，同时通过农村集体建设用地入市，多渠道供给住宅，还能大大增加城市住宅供应量，有效抑制房价上涨的压力。由于这种认识具有广泛的影响，我们需要深入分层讨论。

其一，小产权房的吸引力主要在于其廉价，这是肯定的。但说这是由于政府垄断土地一级开发市场造成的，则不符合历史事实。因为各地的小产权房至少从20世纪90年代就已经产生，而政府垄断土地一级开发、进行土地招拍挂则是2004年以后的事情。所以，小产权房廉价最初还是源于其用地免交土地出让金、城市建设配套费等相关税费，又搭了城市交通能源等基础设施建设的便车，因而土地和建设成本大幅降低，有巨大的成本差异，城乡结合部乡村地区的政府治理能力又薄弱，自然就会成为一部分

人的商机。这和商品走私的道理是相同的。

其实即便在城市的国有建设土地上，带有土地的别墅或院落乃至住宅楼顶层有建造空间的地方，只要治理不力，违建扩建改建都泛滥成灾，形成气候后由于历史复杂、法不责众，一样是尾大不掉。很多发展中国家的贫民窟，实际上也都是从最初的违规搭建发展起来的。甚至在法治和新闻监督都高度发展的香港，由于房价地价昂贵，还不时曝出某些政治显要人物对自用住宅违建扩建的丑闻。可见只要有空可钻，人心的贪婪普遍存在。所以我们其实不必为小产权房因逐利而存在寻找冠冕堂皇的理由。①

其二，小产权房是否能够帮助中低收入者在一定程度上解决住宅问题，这个回答也是肯定的。在保障性住房缺失的情况下，小产权房的确解决了大量外来人口的栖身问题。

但是这里也有两点要厘清，一是小产权房能解决栖身未必能解决安居。小产权房一般源自违规建造和偷建抢建，因而多数建造质量差、环境堪忧、过道拥挤、安全隐患多、基础设施条件恶劣，很多是严重违反消防规定的"握手楼"，挤在这样的城中村或城郊村中，流动打工或上学暂时栖身可以，真正安居乐业、抚养后代显然多数不具备条件。

二是小产权房之所以廉价，在很大程度上就是因为其不合法，不能销售和转做他用。一旦能够合法化，其价格必然在一夜间赶上同等情况的商品房，原先小产权房的价廉就不复存在，低收入的外来人口也就不再能负担。许多城市的城中村改造，往往是改造一片就赶走一批外来人口，就是例证。以媒体上报道的深圳宝安西乡社区原村民徐福临家为例，他家3栋6层的房子除自家住了一层以外，其他68个套间用于出租，平均每套间月租300元，月收入在2万元多，年收入在25万元人民币左右。② 这作为小产权房的收入房主自然很满意。但如果小产权房合法化，徐家的房子向商

---

① 实际上，根据阿伯克龙比在1945年出版的《大伦敦规划》一书中的研究，只要开始有用途管制和规划管理，就有人为逐利而冒险建造违法非产权房，这在英国16、17世纪的大伦敦市区就已经不新鲜。见 Abercrombie. p.（1945）. Great London Plan 1944（HMSO，LONDON.）

② 《深圳土改新意》，中国经营报，2012年6月4日。

品房看齐后巨额升值，其货币价值的利息将可能是现房租的许多倍，这时徐家的合理选择不是大幅提租金，就是高价卖房以获取更高的资本收益率。可见以目前不合法的小产权房的价廉去论证将其合法化的好处，恰好搞错了方向。

其三，是关于符合规划的小产权房可以放行的建议，初看上去似乎有道理，但实际上无法操作。一方面是因为建在农地、未利用土地、农村公益用地和宅地上的小产权房往往连成一片，另一方面因为所谓规划也是人制订的，并没某地一定要干什么的客观标准。因此已经盖好的住宅区总是可以通过调整规划使其符合规划。况且给一个地方调整了规划，也就没有理由拒绝另一个地方也修改规划。但这样一来除个别极端情况也就无所谓不符合规划的问题。但是，如果普遍地只补交一些税费就将小产权房合法化，既有一个对分担了整个城市公共建设费用的高价商品房购买者的公平性问题，更有一个如果开了赦免迄今为止的违规者的先例、怎么制止后来者继续群起而仿效的问题。

有人说，一个解决办法是在清理原小产权房问题的同时，宣布今后的违法违规者将被严惩不贷。问题是类似的文件我们这些年来不知下了多少个，也并没有把人吓退过，人们为什么要相信这一次就不会重复过去说了不算的情况？更何况如果现在把这些年内多少文件三令五申禁止的东西全部放行，人们更加会确信这一次的禁止以后也肯定会放弃会让步的。

四、小产权房核心问题：农民有无自主城市化的权利？

还有人认为，解决小产权房问题的根本解决之道就是承认农民有权自主参与城市化的权利，如果过去的合法了，今后也放开了，这样就不存在禁而不止的难题。但这样，我们就有一个农民能在什么土地上自主开发的问题。农村土地无非几类：农村公共公益用地、农业用地、乡镇企业建设用地、农民宅基地。

首先是农村公共公益用地。城市中的公共公益用地也不能入市，农村的公益用地就够放开入市、赚取利差？这一块显然不行。其次是农业用地，各国都对农业用地有严格保护，我国的粮食等农作物已经大量进口，占了世界粮食等食品可贸易额的很大比重①，有预测称我国现在进口的粮食等农产品，已经相当于我们在国外租种了6亿多亩土地，相当于我国自己耕地面积的三分之一。现在我国因为海洋岛屿归属问题的争论刚刚开始有所尖锐化，国际上就有舆论质疑我们大量进口粮食等是为万一爆发战争，国际上搞粮食禁运做准备，可见无论从哪个角度，占世界人口20%多的头号人口大国显然不能依赖国际市场来为我们提供农产品，因而农用地入市只能是仅限于农业使用的市场流转。我国现已鼓励农用地在不改变用途的情况下流转，因而这个农用地市场已经存在和合法，而要把土地自由转出农业去入建设用地的市，不仅在中国，在世界上哪个法治国家都是不行的。

再来看农村的乡镇企业经营建设用地，先不说如我们前面讲到各地的占用严重不均，这类土地论性质是工业用地，入市只能入工业用地的市。城市国有的工业开发用地也不能随意入商住用地的市，农村乡镇企业用地显然也不能例外。台湾也有在工业用地上企业自建的住宅，亦被称为"工业住宅"，类似我们小产权房，至今不能入市，就是例证。台湾人说，"工业住宅便宜，但你敢买吗？"可谓与我们对小产权房态度如出一辙。台湾近年来讨论工业用地通过捐赠公共设施用地及建设费用的方式来变更为住宅用地，但至今尚未成行。②

最后一块是农民的宅基地，这一块的财产权利厘清和法律修改之后，倒确实是用途相同，可以进入住宅市场的。但住宅用地并不意味着可以随意盖房，必须服从规划管理。农村宅基地按规划管理是盖低层建筑，那些建多层高层的，仍然不合法，更不能放开自主建造。道理也很简单，城市

---

①　美国农业部报告《Grain：World Markets and Trade》显示，2011/2012年度中国进口小麦、面粉等产品2 933千吨，占世界总进口额的1.9%，大米进口2 900千吨，占世界总进口额的7.4%。

②　将乙种工业区的建筑物当作住宅使用，违反了都市计划使用分区的规定，根据台湾《都市计划法》第79、80条规定，主管机关可以命屋主（建物所有权人）停止当作住宅使用，甚至可以拆除相关作为住宅使用的设施，并可对屋主处以新台币6万元以上30万元以下的罚款。而且不依规定拆除、停止使用甚至可以处6个月以下有期徒刑或拘役。

居民买了带有土地的别墅、院落，土地是商住用地，完全合法，但扩建、加建、改建那就不合法，否则城区里只要搭市政基础设施建设的便车，自建成本与商品房市价总是差距惊人，而逐利乃人之天性，如果谁都可以在自己占的土地或楼顶上盖出楼来，那城市建设就乱套了。在任何城市里，只要开发权不限制，个人可以抢占社会管理的土地开发权，那就会出现公地悲剧，即人人都试图扩大自己的生存空间，最后是大家都生活在一个恶劣和难以生存的环境中。因此很显然，城市大商品房用地上不能随便自建，农民自用宅基地上当然没有可以随意自建然后售卖赚钱的道理。

这样掰着指头一一算来，自主兴建小产权房，不管在城乡的哪一块土地上都不可能放开。因此想搞个放开政策以后就不管制，这样简单痛快的好事，恐怕永远都不会有。

不管怎么分析，总有人认为，对放手让农民根据市场需求自主建房的种种顾虑，还是思想不够解放的缘故，说就是让农民放手去建，天不会塌下来，而且还能解决外地农民工的居住问题。其实这种主张的前景在当今法治薄弱的发展中国家已经有前车之鉴，就是大城市会像摊大饼一样地向外扩张，近郊的绿地、农地、菜地都会被人充分挖掘利用。规划指导的企图在利益面前无力也无效，本地农民的拆建、外来农民在公共空间的搭建抢建难以遏止，所谓贫民窟就是这样发展蔓延开来的。同时肯定会有大量城市工商资本更不用说房地产公司下乡，投机性的占地囤地或以与农民合作的形式投资拿地，以谋取城市后续扩张后土地价值上升的暴利。显然，在许多发展中国家并不鲜见这种景象，这既不是大多数市民和农民所希望的未来中国城市，更不是任何决策人只要相信一句"市场自己会调节"的信条，就敢闭着眼睛一搏的。

综上所述，小产权房问题分歧极大，而现状也已难以为继，而对各种违法违规的建设睁一只眼闭一只眼的状况是对法治的无情嘲弄和破坏。因此，小产权房问题无法回避，必须面对和解决，而这只有放在城市化过程中的土地和户籍制度改革的大背景下，才有可能找到根本性解决方案。

专栏 5-1：台湾工业住宅

1. 定义及惩罚

台湾《都市计划法台湾省施行细则》第 14 条规定将工业区分为特种工业区、甲种工业区、乙种工业区和零星工业区，对于乙种工业区，第 18 条规定扩大了其使用范围，"公害轻微之工厂与其必要附属设施"、"工业发展有关设施"、"公共服务设施及公用事业设施"、"一般商业设施"都可以在乙种工业区设立。工业住宅是建商（开发商）将位于乙种工业区的建筑物，出售给一般民众当作住宅使用，如此建案即为工业住宅。根据《都市计划法》第 36 条规定，工业区为促进工业发展而划定，其土地及建筑物，以供工业使用为主。而住宅不是供工业使用，就《都市计划法》而言，工业区建筑不得作为住宅使用。

将乙种工业区的建筑物当作住宅使用，违反了都市计划使用分区的规定，根据《都市计划法》第 79、80 条规定，主管机关可以命屋主（建物所有权人）停止当作住宅使用，甚至可以拆除相关作为住宅使用的设施，并可对屋主处以新台币 6 万元以上 30 万元以下的罚款。而且不依规定拆除、停止使用甚至可以处 6 个月以下有期徒刑或拘役。

2. 税费

台湾按千分之十计征地价税，依土地涨价总数额超过原规定地价或前次转移时核计土地增值数额情况按 40%～60% 课征土地增值税。但是符合土地税率有关自用住宅的规定，即：直系亲属设户籍；都市土地面积不超过 3 公亩，非都市土地面积不超过 7 公亩；申请时无出租或营业情形。只要符合以上的条件，则地价税依自用住宅税率千分之二的地价税来课征，出售时也可以适用 10% 的土地增值税率。工业住宅在税赋方面工业区土地原本不得适用自用住宅用地，在 1992 年台湾"财政部"的解释令中工业区土地必须合于政府所规划的用途使用，才可适用优惠税率，但由于工业区土地地价较低，推出作为工业住宅的价格也较正常的住宅价格低三至四成，因而虽然适用较高的地价税及房屋税，但民众还是愿意购买工业住宅作为居住使用，直到 1996 年底，台湾"财政部"才正式发布解释令，工业住宅依然可以适用自用住宅的优惠税率。房屋税也是依照实际的使用情形课征，作为住家用的税率为房屋现值的 1.2%。水电费率方面也是依照实际使用情形缴费，作为住宅使用依住宅的费率缴纳，水费则不分营业或住宅使用，均是单一费率。此外，工业住宅的贷款成数比一般住宅要低。

3. 工业住宅申请变更

根据《都市计划法》第 27 条，土地权利关系人自行拟定或变更细部计划时，主管机关可以要求土地权利关系人提供或捐赠都市计划变更范围内的公共设施用地、可建筑土地、楼地板面积或一定金额给当地直辖市、县（市）（局）政府或乡、镇、县辖市公所。

《都市计划工业区检讨变更审议规范》第 8 条规定，工业区变更采用捐赠土地和自办市地重划的方式，以捐赠公共设施用地及可建筑土地为原则，但是捐赠的可建筑土地，经都市计划委员会同意后，可以改为以捐献代金的方式折算缴纳。捐献代金数额＝3 家以上专业估价者查估变更后全部可建筑土地的价格（取最高价计算）×（变更后应捐赠可建筑土地面积/变更后全部可建筑土地面积），并且捐献数额不得低于工业区变更后第一次公告土地现值的一点四倍。

第 6 条规定，变更工业区为住宅区应捐赠公共设施用地及可建筑土地面积之和占变更工业区土地总面积的比例不得低于 37%，捐赠公共设施用地不得低于变更工业区土地总面积的 30%。

4. 实施情况

2012 年《住展》杂志统计台湾省工业住宅多达 2 万 2 千户。截至 2011 年 10 月 16 日，为推动工业住宅合法化，新北市府曾列管 108 件辅导变更使用执照的个案，有 32 件已配合缴交保证金，申请变更使用执照，其中有6件通过新北市都市计划审议委员会的审查，2010 年 9 月第 1 件提送内政部营建署都市计划审议委员会的新庄区"金庄悦泉"被都委会打回票后，自此未再送件。

内政部营建署中部办公室计划审议科认为，考虑工业用地上的住宅有消防安全、交通、环境污染等疑虑，容易影响社会观感和居住质量，因此请新北市就土地使用计划、回馈机制、配套措施等再研议，以免影响施政公信力，但迄今尚未收到新北市补件。对于既有工业住宅，只能遵照内政部决议，尽量辅导个案完成变更。

5．小结

总的来说，台湾的工业住宅比一般住宅便宜 2～3 成，吸引了大量的购房者，但由于周边环境差、设施不完善并且面临着法律风险，因此大多数人对购买工业住宅持谨慎态度。新北市积极推动工业住宅合法化变更，尽管至今没有成功案例，但仍推动一些工业住宅价格不断上涨。

资料来源：

1.《都市计划法》，2010 年 5 月 19 日修正

http：//law. moj. gov. tw/LawClass/LawAll. aspx？PCode＝D0070001

2.《都市计划法台湾省施行细则》，2010 年 2 月 1 日发布

http：//www. cpami. gov. tw/chinese/index. php？option＝com＿content&view＝article&id＝10712&Itemid＝57

3.《都市计划工业区检讨变更审议规范》，2011 年 12 月 23 日发布

http：//www. cpami. gov. tw/chinese/index. php？option＝com＿content&view＝article&id＝10698&Itemid＝57

4. 中央地方不同调，新北 108 工业宅变更触礁，苹果日报

http：//www. appledaily. com. tw/appledaily/article//20111016/33742235

5. 抑工业宅，修法减可开发地，苹果日报

http：//www. appledaily. com. tw/appledaily/article//20120223/34044641/

第二节　保障房的弯路和歧义

建设一部分保障性住房本来是最少分歧的政策取向，但是在过去这十多年中，却走了很大的弯路，今天也引起诸多歧义和批评。因此，这个题目也是新型城市化建设中不可回避的一个重要内容。

一、保障房建设的曲折历程一：从福利房到经济适用房

我国在 1978 年改革开放刚开始的时候，城镇中除了极少数人保有或要回了过去属于自家的私有房产，其余几乎所有人都住在国有或单位所有的房子里。全国城镇人均只有 4.2 平方米，人们需要交纳房租和水电费，从这一点看，大家住的可谓都是真正廉租房类的保障房。改革开放以后，随着财力提升，国家和单位建房数量和面积均大幅增加，但是人们依赖于单位分房即当时被称为福利房的情况并没有改变。那时，除了城镇的房管部门掌握和管理的一小部分历史遗留下来的社会用房之外，人们只能靠自己工作的单位建房分房。因此严格地说，那个时代的廉租房或公租房并不是社会普惠、贫困者优先的保障房，而是和一个人所工作的单位和自己身份待遇有关的身份福利房。

1992 年在党的十四大提出建立社会主义市场经济的体制模式之后，当时在住房领域的主要任务就是如何从这种单位的福利性分房改到住房商品化和货币化的轨道上来。1994 年 7 月，国务院颁布了《关于深化城镇住房制度改革的决定》，提出把住房实物福利分配的方式改变为以按劳分配为主的货币工资分配方式，建立以中低收入家庭为对象、具有社会保障性质的经济适用房供应体系和以高收入家庭为对象的商品房供应体系，由此拉开了住房制度改革的序幕。

实质性的转折发生在 1998 年。因为实物分配住房的免费蛋糕不停，要自己花钱的商品房市场自然发展不起来。配合"十五大"精神，国务院发布《关于进一步深化城镇住房制度改革加快住房建设的通知》，宣布停止

住房实物分配，实行住房分配货币化，确立了以经济适用房为主的多层次城镇住房供应体系。随着绝大部分单位实物福利分房的停止（当然实际上由于中共中央和国务院办公厅 1999 年发了个编号为厅字 10 号文件，其中称"在一定时期内，国管局、中直管理局可统一组织建设经济适用住宅按建造成本价向在京中央和国家机关职工出售"，给政府部门的福利分房留下了尾巴，各地亦群起效仿，故政府部门的这种福利分房实际上并没有完全停止，近年来随着商品房市场价格狂飙，福利分房还有回潮），商品房市场开始得到了蓬勃发展。

为了推动住房商品化，改变长期以来占主导地位的公租房即租用单位福利房相区分，最初的保障房确立为只售不租的经济适用房，在当时的历史条件下应当说是完全可以理解的。从 1998 年以后的几年间，经济适用房的投资和建设开工确实迅速增加，1999 年的开发投资增长率甚至达 61.4%。不过，有意思的是，经济适用房的发展不仅根本没有如文件要求和规划的那样成为城镇住房体系的主体，而且经济适用房与几乎同时兴起的商品房建设相比，其投资比例在新世纪初就开始逐年下降，在 2001 年就已经从 1999 年的最高峰的占比 16.6%。逐年下降到 11.3%，2003 年进一步下降到 9.2%。竣工面积也从 2000 年最高占比 25% 下降到 2003 年的 15% 以下。

2003 年 8 月国务院发布关于促进房地产市场持续健康发展的通知，首次提出"房地产业关联高，带动力强，已经成为国民经济的支柱产业"，"要坚持住房市场化的基本方向，不断完善房地产市场体系，更大程度地发挥市场在资源配置中的基础作用"。这样就事实上确立了以商品房建设为主体的方向。此后，经济适用房投资建设的比例更是一路下降到 2010 年的 3.1%（见图 5–1）。至此，经济适用房的建设可谓已经完全边缘化。早期的开发商对经济适用房冲击商品房市场的批评和担心完全成为多余。

经济适用房从房改开始设计时的多层次住房供应体系的主体，到迅速被边缘化，有着历史和制度的多重原因。在上世纪 90 年代后期开始住房商品化时，各地的房价水平还比较低，也没有今天垄断性的土地招拍挂制

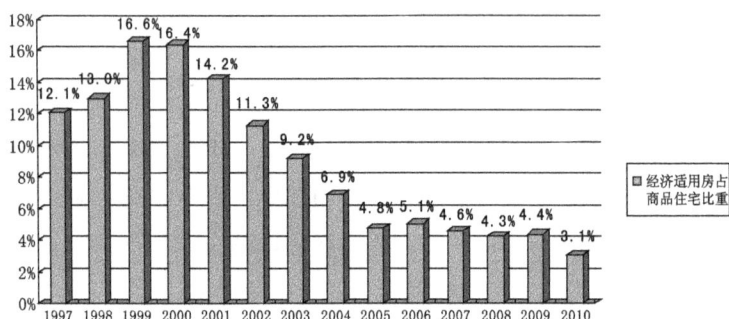

图 5-1：1997-2010 年经济适用房开发投资额变化情况

资料来源：《中国统计年鉴 2011》。

度，因而经济适用房与商品房的差价并不显著。由于经济适用房按规定使用划拨用地，又要进行一系列税费减免，这对于后来逐步走上土地财政的地方政府就成为一种不必要的负担。对于开发商而言，经济适用房只是廉价取得土地和减少税费负担的手段，建设的面积等标准住宅完全按照市场导向以实现利润最大化。包括北京在内的许多地方的经济适用房平均面积都在 100 平方米以上。更有很多人内外勾结，将以经济适用房申请的用地和项目，通过补交少量土地出让金的办法，改换为商品房项目出售。

因此，在中央要求不严、民间房价压力不大、地方积极性不高的情况下，经济适用房面积普遍扩张、限售年限很短，与商品房的差别有限，其走下坡路的态势已然明显。2003 年新一届政府明确提出将市场化的房地产作为国民经济的支柱产业，标志着商品房对经济适用房主体地位的正式替代。

二、保障房建设的曲折历程二：从廉租房到棚户区改造

随着经济适用房由于其在实践中的不规范和分配中的不公正而式微，而商品房日益成为市场主流且房价不断攀升，如何解决低收入家庭的住房问题再次引起普遍的关注。2007 年国务院出台了"关于解决城市低收入家庭住房困难的若干意见"，重新强调保障房建设。这个文件放弃了 20 世

90 年代房改启动时以经济适用房为主的多层次住房体系的提法，首次提出"城市廉租住房制度是解决低收入家庭住房困难的主要途径"，要求"廉租住房保障对象的家庭收入标准、住房困难标准和保障面积标准实行动态管理，由城市人民政府每年向社会公布一次"，"实行货币补贴和实物配租等方式相结合，主要通过发放租赁补贴"。通知提出要改进和规范经济适用房住房制度，建筑面积控制在 60 平方米左右。通知还首次明确提出了 70/90 原则，即新审批开工的住房套型面积 90 平方米以下住房面积比重必须达到 70% 以上。不过，如上所述，由于这一时期经济适用房的开工比例已经很低，而通知提出的"应保尽保"的城镇低收入住房困难户又是以发放货币租赁补贴为主。因此，在 2007 年国务院通知下发后，保障性住房边缘化的情况并没有明显改变。

到了 2010 年春，由于商品房房价的不断飙升，在很多热点城市，不仅城镇低收入阶层，就是中等收入家庭也完全无力负担的情况日益严重之后，国务院再次下发了"关于坚决遏制部分城市房价过快上涨的通知"。这个文件首次提出了要"坚决抑制不合理住房要求"，开始限制购买大户型和多套房贷款提供，在保障房建设方面，则明确提出了 2010 年建设保障性住房 300 万套，各类棚中区改造住房 280 万套的任务。这近 600 万套的住房，就是按每套 50~60 平方米计算，也是 3 亿多平方米，即相当于前几年全部住宅面积的三分之一以上。这不能不说是保障房建设的一个突变。

2011 年 3 月 6 日，在全国人大的记者招待会上，国家发改委更宣布"未来五年要建设城镇保障性安居工程3 600 万套，今年1 000 万套，明年1 000万套，后 3 年还有1 600 万套，使保障性住房的覆盖率达到 20%"。2011 年 5 月 12 日，国土资源部宣布，2011 年全国住房计划供应 21.8 万公顷，与 2010 年计划（18.47 万公顷）和实际供地量（12.63 万公顷）相比，分别增加18% 和 72.6%。其中仅保障性安居工程就用地计划 7.74 万公顷，占住房用地计划的 35.5%，为 2005 年至 2009 年 5 年间全国平均全部住宅用地的140% 左右。保障房建设的决心和力度可见一斑。

2011 年 9 月底，国务院办公厅又发布了"关于保障性安居工程建设和

管理的指导意见"，提出到十二五末要使全国保障性住房覆盖面达到 20%
左右，使城镇中低收入家庭住房困难问题得到基本解决，外来务工人员居
住条件得到明显改善。通知针对保障房建设和分配中出现的种种混乱问
题，首次明确提出"重点发展公共租赁住房，面向城镇中低收入阶层、无
房户和稳定就业的外来务工人员，单套面积以 40 平方米左右的小户型为
主"。经济适用房的面积从过去的 60 平方米左右进一步规范为 60 平方米以
内，并提出了在经济适用房满 5 年可上市交易时，政府与购买人分享产权
收益的原则。这个通知首次将外来务工人员纳入保障房分配对象，并对公
租房、经济适用房的面积作了严格和明确的规定，应当说是在保障房建设
和分配方面总结经验和问题后，操作性和严密性更强的文件。当然，此文
以国务院办公厅的文件下发，也削弱了它（特别是其中与此前更高级别的
国务院文件不一致的地方）的权威性和执行力。

不过，突然增加的住宅用地总量和保障房建设扩张也带来了一系列的
问题。如实际用地远远赶不上计划用地量（2012 年只占三分之二左右），
一些房价急剧上升的热点城市主城区的土地供应量有限，而在郊区大量增
加住宅建设又要先行解决交通等基础设施配套，后者往往不是短期内能做
到的。三四线城镇的房地产大跃进又开始带来供过于求、房价泡沫破灭的
问题。其保障房的建设就产生了更多的问题。

在保障房建设高指标的压力下，最容易集中操作的城市棚户区改造变
成了保障房建设的主力军（2010 年占保障房计划建设的 48%，2011 年占
40%）。由于所有旧城区改造提升项目都是属于既拆又建，新增房屋净供
给量有限，因此棚户区改造虽然可以大大改善原住居民的居住条件，但其
改造后的建房能否算作保障房，多少可以计入保障房，都是一个模糊概
念。棚户区也一般在城市的主要城区范围内，棚户区这类属拆迁改造项目
的居民要价补偿本来就不会很低，在 2011 年初国务院《国有土地上房屋
征收与补偿条例》出台后，要求自然也更高了。如从 2006 年就开始棚户
区改造的长春市，在 2011 年以前拆迁的标准是以旧换新，拆一补一，多补
的面积按建安成本卖给原住户，而现在棚户区居民的普遍预期是拆一补

二，甚至是补四补五的水平之上。另据兰州市政府副秘书长介绍，该市2011 年布置的 6 万套保障房建设任务中，就有接近 4 万套属于棚户区改造。而政府与被征收房屋的老业主之间对价格的分歧，最高相差可达10 倍①。

这种可以利用原居住民土地就地进行的大规模棚户区改造，由于有城区土地可利用，对何谓"棚户区"并没有明确定义，2013 年以来新一届政府又强调推动，各地已将其与旧城区改造基本混为一体，借棚户区改造之名从事旧城改造的房地产开发。这样棚户区改造究竟是保障房还是商品房的界限更加模糊混乱，留下了造成新一轮社会不公的隐患。

不过，相对于还有地可利用的"棚户区改造"，其他类型的保障房建设显然遇到的问题就更多也更大。因为土地和资金来源就成为首要的挑战。不少地方政府在仓促之下开建的一些位置偏远、条件不配套的保障房小区已经开始出现空置浪费问题。这种情况加剧了地方政府对一刀切地要求迅速上保障房的埋怨情绪。在这种情况下，鼓励或放纵许多拥有土地和资金的大企业，甚至包括国家机关和事业单位在建设保障房的名目下重新开建单位福利房，显然成了有关各方最轻车熟路的选择。即便是由政府统一兴建的保障房，许多也在所谓"人才房"的名义下，冠冕堂皇地大幅提高标准和向少数人特权配给。

三、保障房建设的弯路和三大教训

我国从 20 世纪 90 年代中期启动住房商品化改革，从原先占绝对主导地位的单位福利性分房（其实是租房）改到商品化住房的轨道上来，方向无疑是正确的。为了和原有的单位福利性廉租房相区分，城镇住房供应体系确定为经济适用房为主体应当说既有历史原因，也并无大错。问题在于这一原本正确的住房改革方向由于缺乏具体的规范标准，在实践中完全走样变形。在 2003 年确立了住房市场化的方向之后，经济适用房就更加边

---

① 《城市棚改：低房价的秘密》，经济观察报，2011 年 7 月 25 日。

缘化。

这样，2007 年国务院又重新捡回了城市廉租房制度作为解决低收入家庭的主要途径。但其确定的以现金租赁补贴为主的保障方式在商品房价格突飞猛进的情况下显然起不到多大作用。这样才有了 2010 年以来在高房价的倒逼下，国家既采取了对商品房交易直接行政干预的限购政策，又在保障房政策上实行了急转弯，全速启动了包括棚改房、公租房、经济适用房、两限房、廉租房在内的保障房建设。但是，正如我们看到的，这种急就章式的保障房转向并未从根本上检查和反思我们保障房建设的总体思路和可吸取的教训，而且也很难避免忙中出错的情况。实际上我们已经看到，2012 年开始的保障房建设计划已经在各种因素的制约下大幅下调。

归结起来看，我国迄今为止的保障房建设走过的弯路可以主要归结为以下三个方面的问题：

首先是保障对象的封闭和歧视性。与世界其他国家一般将保障房设为一种国民的普惠权利，保障对象为本地就业或居住的无房户和缺房户不同，我们从一开始就把保障房的对象设定为户籍人口，很多地方规定还必须是已经拥有了 3 年或 5 年以上的城镇户籍人口。这就把真正缺房无房的我国城市化的主体即包括农民工在内的外来务工人员及其家属完全排斥在保障房对象之外。由于我国城镇户籍人口自己拥有住房的比例本来就很高（达到 80% 以上，在世界上也属于高端水平），这样我国的保障房从一开始就不是具有真正基本保障而是具有改善性住房的内涵，这也是最初的经济适用房上来就走偏方向的根本原因。

最新的国务院办公厅文件虽然开始把稳定就业的农民工等外来人口纳入保障范围，但实际上就如户籍制度一样，各地都设置了极高的门槛，使农民工等外来人口的住房保障只是一种点缀。由于保障房制度从根本上就是歧视性的，因此很自然，它对于城市户籍人口的分类和歧视就很容易发展。最新这一波保障房大跃进中各种标准高、面积大的单位建房、人才分房的回潮，就是这种歧视和特惠本质的表现。

第二是保障标准过高，分配严重不公。由于排除了城市化主体的外来人口，住房保障标准就不可避免地会大幅抬高。其实保障房顾名思义，就是只满足最基本的需要。保障标准从低从严，各类非保障对象就自然不会去动那个邪念。早期因为对经济适用房没有硬性指标要求，北京等地的经济适用房平均达到 100 多平方米，有些甚至超过 200 平方米。在保障标准过高的情况下，就自然会给各种弄虚作假的寻租行为打开广阔空间。大量经济适用房的转租，以及各地报道的保障房小区中出入豪车的现象，就反映了这种情况。

近年来，随着对保障房面积标准的逐步收严和明确化，情况有了相当的好转。但是，由于保障房概念模糊混乱，因此，各种单位建房、人才房和棚改房大幅超标的现象仍然普遍存在。许多地方更是采用一拆二和复式结构等方式，将大套分成表面上的小套以应付上面的要求和检查。可以肯定地说，各类保障房没有法律明确规定和严格约束的范围和低面积标准，是我国保障房建设和分配中出现严重不公平现象的基本原因。

第三是保障房系统运行的敞开缺口。我国的公共租赁房过去建设的数量不多，由于财政压力和管理成本高等约束，其数量和比例均受到一定限制。但我国出售的各类保障房，禁售年限过短（一般 5 年以下），上市后不限制交易对象，这样既使保障房房源不断快速流失，也使受到公共财政补贴的保障房轻易变为一部分人的不当得利。而国外在这方面本来已经有很多成熟经验，如较长的禁售期（往往为 15 年），在禁售期内不得抵押转让，转让时必须由政府回购，或规定受让者必须也符合保障房的申请条件。这样就可以使由公共财政补贴的保障房资源得到公平和合理的使用，尽可能地减少资源错配和寻租腐败。

回过头来从总体上看，我国保障房建设从 20 世纪 90 年代后期房改起步算起，也只有十多年的历史。尽管由于缺乏经验和认识反复也走过弯路，但整体的保障房政策是在沿着一个正确的方向前进。特别是从 2007 年重新强调住房保障的政府责任以来，保障房的建设力度和政策的严密性都有很大的提高。然而，值得反思和总结的是，为什么这些年来保障房建设中的一些政策漏洞总是在实践中迅速放大，而保障房建设的许多正确的指导思想和原则都往往被人们束之高阁？

　　究其深层原因，一是由于指导思想的偏差，如长期排除外来移居者这个城市化主体的政策立足点，就使得保障房体系设置完全失去了正确的基准，造成了保障房建设政策指导的整体扭曲。又如其中由于指导思想的转变，过于相信住房市场化本身的发展就可以解决城镇住房问题，在低收入阶层无力购买商品房时，又以为仅靠发展商品化的廉租房而且主要靠发放货币租金补贴，就可以解决社会的住房保障问题。

　　二是在一个已经市场化的利益结构下，政策设计缺乏对于利益扭曲政策的预判和应对。比如在早期经济适用房只是作为原则提出来时，缺乏标准和疏于管理使经济适用房变成开发商手中谋利的工具，随意扩大面积、改变立项，限售年限过短和不封闭运行等漏洞最终使经济适用房的财政投入成为相当一部分人寻租的沃土。这样经济适用房既对于地方政府来说是个负担，又不能真正帮助低收入的住房困难居民，自然变成鸡肋，致使经济适用房为主体这个本来很好的住房体系构想完全落空。

　　又如在 2010 年以来商品房价飙升的压力下，全面启动保障房的建设本来是个利国利民的好事，但各级政府为完成保障房指标任务、减轻自身负担，鼓励和放纵一些机关单位和大企业重建单位福利房，则使原本负有公平使命的保障房建设一下子变味，成为社会不公正的一种新形式。2013 年开始大力推动的"棚户区"改造，由于概念含糊，体制机制照旧，迅速又被地方政府接过去作为老城区商业化改造的大旗，与提供基本保障性住房的原意大相径庭。

　　这些情况说明，在今天已经严重分化的社会既得利益格局下，保障房建设和分配要发挥其设想的社会功能，既需要政策设计的高屋建瓴，又需要有防范对策扭曲政策的完整性和严密性。在今天保障房建设涉及大量公共资源投入的情况下，保障房建设和运行的指导思想的全面检讨和用立法来保证保障房体系健康运转已经迫在眉睫。

第六章

城乡建设用地增减挂钩与成渝地票试验

城乡建设用地增减挂钩及其货币化的地票试验，其"指标交易"的性质是改革的方向还是改革的误区，引起了不同观点的争论，值得深入探讨。

城乡建设用地增减挂钩是近年来政府推动土地制度改革的一项主要尝试。这种建设用地增减挂钩实际上就是在建设用地总量平衡下土地开发权的转移的一种形式。这主要是将农村集体建设用地，其中主要是农民宅基地等村庄用地复垦为农田后，将此指标转移使用到城市房地产建设用地上去。其中重庆、成都等地的地票试验还进一步把这种挂钩中节省的农村集体建设用地指标货币化，称之为地票进行市场化交易。城乡建设用地增减挂钩第一次尝试打通过去完全隔绝的城乡建设用地市场，具有一定开拓性的意义。

　　但是，这种挂钩及产生的地票，不是土地交易市场化的自然产物，而是建设用地指标行政性管理产生的"指标交易"。同时，在城乡建设用地的挂钩特别是新农村建设合并居民点的集聚过程中，出现了大量的赶农民上楼以获得建设用地指标等现象。地票交易本身也因出现了市场如何构建和价格急剧波动等困难和问题而实际上停顿下来。因此，这种城乡建设用地增减挂钩及其货币化的地票试验，究竟是改革的方向还是改革的误区，引起了不同观点的争论，值得深入探讨。

第一节　城乡建设用地增减挂钩的由来、发展与政策效应

一、增减挂钩的政策出台：初衷为保护耕地

　　城乡建设用地增减挂钩，是一种建设用地总量不变条件下的结构调整，其目的显然还是从保护耕地、控制建设用地总量出发的。所以最初挂

钩尝试的发端也是从耕地保护开始。早在 1997 年，"中共中央国务院关于进一步加强土地管理切实保护耕地的通知"中就首次提出"实行耕地总量动态平衡"。1998 年修订《中华人民共和国土地管理法》，增订了第 31 条，明确指出"国家实行耕地补偿制度"，即非农建设占用耕地，"占多少，垦多少"，没有条件开垦的，缴纳耕地开垦费，专款用于开垦新的耕地。这样开始了我国最初的耕地占补平衡政策。

但是很显然，城市化工业化需要大量新增占地，而新的土地开垦在很多地区特别是经济发达的沿海地区受到土地资源条件的限制，而我国农村居民点占地比城镇建设用地要大得多，随着大量农民外出打工，农村中的"空心村"现象日益严重，怎样有效利用农村建设用地自然会引起人们的关注。

2004 年国务院 28 号文首次开始明确提出"鼓励农村建设用地整理，城镇建设用地增加要与农村建设用地减少相挂钩"。随后，2005 年 10 月国土资源部出台了"关于规范城镇建设用地增加与农村建设用地减少相挂钩试点工作的意见"（国土资发【2005】207 号），决定在天津、江苏、山东等八省市开展挂钩试点工作。这时恰逢新农村建设运动在全国推开，给增减挂钩以极大的推动力。2008 年国土资源部出台了"城乡建设用地增减挂钩试点管理办法"，规定只要将农村建设用地复垦为耕地，就可以等面积增加城镇建设用地征地指标，从而推动了城乡建设用地增减挂钩在全国的普遍化。

鉴于在挂钩实践中，各地出现了追求增加城镇建设用地指标，擅自开展增减挂钩试点和扩大试点范围、突破周转指标、违背农民意愿强拆强建等问题，2010 年中共中央一号文件中提出城乡建设用地挂钩要严格限定在试点范围内，周转指标纳入年度土地利用计划统一管理，确保城乡建设用地总规模不突破。同年，国务院出台"关于严格规范城乡建设用地增减挂钩试点切实做好农村土地整治工作的通知"（国发【2010】47 号），强调农村建设用地复垦后要优先满足农村各种发展建设用地，经批准将节约的指标少量调剂给城镇使用的，其土地收益也要及时全部返还农村，严禁在农村盲目建高楼、强迫农民住高楼。

但是很显然，在城乡建设用地增减挂钩的强大利益刺激和导向下，上述良好的愿望和要求不能不显得软弱无力。重庆和成都作为国家城乡统筹的两个试点，创造出的地票就是将这个节省出的农村建设用地的指标进土地交易所挂牌交易，使它取得一般货币化的形式。

二、增减挂钩的政策效果：缓解中央和地方用地矛盾

不难看出，城乡建设用地增减挂钩是对原先完全由上而下行政性分配城镇建设用地指标的一个补充和改进。行政性分配建设用地指标，面临着中央为保护耕地而控制建设用地总量扩张，与地方搞发展要用地指标的内在矛盾。由于土地的非农使用有大得多的经济价值和 GDP 产出，各级地方政府为了抓发展促增长必然希望建设用地指标多多益善。中央政府既希望各地保增长，又要保护耕地、控制建设用地的扩张，只能在平衡建设用地总量增长和各地国民经济发展需要的情况下切块下达行政控制用地指标。这样各地建设用地指标不足不均的情况就成了常态。

城乡建设用地的挂钩试点，部分解决了地方政府在抓发展时建设用地指标不足的瓶颈，地方有了在争取上级政府分配建设用地指标和冒险违法用地外，自己可以在一定范围内增加城市建设用地的合法渠道。在保护耕地压力大、城市建设用地指标极度紧张的情况下，有了一个能调动中央、地方两方面积极性的新机制。这也是这种挂钩试点受到各级地方政府的欢迎，能迅速在全国普及和不断被各地突破扩大的原因。有鉴于此，中央政府也同时下达了建设用地增减挂钩的规模不能超过国家每年分配的建设用地指标一定比例（一般为 10%）的规定，以防止地方利用这个用地口子，无限扩大挂钩转用土地的规模，产生可能的负面作用。

从积极的方面看，城乡建设用地增减挂钩，打破了过去城乡建设用地的隔绝和屏障，使得过去不能流转的农村集体建设用地也可以通过指标转移转化为城镇建设用地，这样给城乡统一的建设用地市场提供了通道和桥梁。特别是这种挂钩打破了中央政府对建设用地指标的僵死控制，给了地

方乃至农民一定程度上的自主权和自由创造的空间，这是城乡建设用地增减挂钩在经济理论界也受到热烈欢迎或至少很少受到批评的原因。

三、增减挂钩的政策偏差：并未以农民市民化为本

显然，如果城乡建设用地增减挂钩能够为城市化的主体即进城务工农民举家在就业城镇安居落户做出积极贡献，它本来也可以是一个值得考虑的制度安排。遗憾的是，在推出城乡建设用地增减挂钩政策的时候并没有服务于人口城市化的目标和推出相应的配套措施，这种挂钩政策本质上是给地方政府开口子搞发展的土地权力而不是给外出农民工在就业地安居的民生权利。

正因为如此，我们看到这种挂钩被严格限制在本市县范围内，而不容许跨地更不用说跨省挂钩，因此它对于我国以外地就业为主体的进城农民工几乎毫无帮助。对于被动城镇化的本地城郊农民来说，现行政策在很多情况下已经给了他们分享城市化土地增值的丰厚优惠，因而用承包地换社保、用宅基地换住房并不受他们的欢迎，同时这种双换也被许多理论界的人看成是对农民的一种强制和剥夺而进行抨击。对本地的非郊区农民来说，由于城乡建设用地增减挂钩只要地，不要人，他们卖建设用地指标可以得到钱但并未直接将此与他们在本地进城落户挂钩，这就使得这种制度在本地城镇化中可能发挥作用的空间也被限制。

更不幸的是，正是在这种挂钩政策推出后不久，国家又隆重推出了新农村建设而不是新城镇化即农民工市民化的大战略，这样，用城乡建设用地增减挂钩节省出的指标卖钱，成了地方政府建设农民新村、推动农民集中居住的最好资金来源。由于农村建设用地指标移用到城市搞房地产开发价值剧增，因此很多地方政府和那些在此看到了商机的开发商想尽种种办法包括威逼利诱手段，让农民撤村并村，住进新农村建设的集中居住点或现在又称为农村新社区，以搞到建设用地指标。许多地方农民搬进集中居住点后，虽然住房条件有所改善，但宅基地大幅减少，有很多还要自己另外交钱买房，同时离耕种的田太远，还要承受上楼后务农带来的生产养殖

和生活的诸多不便与费用支出增加。特别是被集中到新村或所谓新社区的农民，许多仍然要外出打工，所以还是存在二次迁移安居问题。

因此相对而言，这种挂钩并村进新社区，在越是临近较大城镇的郊区，由于大部分农民本来已经不务农因而效果会较好，而越是在真正的农业农村区域，其副作用就越突出和明显。当然，这种挂钩最根本的问题是，它虽然部分解决了地方政府在工业化、城市化发展中的建设用地指标紧张的问题，但是即便在城郊最理想的情况下（如国家特批的天津华明镇的大规模置换城乡建设用地指标，国家不花钱完成了城郊农民市民化、城镇化），也只是解决了城郊本地户籍农民城市化的问题，而并未将省出的土地指标用于人口城市化，对于解决城市化的本质问题即非郊区农民在就业城镇安居落户、解决中国土地城市化与人口城市化、户籍城市化脱节这个核心问题很少助益。

从这个角度看，重庆和成都发展的地票模式既可以说是城乡建设用地挂钩政策的产物和衍生品，也可以说是对挂钩制度的进一步升级发展和改进。因为采用地票交易这种形式，可以将农村建设用地主要是农民宅基地的开发权显性化和货币化，从而明确了农民拿出的农村建设用地指标的市场价值。如果像重庆、成都的做法那样，将指标价值的绝大部分返还给农民，可以调动农民主动释放宅基地的积极性，也给宅基地等复垦提供了资金来源和保证。对于移居进城镇的农民家庭，地票收入还可以成为帮助他们在城市落户的起步资金。正因为如此，重庆、成都的地票模式既成为国家批准的土地改革试验，也受到了各方面的热切关注。

地票模式是城乡建设用地增减挂钩的货币化形式，也可以说是它的高级形式。在这个形式上由于它抽象了事物的本质，以货币化的纯粹方式直接呈现，因而它把增减挂钩制度的优点长处和弱点局限都充分表现了出来。剖析地票交易模式，有助于我们对增减挂钩制度的经济学本质有一个全面深刻的认识和判断。

第二节 地票试验的重大突破与致命缺陷

一、重大突破：让非城郊农民分享土地增值收益

重庆、成都的地票，是指将农村农民宅基地及其附属设施用地、乡镇企业用地、农村公共设施和农村公益事业用地等集体建设用地复垦为耕地，经国土部门验收后产生的指标。有了这个指标，地方可以纳入国家下达的新增建设用地指标范围，增加相应面积的城镇建设用地。重庆、成都将此指标物化为地票出售，企业在土地交易所拍得地票，可以用于城镇建设用地的招拍挂。提供宅基地复垦的农民则可以获得地票价值扣除复垦费等后的净收益。重庆模式是可将地票价格在拿地的招拍挂价格中抵扣，即价内；成都模式则是土地摘牌需持有同面积的地票，取得土地的企业必须支付摘牌价外加地票价，即价外（从这一点看类似我国计划经济时的粮票、布票）。但羊毛出在羊身上，无谓价内价外，企业在出价时都会考虑进这个因素，因而其经济本质完全相同。

地票产生和出让了，土地仍然在那里没动，复垦农用后土地的农村集体财产权属关系未变，只是失去了原先建设用地的身份和性质，因此，它是一个标准的土地开发权的剥离和转让。

地票模式的进步和优点，首先被认为是有利于农田保护和农田经营规模的扩大。地票的第一步就是将一些随城市化、工业化发展而逐步闲置和荒废的农村集体建设用地复垦为耕地，而地票交易实现的价值中可以支付这笔复垦费，使土地复垦有了资金来源和利益保证。而宅基地以及农户的减少，有利于扩大农田的经济规模。其次，这种模式被认为是打破了过去城乡建设用地的隔绝和屏障。过去只有国有土地才是城镇建设用地，农村集体建设用地没有平等地位，不能转变为城镇建设用地，因而不能交易流通。现在地票通过开发权转移落地，使农村集体建设用地可以转化为城镇建设用地，这样城乡统一的建设用地市场就有了通道和桥梁。

其实从经济学角度看，地票模式最具意义的地方是将非城郊农民宅基地的开发权显性化。它实际上第一次承认了在国家实行土地用途管制和开发规划管制的前提下，土地的开发权是稀缺的和有市场价值的。国家不应在严格限制非城郊农民的土地开发使用时，仅仅让城郊农民和其他利益集团独享土地改变用途和增值的收益。城市化的土地增值收益应当同样分配给为保护耕地和控制建设用地总量而作出贡献的非城郊农民。非城郊农村建设用地复垦、指标转移出售给城市建设之需就是他们参与城郊土地增值收益分享的一个途径。

这样，就开天辟地将非城郊农民的土地开发权的价值实现摆上台面，将大量外出打工的农民工及其家属（他们完全是以非城郊农民为主体）在城市化过程中的权利和利益纳入视野，并通过地票交易的价值实现给他们提供了经济支持和补偿，从而在一定程度上有利于农民工的市民化。在保护耕地压力巨大、城镇建设用地指标紧张的情况下，有了一个能调动中央、地方和农民几方面积极性的新机制。从这些方面看，地票交易可谓是一举多得。

二、试点结果：成渝地区地票交易模式的盛衰

地票交易既然是城乡建设用地挂钩的高级货币化形式，为什么在重庆、成都的试点都没有扩大发展，而且实际上都因内部和外部的原因而停滞下来，而更初级更原始的增减挂钩反而在全国正方兴未艾、势头正猛？这是一个饶有趣味的问题。

我们看到，在起步较早的重庆地票交易模式中，政府介入和行政定价的色彩比较重。在政府组织推动下农村地区宅基地复垦后的土地指标即地票，虽然在形式上也进了土地交易所，但其需求方实际上都是被重庆市政府下属的几大国有开发公司购买，所以价格也很稳定，一般在一亩地票16万元后来调整到20万元人民币左右，这样在扣除每亩2～3万元的复垦费和农村集体经济组织少量提留后，农民还能获得每亩净收益10万以上。对于取得地票的公司来说，这一亩20万左右的价钱也并不构成在重庆这样的

大都市周边拿地成本的大幅增加。

　　然而，从地票供给方来说，由于土地复垦和验收程序复杂，费时费力，再加上除非是废弃的宅基地，若是农民正在居住的宅基地由于还有住房本身的拆除和重建成本，对农民来说就不合算了。再加上由于试点区域有限，这些都必然限制了地票的供给。这样的指定几个点的少量供给并由政府开发公司实际上以官定价格收购，实在难说这样的价格能反映多少真实的市场供求关系。这个问题在更市场化的成都试验中，就迅速暴露出来。由于地票供给有限，成都市政府又开始要求房地产企业今后需凭地票参与土地招拍挂，这样成都的第二批地票拍卖出现直至每亩94万的高价因而被迫叫停。

三、原因分析：六大致命缺陷让地票难以为继

　　地票交易为什么一起步就问题迭出？这是因为地票把增减挂钩货币化后，暴露出了这一模式内在的若干重大缺陷。从经济学角度看，现在成渝地区试行的地票交易存在以下几个问题：

　　第一，地票的供给来源限制。目前成渝地区试点中，地票供给靠政府组织的复垦农村建设用地产生，因此地票供给是行政组织实施而不是成渝的农民农户普遍拥有的自主选择的权利和市场行为。与有些美国农场主可以出售自己少量多余的土地开发权不同，我国农民可以出售的是他们每户自住居所的土地开发权。在工业化、城市化过程中，农民大量离开农村去城市打工和居住，这是农村宅基地闲置、村庄空心化的根本原因。而进城务工的农民在就业城镇安居即农民工市民化，是他们能否真正释放出家乡宅基地和村庄用地的关键所在，也是整个土地制度包括地票制度设计和改革要解决的核心问题。

　　因此，在农民工市民化问题没有解决、也没有明晰的解决前景时，地票的供给量存在很大的不确定性。实际上，现在各地搞增减挂钩、让农民上楼节省出来的村庄用地，并非是农民举家移居城镇后的空地，而一般只是让农民在农村并村高密度居住后挤出来的原村庄用地。而能节省出来多

少土地，完全取决于各个地方政府的工作计划和强制力度，与农民自主选择和市场并没有多少关系。这也暴露出城乡建设用地增减挂钩制度的选择权问题，即它选择的挂钩是政府确立的乡村试点，而不是中国农村农民的普遍自由交易权利。

第二，地票需求的行政附属因素。地票作为城镇建设用地指标的补充，其价格取决于整个建设用地的供求关系。在绝大部分城镇建设用地指标还是无偿计划分配时，地票很难形成一个稳定的供求市场。当国家下拨分配的无偿指标越多，地票的需求就越少，反之亦然。因此地票需求首先取决于国家每年下拨分配的指标数量。其次还取决于在国家下达的指标之外，地方政府计划多少需要地票的房地产开发。显然，在地票的供给和需求都是由政府安排决定时，地票不可能有独立的市场价值。这也是为什么重庆的官方掌控的地票价格就比较稳定从而可以长期实行，而成都真想尝试搞点市场化，地票价格就剧烈波动从而市场只能关张。

第三，地票价值与地票类别的依存制约。作为城乡建设用地指标挂钩的货币化形式，成渝试验中的地票自然如增减挂钩中一样，全部用于房地产开发用地，而工业、城市公共设施、政府机关、公益事业等用地仍是行政指标分配无需地票。但按城乡建设用地增减挂钩办法，地票的来源则除了农民宅基地以外，还有农村乡镇企业用地、公共设施用地和公益用地。也就是说，城乡建设用地增减挂钩其实并非像它字面上显示得那样公平对等挂钩，而是乡村各类建设用地与城镇房地产用地挂钩。

这种隐秘的不对等在货币化的地票交易时就不能不公开显露出来，如地票种类有否分类？是否不同用途土地来源的地票都可用于房地产开发？地票是否是房地产开发拿地的必要条件？如果是，那么是否意味着地票的供给就决定了房地产开发的规模？如果不是，谁拿房地产开发用地需要地票，谁又可享有特权进行房地产开发无需地票（实际上重庆、成都已出现了这种歧视性资格的问题）？非房地产开发用地是否需要地票？是否按其来源和使用区分不同性质（如商住、工业等）不同类型的地票？显然，这些定义中的任何差异，都会直接影响乃至左右地票的市场价格定位。

第四，地票市场价值的区域专用性。地票本身并不是开发商真正需要的城市建设用地，而只是取得城市建设用地的一个凭证。地票的价值取决于地票落地处的土地市场价格。因为归根结底，开发商要拿的是城郊土地，而地票只是一个敲门砖或附加条件。落地处的土地市场价格，主要由当地的房地产市场状况决定。而土地价格仅成本就包括了土地的征收拆迁补偿费用、净地出让时的土地整理费用、相关税费等各种费用。很显然，在任何情况下，地票价格只能是落地处土地价格的一个部分。

因此，在一个县城或小镇周边，建设用地市场价格不高，地票价只能很低，否则地票比建设用地的市场价格还高，开发商谁也不会去买这种地票。而越是靠近大城市的土地越紧缺、房地产用地价格越高，自然也就能承受高得多的地票价格。因此地票的价格完全取决于它将在哪里落地以及在这个落地范围内的房地产供给需求关系。在地票的落地点和落地范围很不确定或带有很大的行政决定色彩时，地票就无法获得稳定的内在价值。

第五，区域性与全国性地票市场的二律背反。由于我国农民迁移的典型形式是从中西部到沿海发达地区和大中城市打工，农民工的就业地和安居地往往不是其户籍和宅基地所在的地区。这样，由农民工进城引发的土地开发权转移的需求会集中表现在沿海城市，而他们在这些城市和省份又无地票可兑现，所以目前严格限制的本区域本市县的土地挂钩和地票交易就对异地就业的农民工市民化帮不上忙。但是，如果发展全国统一的地票市场，就有一个更大规模的我国现行行政无偿分配用地指标与地票比例的关系问题。而且由于越是偏僻和交通不便的内地或山区等地，农村建设用地的市场价值越是低廉，而越是沿海一线城市，取得地票用于房地产建设的动力和实力越强，这样在一个全国性地票市场上，必然形成边远地区的地票全部向一线大城市集中，这显然不是我们的城市布局和规划部门所乐意看到的。

同时，在一个全国性的地票市场上，如果地票价格较高，就会严重挤压中西部地区和中小城镇对建设用地指标的需求；而如果地票价格较低（考虑到我国地域辽阔、农村建设用地存量巨大，这也是较大概率事件），那么它一方面会大大刺激沿海大城市的盲目扩张，另一方面对于在沿海城市就业的农民工落户又帮助太小。因为在以异地流动和就业为主要特征的城市化背景下，农民工市民化恰恰需要的是他们能够在就业城镇付得起安家费。换句话来说，农民工最需要的是他们远在家乡的地票，能够以他们就业城市的本地价值兑现。而这一点恰恰是无论局限于本地增减挂钩的地票市场还是全国性统一地票市场都不能提供的。这恐怕是正处在城市化阶段的发展中国家都没有出现土地开发权转移市场的原因，而仅仅是在美国这个后城市化国家，由于历史上独特的开发权分配造成的少量富余，才出现有限零星交易。

第六，地票或宅基地与农民进城落户挂钩的歧视性。地票或产生地票的农村宅基地在农民当中并不是平均分配的。在农村二次土地承包实行"增人不增地，减人不减地"之后，现在有相当多的年轻农民都没有农地和宅基地，从中小城镇向大中城市迁徙的移居者当然就更没有宅基地或地票，因此地票制度在解决移居就业者的安居这个普遍公民权利问题时，还会带来新的歧视性和选择性，造成分配不公与扭曲。

另外需要指出的是，行政性指标的模拟市场交易特别容易产生的弊病就是对策对于政策的扭曲。如在耕地占补平衡中，现在各地纷纷侵占良田而在山坡乃至山头上毁村造耕田凑数，从而造成资源的进一步巨大浪费和生态破坏。[①] 而城乡建设用地增减挂钩在实践中全部变成了城镇房地产开发用地与农村村庄等各种建设用地包含公益用地挂钩。房地产开发和土地拍卖的巨大利益，严重扭曲了城市化过程随农民正常迁移而需要进行的农村土地的合理化整理事业，抢夺了农村为了农业现代化所需要的建设用地，并造成了为了要用地指标而强迫农民并村、不是去城镇而是在农村上楼的怪现象。

由于这种模式违背了基于农民自主的市场选择，偏离了城市化发展让

---

① 这样的例子媒体上也有大量报道。如据 2013 年《南方窗》杂志援引郴州市林业局村政科长曾小村的话说，当地在占补平衡和增减挂钩中造出农地有 70% 无法耕种。

农民进城的大方向，就难免在今后造成更大的资源浪费和发展弯路。① 实际上，由于地票的利益驱动，城乡建设用地增减挂钩与内生的农村土地的合理化整理事业产生直接矛盾和脱节，各地也包括重庆的许多所谓"宅基地复垦"并未成块成片整理成良田，只是应付验收指标的应景文章，验收过后由于缺乏耕种价值仍然大量荒芜。②

四、经验总结：地票失败源于增减挂钩内在缺陷

综上所述，地票这种货币化形式所暴露的，其实是城乡建设用地增减挂钩制度本身的问题。城乡建设用地增减挂钩从实践来说，是解决地方城市建设用地指标不足（其实是建设用地指标无偿分配导致的指标饥渴症）的"便宜之计"，以便国家实现城乡建设用地总量控制和保护耕地的目的。而本来不可移动的土地移动起来，依据的又是土地开发权转移和再分配的道理。

有人认为，在规划管理造成规划区内外开发权不平等，因而有必要再分配的情况下，我国的建设用地增减挂钩，既实现了土地开发权还农，又实现了权利的空间交换，是政府全面征用农村土地基础上向农民还权让利。"'挂钩'政策的实施则通过建设用地的异化使用，实现了规划圈外的土地使用者在一定程度上分享土地发展权，实现了土地发展权的空间交易。"③ 这个观点当然比那种认为处在城市规划内的农民应当独享土地开发

---

① 贺雪峰认为，"通过增减挂钩实现的城市向农村的利益输送，在两个方面造成了浪费，一是拆迁了一些本来不该拆的房子，造成不必要的资源浪费；二是让一些本来可以进城也应该进城的农民留在了农村，他们在农村建了房（以享受输送来的利益）从而降低了进城购房的能力和意愿。因为以上两个方面的浪费，通过增减挂钩实现的城市向农村输送的利益到了农民那里，虽然也有，但不那么多。"《地权的逻辑Ⅱ》，东方出版社 2013 年版，第 203 页。

② 《重庆地票四年》，经济观察报，2013 年 6 月 21 日。顺便指出，相对于受到高度曝光和宣染的地票试验，不受关注的重庆户籍制度改革其实反而更值得重视。重庆市在过去几年内已安置了 300 多万本地农民工进城落户，2013 年上半年又有数十万农民转户进城，农民工市民化已进入常态化。因此，尽管重庆作为西部城市有一定的非典型性（中国更大的难题是沿海城镇异地务工流动的农民市民化问题），但重庆这样的直辖大都市在户籍制度改革方面迈出的大步，显然具有重大意义。

③ 乔润令、顾惠芳、王大伟等著《城乡建设用地增减挂钩与土地整治：政策和实践》第二章"城乡建设用地增减挂钩的理论与政策"，中国发展出版社 2013 年版，第 37 页。

权的认识大大前进和深化了一步。

不过，把土地开发权的再分配与建设用地增减挂钩制度直接画等号则存在很大的跳跃。因为规划区外土地权利的普遍补偿涉及全国农民的普遍权利和交易选择，这和我们目前由政府操作、限定范围和数量的少量试点当然不是一回事，其开发权即建设用地挂钩指标的供给也完全不是一个数量级。更重要的是，我国的城乡建设用地指标增减挂钩只是国家每年大量行政分配城市建设用地指标的一个边际补充，城市建设用地指标分配并不取决于少量的乡村建设用地指标的转移。这个每年按国家计划层层分解的建设用地指标才是土地开发权分配的真正主体。离开了这个绝对主体的土地开发权分配，我们当然根本不可能回答城市化转型的主题即农民变市民的各种挑战。

这样看来，要真正解决异地农民工市民化这个城市化的最大挑战，我们还不能孤芳自赏，沉湎于我们自创的所谓城乡建设用地增减挂钩其实只是与房地产建设挂钩这种行政指标管理制度，或执着地发展其高度货币化从而必然放大其缺陷的地票即指标交易模式，而要借鉴由实践检验过的、一般市场化的、城市化的道路和模式，从而或者移植别人已经成功的一般经验，或者在借鉴这种经验的基础上，发展出中国新型城镇化所迫切需要的本地地票、"异地"（就业地）兑现的特殊市场来。

第七章
土地开发权的分配：理论与海外实践

　　不少人以为，政府掌控土地开发权是中国特殊的城市土地国有制和农村集体土地所有制这个二元体制的产物。而实际上，即使在城乡均为土地私有制的国家，土地开发权也成为独立于土地所有权的重大财富分配形式。因此，要厘清土地开发权分配的真正线索，我们还需要把视野拓展到更宽阔的领域。

现代工业化和城市化的发展，使土地的非农用开发权与所有权分离，而土地开发后的市场价值，经常若干倍于土地原先农业使用的价值，这样即使在土地私有制的国家，土地开发权也成为独立于土地所有权的重大财富分配形式。而在城市化特别是后发国家快速城市化的过程中，随着城市土地价值的迅速增值，它甚至是财富具有最普遍和支配地位的分配形式。只是由于我国在制度上将具有非农开发权的城市土地规定为国有土地，而将绝大部分农村土地规定为集体土地。所有农村土地必须先征为国有才能开发转让出售，因而不少人以为，政府掌控土地开发权是中国特殊的城市土地国有制和农村集体土地所有制这个二元体制的产物。因此，要厘清土地开发权分配的真正线索，我们还需要把视野拓展到更宽阔的领域。

第一节　土地开发权分离的经济学探讨

一、经济学解释：土地的位置垄断与外部性导致市场失灵

完整的财产权利包括了所有、占用、使用支配和交易的权利。为什么唯有土地的所有权会与其非农使用即开发权产生分离？一般的经济学教科书中没有专门的讨论，但从经济学的一般原理中还是可以引出相应的结论。

因为工业化引起人们城市集聚的土地非农开发，正好集中体现了基于私人产权的市场经济的两个失败：垄断和外部性。土地开发的三个市场黄金定律是位置、位置、还是位置，而城区土地的地理垄断性限制了竞争性的供给。同时更为重要的是，城市化开发中土地的价值不取决于其自然属

性如肥沃程度，甚至也不取决于某块土地本身的地理位置和开发投入，而是取决于土地的政府规划、周围的基础设施、交通状况、人口资源等等环境外部性。同理，一块土地的开发方式和程度（如用途、开发密度、建筑高度等）又会进一步对周边土地产生很强的外部性。这种垄断和外部性的叠加，可以认为是现代土地所有权与土地开发权普遍分离的经济学原因。

诚然，按照科斯在"论社会成本问题"一文中的意见，即使存在外部性，如果交易成本为零，那么，"政府无须介入，无论起始财产权为何方所有，只要交易可以自由协商，最后都会使资源配置达到最优"。但是，由于交易成本的存在，科斯也指出："当外部负效果使得受影响团体有很多时，交易成本可能变得很大，以至于无法通过协商有效地解决外部性问题时，应当透过政府部门以规定方式行之。"① 显然，城市土地利用的政府规划是处理这种因聚集产生众多交叉外部性的典型案例。

二、哈耶克观点：私人产权原则在土地问题上的例外

有意思的是，哈耶克作为自由经济的旗手，是私有产权最坚决的捍卫者，但即便是他，也看到了由于外部性的存在，私有产权的通常界定在土地特别是城市土地问题上的局限性。他在《个人主义与经济秩序》一书中指出，"人们通过追求自己的利益尽可能对其他人的需要作出贡献，这完全可以通过产权的概念来完成"，"但是涉及土地时，就会产生一些更为棘手的问题，在这方面，承认私人产权原则对我们帮助甚小，除非我们清楚知道所有权所包括的权利和义务的真切意义"。"就产权法而言，我们不难看出，那些对普通的可移动的'物'或'财产'足以适用的简单规则，并不能无限制地扩大适用范围。我们只需看看与土地有关的问题，尤其涉及现代大城市市区土地的问题，就可以认识到，那种建立在某一特定财产的利用只关系到其所有者利益这一假设基础上的财产概念，根本不可能

---

① 科斯：《论社会成本问题》，载 *Journal of Law and Economics*，1960 年。

成立。"①

　　哈耶克认为，文明与城市生活密不可分，"城市生活的紧密近邻关系使得任何作为简单的产权划分基础的假设失效。在这些情况下，认为无论所有者如何使用自己的财产，都只是他自己的事，不关他人的事。——这种看法只是在有限程度内适用。经济学家们所称的'近邻效应'，也就是说，一个人使用自己的财产对他人财产的效应，具有越来越大的重要意义。事实上，在一个城市里，几乎任何一件财产的可用性部分取决于财产所有者的直接近邻如何使用自身的财产，部分取决于市政部门的公共服务，没有这些服务，各单个所有者就几乎不可能有效地利用土地。"②

　　"由于在密集近邻关系中，价格机制只能不完全地反映一位房产所有人的行动可能对其他人带来的利益或损害，因此，私人财产权或缔约自由的一般准则没有为解决城市生活所引起的任何复杂问题提供直接的答案。即使没有拥有强制权力的当局，大单位的较大优势有可能推进新的法律制度的发展——即导致了在决定应开发大区的特征的一级权利持有者和使用较小的单位的、在前者确定的框架内有权决定特定二级权利所有者之间的控制权划分。从许多角度看来看，有组织的市政当局正在学习行使的职能相当于一级权利所有者的职能。"③

　　显然，哈耶克所说的这一级权利持有者与二级权利所有者的关系，就是我们今天讨论的土地开发权管理与财产所有权之间的关系。当然，哈耶克尽管承认至少是框架性的城市规划的不可避免性，但他本能地警惕这种规划对市场可能的排挤和扭曲。因此，他提出了如下的解决办法：

　　"实际主要的困难来自于大多数城市规划措施会提高一些房地产的价值，又降低另一些房地产的价值这一事实。如果这些措施会发挥有益的作用，那么收益之和必须大于损失之和。如果应当实现有效的损益平衡，那么因一项措施引起的所有损益均有必要归口规划当局管理，它必须有能力

---

① 　哈耶克：《个人主义与经济秩序》，复旦大学出版社 2012 年版，第 124 页。
② 　哈耶克：《自由宪章》，中国社会科学出版社，2012 年版，第 516 页。
③ 　哈耶克：《自由宪章》，中国社会科学出版社，2012 年版，第 516—517 页。

承担责任，收缴房地产所有人的房地产增值（即使实施那些引起增值的措施违背了某些所有人的意愿），而对那些房地产价值受损的人提供补偿。这是可实现的，不需要授予当局任意处置权和可不控制的权力，只需赋予它仅以公平市场价充公不动产的权利。这一般足以使得当局不仅有能力收缴因它的措施带来的所有的房地产增值，而且有能力买空那些因为该措施减少了他们的房地产价值而反对这项措施的人的房地产。"

"在实际操作中，当局一般不必收购，而是凭借它强买权力，有能力与所有者议定一笔双方同意的收费或补偿金。只要当局的唯一强制权力是按市场价值充公房地产，所有合法权益都可获得保护。它当然会是一种美中不足的工具，因为在这种情况下，市场价值不是一个清晰的量度，而且有关什么是公平市场价的看法也可能大相径庭。但是，重要的是，这些争议可以最终由独立的法庭作出裁决，而不需留待规划当局的斟酌处置。"①

不难看出，哈耶克的解决办法是对城市规划造成的土地财产权的改变和价值转移，进行基于市场价值的再分配。只是很显然，哈耶克这种对所有规划受益者征收费用去补偿规划受损者的主张由于成本太高（受益和受损者的范围和程度无法度量，更达不成一致意见），从未有一个国家或城市实行过。但我们不能不承认，哈耶克对任何城市规划管理都会造成土地财产价值转移，因而有必要再分配的认识是深刻的。现代城市经济学的研究进一步揭示，城市的产生就是人们进行空间即区位选择的结果，而这个区位选择的基础就是集聚的规模经济、公共产品和外部性。这使得城市土地的利用不再仅仅是土地所有者或使用权人的私人事务。

三、开发权困境：规划管理引起的"意外收益与受损"

在规划管理下的土地开发权问题，主要是由于美国的一个特殊条件和实践（详见本章第三节），从 20 世纪 70 年代开始引起了较多的讨论。哈耶克的紧密近邻关系被进而概括为邻地的相互依赖效应（interdependencies）。这

---

① 哈耶克：《自由宪章》，中国社会科学出版社 2012 年版，第 527–528 页。

个邻地的相互依赖效应即叠加外部性，被认为是完全竞争的土地市场无法实现土地最佳利用的原因。引入政府的分区规划管理，可以在一定程度上校正土地利用的低效，但会带来土地开发收益的不公正分配，即造成土地价值因规划而发生的重新分配。特别是在规划区内的土地会普遍获得开发升值，而规划区外的土地则会因开发权限制或丧失而贬值。

这样，分区规划管理在实现一定目标的同时，也带来了一种被称为"意外收益与受损"的困境（Windfall-Wipeout Dilemma），导致不同的土地所有者或使用权益者遭受无端收益或损失的局面。[①] 因此甚至有人提出，如果以土地开发权的市场交易去取代政府的规划管理，或可到达在私有产权下土地利用的最优状态。[②] 但总起来说，这还仅仅属于基于美国特殊的土地开发权转移而进行的理论探讨，土地开发权的自由市场交易即使在美国这样市场体系完备和充满金融创新机遇的国家，还远远没有成为现实，也看不到可能出现的前景。规划管理所确立的土地所有权与开发权的分离还是牢固地占据着统治地位。在规划管理前提下的土地开发权转移（注意，美国人用转移而不用交易是很准确的），是行政安排、零星和不连续的类市场交换。

更为重要的是，即使在早期缺乏规划管理的自发城市化经济中，大量缺乏区位优势的土地也只能适于农用而没有什么开发的市场价值。规划管理固然提高了规划受益圈的土地价值和降低了规划受损区的土地价值，但基于规划的开发权转移又会给原本不具有市场价值的土地人为地增加了

①　Dennis R. Capozza. The Stochastic City . *Journal of urban economics* 28 ,187-203（1990）Richard L. Barrows and Bruce A. Prenguber. Transfer of Development Rights：An analysis of new land use policy Tool［J］. *American Journal of Agricultural Economics*, 1975, 57（4）：549 - 557. James T. Barrese. Efficiency and Equity Considerations in the Operation of Transfer of Development Rights Plans［J］. 1983, 59（2）：235 - 241. William A. Fischel. A Property Right Approach to Municipal Zoning［J］. *Land Economics*, 1978, 54（1）：64 - 81. David E. Mills. Is Zoning a Negative-Sum Game?［J］. *Land Economics*, 1989, 65（1）：1 - 12. WilliamK. Swank. Inverse Condemnation：The Case forDiminution in Property Value as Compensable Damage［J］. *Stanford Law Review*, 1976, 28（4）：779 - 804.

②　David E. Mills. Transferable development rights markets. *Journal of Urban Economics*, 1980（7）：63 - 74.

"开发价值"，如我国增减挂钩中用指标价格对偏远乡村宅基地的补偿，从而对土地优化利用和市场价值形成造成新的扭曲。这些问题都悬而未决，或许是土地开发权的讨论在美国也只是主要局限于土地经济学领域而没有进入主流经济学视野的原因。尽管如此，这方面的个案讨论和文献深化了人们对规划管理与土地开发权转移分配之间关系的认识。

如果说发达国家只是在后城市化语境下讨论土地开发权问题，那么这个问题对于正在实现城市化转型中的发展中国家则有完全不同的意义。因为与早期工业化国家经过几百年时间逐步实现城市化不同，第二次世界大战之后的众多发展国家，在发达国家的先行实践、示范和拉动影响等综合作用下，经常是在几十年的时间内快速实现城市化的。在这个过程中，往往是占一国人口的多数要从农村进入城市居住，从而产生了紧迫的土地权利再分配问题。现代国家对土地开发的规划管理，限制了广大农村区域土地开发权利而又赋予城市及其周围地区以开发的特权，本身就是一个土地开发权大规模的转移过程，这就不可避免地产生了将原本已经分离出来的土地开发权进行超越土地所有权和使用权的公平分配的必要性和紧迫性。

第二节　土地开发权与所有权分离的历史过程

一、历史上早期的土地用途管制与规划法令

实际上可以想见，只要地球上开始有城市，就会有最简单和最原始的土地利用干预。许多早期的城市出于防火或公共安全的原因，限制在居民区或商业区中一些危险或有害物质的储存和生产，可以被看成是原始的对土地利用的限制。如人们知道的 1573 年西班牙菲利普国王在建立殖民新城时，为了居民的环境卫生就下令将屠宰场建在城市的外围。1580 年英国政府的公告中写到"伊丽莎白一世下命令，禁止或不允许任何人……在离伦敦城门 3 英里内的任何地方建造住房和公寓……没有任何一届的议会允许

在这些地区建设如此的生活区"。① 1632 年 1 月 7 日美国曼城剑桥镇发布了一个条令，要求所有的新建筑必须得到镇长的许可方能进行，该条令进而规定在剑桥镇内的空余空间被建满之前，禁在镇郊建房。所有房屋还必须符合统一的限高要求和按规定的样式做顶。

当然，全面的城市土地使用和分区管制是近代的产物，而且从最早孕育工业革命而又地少人多的西欧国家开始。工业革命导致的城市规模的迅速扩大和膨胀，以及无序发展和各自为政导致城市环境的恶化与由此引发的流行疾病的蔓延，推动了城市土地用途管制和规划管理，使城市土地所有权与开发权分离。1875 年普鲁士颁布的《建筑法》标志着最初的都市计划的确立。1909 年英国诞生了《住宅与城镇计划法》，该法授权地方政府拟定土地开发使用规划方案。

甚至像美国这样的移民国家，随着从拓荒的农业乡村社会向定居积聚的城市化社会转变，特别是 19 世纪建筑技术的进步和摩天大楼时代的来临，起始于建筑高度限制的规划和分区管理也迅速发展起来。20 世纪前 20 年，基于土地用途和建筑规划管理的分区条例已经在全美各地普遍出现。1924 年，美国联邦政府商务部公布了首个《土地使用分区规划标准授权法案》（Standard State Zoning Enabling Act）。这个法案以及随后发布的《城市规划标准授权法案》（Standard City Planning Enabling Act）为各州和地方政府实行对土地的用途管制和规划管理提供了法律基础。各州纷纷立法，准许各县市地方政府制订土地用途和建筑标准的分区规划。

二、标志性判例：欧几里得村 v. 安布勒公司

不言而喻，土地的用途管制和规划管理，是对私人财产所有权的严重限制和巨大挑战，因此这种限制的必要性无论看起来如何合乎情理，但在美国这个以尊重私人财产自由权立国的移民拓荒国家最初并非没有受到挑战。1926 年，美国俄亥俄州克里夫兰市郊区的欧几里得村为了防止工业向

---

① Abercrombie. P（1945），Greater London Plan 1944（HMSO，London）.

本村的蔓延而做出了本地的分区规划规定，一块由一个叫安布勒的私人公司所有的 68 英亩土地恰好被规划为 3 种使用用途以及相应的不同建筑高度等限制。由于当时每英亩工业用地的价格为住宅用地的 4 倍，土地所有者起诉地方政府的分区规划侵犯了其财产权，降低了其土地价值，违反了宪法对私人财产权的保护，要求判决地方政府取消管制规定，或对由于规划造成的财产损失给予他补偿。

这个案件起初在初审法院获胜，最后欧几里得村将案件上诉至最高法院，结果美国最高法院推翻了初审法院的判决。最高法院裁定，只要规划条件有合理基础和并无歧视性，规范土地包括私人土地的规划使用权限是地方政府维护公共安全、公共卫生、公共道德与公共福利的治安权〔又称警察权（Police Power）〕的一部分，并同时否定了土地所有者因土地用途受限而推算其可能损失的补偿要求。① 在这个美国历史上著名的欧几里得分区案判例之后，美国各地普遍建立了分区规划条例。这样，地方政府的土地利用规划权，实际上是将土地非农使用的开发权与所有权分离得到了最终确立，以至分区规划后来被很多人习惯地称为"欧几里得分区"。②

三、西欧与东亚经验：不断强化开发权管制

在人多地少、人口资源环境压力显著的西欧，可能是因为在这种情况下土地利用的外部性是如此明显，也许还因为早前的资产阶级革命本来就有过对封建土地所有制的冲击和限制，因此同样在 20 世纪初兴起并日臻完善的土地利用规划几乎没有受到任何认真的挑战。英国在 1947 年由工党政府重新修订和颁布的《城乡规划法》甚至确立了土地开发权的国有制及开发许可制，即未经申请开发许可不能开发，取得开发许可还要交纳"开发

---

① List of United States Supreme Court, Volume 272, Village of Euclid v. Ambler Realty Co. - 272 U. S. 365（1926）

② 在 1928 年 Netow v. City of Cambridge 一案中，美国最高法院多少平衡了一些自己的立场，在这个案件的判决中，最高法院否决了地方法院维护规划的意见，认为既然有权威的报告指出相关规划并不能提高这个地区的健康、安全、便利和一般福利，而且地方法院也认可这一报告结论，那么这时对私人财产权的限制就不能成立。

捐"。后来的保守党政府虽然将100%的"开发捐"予以废止，转而要求土地开发者承担规划中的部分公共设施。但后来的历届政府在总的方向上则是对土地开发规划的管理和强制执行程序不断强化和完善。到了今天，英国公民在自家院子里建造任何房屋甚或搭建阳光房，均要预先得到规划许可。违反规划的建筑会被当地规划部门诉之法院，强制拆除。

德国则是更发展出了现今世界上最完备的土地空间计划体系。早年德国的《魏玛宪法》就明确宣告："所有权包含义务，所有权之行使应当为有利于国家之管理。"因此，作为大陆法系国家，德国的整个土地利用规划体系建立在强有力的法律基础之上。从联邦到各邦、区域及县市乡镇各个层次的规划相互衔接补充，规划体系极为严谨。德国坚持"建筑不自由"原则，严格推行"无计划地区则无开发"的管制方针，形成了稳定的土地利用秩序。其舒适的都市与美丽的乡村田园风光，以及二战后半个多世纪长期稳定的房地产市场，在国际上普遍得到高度的评价。

东亚国家由于人口资源条件比欧洲更紧张，又缺乏西欧当年经过几百年时间逐步实现工业化和城市化、并可大量向海外殖民地移民的历史条件，发展的空间就显得更为窘迫。因此，东亚的后发赶超型经济体如日本、韩国和我国台湾地区，在经历了各自最初的摸索和弯路后，都基本借鉴了西欧特别是德国的土地规划管理制度，对私有土地的非农开发权进行严格限制。

日本《土地基本法》在第一章总则的第二条就直接明确"土地无论现在与将来都是用之于民的有限的宝贵资源，是国民进行各种活动的基础。土地的利用与其他的土地利用活动具有密切关系。土地的价值主要依据人口和产业的动态、土地利用的动态、社会资本的配置状况等其他社会经济条件的变化而发生波动。鉴于土地与公共利益关系所具有的特点，规定土地优先用于公共福利"。可见，这与国内许多人认为私有土地就完全可以由私人支配，不必优先服从公共福利的认识，可谓相去甚远。

日本实行严格的农地保护制度，在二战结束、农地改革时已对土地分类画线，其《农地法》第四条规定"登记注册的专业农户未经许可擅自将农地转为自家住宅用地的，终止建筑工事，地面建筑拆除及复垦费用由本人负担，视其情节处以 3 年以下有期徒刑及 300 万日元以下罚款"。申请用农地建房要经当地农民自治体同意后层层过关直至省一级的议会讨论，并由省一级最高行政长官签字。同时中央一级还保有最后的否决权。个别确有理由且得到批准的农地转自用宅地还带有附加限制条款，即若住宅在建成 20 年内遇城市规划扩展征用，该土地必须仍按农地使用价值补偿。[①]

韩国和我国台湾地区由于二战前就长期在日本殖民统治下，同时二战后城市化发展的高速期中，韩国长期是军事独裁政权、我国台湾地区是在蒋家父子的戒严令统治下，因此，它们的土地利用规划除了受到日本较大影响外，还具有更大的威权强制性。

第三节　土地开发权在不同权利主体间的分配

一、经验考察：美国的开发权转移

应当看到，1926 年美国"欧几里得分区"裁决案确立的地方政府的土地利用规划权，只是一种消极权力。即政府的规划权以及因规划而给土地所有人带来的潜在利益损失不作补偿，只是针对未来发展的规划和限制，而并不包括对土地现状的改变。换句话说，政府规划权的确立等于一次性拿走了全体土地所有者今后想自由开发的权利，从此任何开发必须符合规划并得到许可；但是，对之前已经开发的土地和建筑物，政府并没有随意改变现状和拿走的权力。

正是秉承这种法律精神和基于拓荒农业的历史，美国成为世界上土地开发权管理的例外国家，其农民（美国农业主要以家庭农场方式经营，故农民也即农场主）除现有住宅外，在自己的农地上还额外拥有少量未使用

①　《农地转用许可制度》，日本农林水产省，http://www.maff.go.jp/j/nousin/noukei/totiriyo/t_tenyo/及日本《民法》第 162 条。

的土地开发权。与中国农民按照成年单独立户的家庭可免费获取分配的宅基地不同，美国是按照农场面积大小来确定土地所有者在现有住宅以外的土地开发权。考虑到美国历史上农场主可以自由圈地拓荒，并自然拥有随便盖多少房子的权利，这点保留的开发权也可以说已经是对他们以前拥有权利的极大剥夺和限制了。

举例来说，如果某一农业划定区所设定的农场永续经营的最小规模为160 英亩，则农场主在每 160 英亩（近千亩）土地上就拥有建构一栋非农住宅的开发权（1 dwelling unit/160 acres），在一些人口稠密、深耕细作的农业区，也有允许土地所有者在每 5 英亩（约 30 余亩）农田中就有建一幢住所的土地开发权。因此，如果在这个地区，一个农场主拥有 20 英亩的农场，那么他就拥有 4 栋土地开发权，即除他现在居住的一处住所外，他还拥有另建 3 处住所的权利。在土地开发权部分私有的情况下，美国政府及非盈利组织通过向农民购买土地开发权（Purchase of Development Rights，PDR）的办法，实现农地保持、环境保护和其他规划目标。土地开发权价格等于土地农业使用价值和非农使用市场价值的差额。

由于拥有大片土地的农场主并不需要在自己的农场使用开发权去建自己用不着的住所，农场主往往自愿出售自己所有土地上的土地开发权，这样出售完开发权的土地就变为永久农用地或农业资源保育地（PACE）。除此之外，美国几乎所有州还实行优惠评税制度（Preferential Tax Assessment），即在课征农场主的财产税和遗产税时，对农场中的农业用地按照农地的使用价值课税而对宅地和其他非农地则按土地的公允市场价值来课税，这样也推动农户出售或放弃多余的土地开发权。

美国近些年来还在局部地区开展开发权转移（Transfer of Development Rights，TDR）[①]。开发权转移是把农业区域的土地开发权转移到城郊地区使用。这样一方面扩大了耕地和农地保护，另一方面又以半市场化的办法

---

① Transfer of Development Rights（TDR）Program, *King County*, *Washington*, http://www. kingcounty. gov/environment/stewardship/sustainable-building/transfer-development-rights. aspx.

解决了城市和城郊发展的土地开发权不足的问题。每一个土地开发权转移项目都要选择合格的开发权输出和开发权接受区，以便衔接供需，形成相对稳定的开发权转移价格。美国的土地开发权转移大多是在市、县范围内，也有个别的已发展成为不同市县之间的跨区域转移安排。在城市和城郊接受区的开发商通过购买土地开发权，往往被地方政府给予规划方面的激励，如可增加开发密度或建筑高度。所以，土地开发权转移主要并不是简单的可开发土地面积的转移，而是面积扩大、密度或高度增加的灵活搭配。

二、开发权分配：规划权归政府，收益权社会分享

由此可见，国内有人在介绍美国的开发权转移时，把美国由规划确定的极有限的土地开发权，包括其购买和转移，说成是美国私人土地所有者自然拥有土地的全部开发权，政府不让开发就得花钱向土地所有者去购买，是对美国土地开发权分配和政府规划权的极大误解。因为美国的土地开发权并不归私人，而只是由规划认可保留的那一小部分才归私人即归土地所有者。英国和欧洲的土地开发权也并不简单归公。如前所述，英国工党政府试图将土地开发权国有化的努力并未成功。从现代西方市场经济法治社会的实践来看，土地开发权既非国有，也非私有，也不能界定为政府与土地所有人之间分享的权利，而是一种社会相关利益方共享的权利。政府拥有的分区规划管理权力可以基于公共利益界定乃至分配土地开发权，但政府无权将其据为己有，并当作国有财产去出售。

我们看到，在西方社会中经常发生的情况是，当土地所有者申请较小的改建扩建时，如果是在规划制定的规则许可的范围内，又没有利益相关方或邻居们的反对，经过规划批准（当然也常常可能不被批准），土地所有者或使用权益者就可以取得这部分开发权而无需支付任何费用。在这种情况下，可以说土地所有人分享或取得了一部分土地开发权。同样我们也看到，在许多国家土地所有人在申请较大的改建扩建时，往往需要无偿交出部分土地用于公益使用以换取规划改变，这时又可以说，土地开发权被

做了基于改进社会相关利益方的再分配，这里的土地所有人可能参与分享
了或完全没有分享到土地开发权的再分配。

简而言之，政府掌控的规划权力使其在土地开发权分配中成为切蛋糕
的人，但是，切蛋糕的人不能自己优先或随意拿蛋糕，而怎样切蛋糕，又
要受到社会的监督和相关的制约。

美国宪法第五修正案所确立的征收私产必须是为了公共使用和进行公正补偿，几乎成为当今文明世界的通则。问题的焦点在于公共使用和公正补偿的定义。

正如上一章指出的，政府对土地的规划权只是管理土地开发权的消极权力，而政府对土地的征收则是管理土地开发权的积极权力。土地或其他财产征收在美国被称为 Eminent domain，即政府使用公权力拿走私人财产为公共所用；在英国被称为 Compulsory Purchase，即强制购买。这样我们就看到，如果说美国部分农场主拥有少量额外的土地开发权只是特例，那么，美国宪法第五修正案所确立的征收私产必须是为了公共使用和进行公正补偿则几乎成为当今文明世界的通则。问题的焦点在于公共使用和公正补偿的定义。

第一节　法律原则一：“公共使用”原则

根据美国宪法第五修正案的征收条款（Taking Clause），征用私产必须是为了公共使用而且必须支付公正补偿（nor shall private property be taken for public use，without just compensation），同时还必须遵循必要的法律程序（due process of law）①。美国法院在后来的判例中还进而认定，不恰当地限制使用造成土地所有者承受过重的负担，已经具有征用的特征，因而也应当给予适当的补偿。

一、“公共使用”原则由严到宽的法律演变

一个有意思的现象是，虽然美国最高法院一直不愿意让立法机构更不

---

① 这个 due process of law 又被称为必要法律程序条款，在美国宪法第五和第十四修正案中都被强调，被认为是在即使有充分依据剥夺个人生命、自由或财产时不可或缺的步骤。这一点不仅在美国，而且在绝大多数市场经济法治国家都是通例。

用说各个州自己去定义什么是公共使用，但自己也从来没有像其他宪法用语那样，对"公共使用"（Public Use）作出司法解释，而是给自己留下了宽松定义的空间。从历史发展过程看，美国法律对公共使用的解释总体上经历了一个从严到松的过程。

在美国建国初期，当时美国的宪法制订者（主要是一批有产者和律师等有地位的专业人士）深受自然法财产权利思想的影响，私有财产神圣不可侵犯、严禁政府权力对私权干预的精神深入人心，这与欧洲在反封建时代确立的"风能进、雨能进，国王不能进"的私有产权理念是一脉相承的。这也是在1791年通过的美国宪法第五修正案即征收条款中，立法者选用"公共使用"，而非"公共目的"或"公共利益"的原因。在1798年Calder v. Bull 案件中，最高法院判决，依据宪法，政府无权干涉私人权利包括财产权。① 在1896年 Missouri Pacific R. Co. v. Nebraska 一案的判决中，最高法院认定该案涉及的一项法令不构成政府征用权下为公共使用而对私人财产的征用，于是，最高法院宣布一项已支付过补偿的财产征用无效，原因是缺少正当合法的公共目的。②

不过，在1905年 Clark v. Nash 的案件中，最高法院注意到由于各个地方都有自己独特的情况，公共使用的定义不能不依具体情况而定。因此在这个案件中，最高法院判决一个与水源隔绝的农场主有权拓展其灌溉渠进入相邻的另一个与水源相连的农场主的土地。③ 这与最高法院早前在1832年的一个判例精神相一致，即公共使用并不意味着公共实际占有这块土地，也可以意味着出于维护公共利益和公共福利的需要。这样随着19世纪工业革命的高潮到来，最高法院以及立法机构的态度就明显越来越松动，开始接受如私人股份公司建造铁路、水坝等商业开发可以作为公共使用。应当说在这个阶段上美国最高法院对政府征收日益增多的私人财产的态度

---

① List of United States Supreme Court，Volume 3，Calder v. Bull-3 U. S. 386（1798）

② List of United States Supreme Court，Volume 164，Missouri Pacific Ry. Co. v. Nebraska-164 U. S. 403（1896）

③ List of United States Supreme Court，Volume 198，Clark. Nash-198 U. S. 361（1905）

是在摇摆中总体上不断放宽。

二、标志性判例一：伯尔曼 v. 帕克

被广泛认为具有标志性的判例是 1954 年美国最高法院对伯尔曼 v. 帕克（Berman v. Parker）案的裁决。在此案中最高法院对宪法第五修正案征收条款的"公共使用"作出了等同"公共目的"（Public Purpose）的司法解释（The court ruled that private property could be taken for a public purpose with just compensation）。这个以 8∶0 通过（缺一票是因为有一名大法官去世，新接任者尚未到位）的一致裁定成为后来类似案件的基础，因而被认为具有里程碑的意义。

该案源于华盛顿哥伦比亚地区的再发展计划，该计划决定对该地区落后衰败的区域进行更新改造，改造后将有三分之一的住宅建为廉租房，其他部分将进行住宅和商业开发。伯尔曼先生因在改造区域拥有一个设施完好的百货店要被征收拆除而提起诉讼，认为自己的百货店并非破败房，而且由私营机构参与征收私人财产为另外的一些私人的商业利益服务并非公共使用，从而违反了宪法第五修正案。结果原告在地区法院胜诉。地区法院判定更新改造计划应只限于拆除破落房屋以防止贫民窟化，而不能征收其他私人财产去提高改善该地居民的一般经济或福利。

但是，最高法院否决了地区法院的判决，一致认为这个经国会批准的更新改造计划的实施应当从整体上考虑，即虽然这个地区的某些地块的建筑并未衰落，但从更新改造计划整体看征收仍然是必要的。最高法院认为国会确定的整个地区的改造计划不是基于一个一个的结构（not on a structure-by-structure basis）而是基于整体考虑（The area must be planned as a whole）。房主不能以自己的财产并未破败而拒绝征收。公共使用包括了物理的、美学的和货币利益的公共用途。既然一个区域的更新改造在总体上符合公共利益，那么征收土地的数量、范围，就属于立法机构的权限范

围之内，而司法机关决定的只是公正补偿的尺度。①

　　最高法院认为，"立法机构而非司法机构是公共需求的主要监护人，该公共需求由社会立法来满足（the legislature, not the judiciary, is the main guardian of the public needs to be served by social legislation）"，"一旦公共目的被认为已确立，实施该项目的手段将由国会并仅由国会来决定。（But the means of executing the project are for Congress and Congress alone to determine, once the public purpose has been established.）" 也就是说，"一旦公共目的的问题获得解决（即被确认具有公共目的），为了该项目将被征用的土地的面积和特性以及为完成整体计划所需的某一特别地带，由立法机构自主决定。（Once the question of the public purpose has been decided, the amount and character of land to be taken for the project and the need for a particular tract to complete the integrated plan rests in the discretion of the legislative branch.）"

　　对于征用由私营机构实施或者被征用的财产是否必须由政府拥有，最高法院认为，"通过私人企业的代理机构可以与通过政府机构同样地或者更好地服务于公共目标……我们不能说公共所有权是促进社区更新发展项目的公共目的独一无二的方法。（The public end may be as well or better served through an agency of private enterprise than through a department of government … We cannot say that public ownership is the sole method of promoting the public purposes of community redevelopment projects.）"

三、标志性判例二：夏威夷房屋管理局 v. 米德基夫

　　后来，在1984年Hawaii Housing Authority v. Midkiff一案中，夏威夷地方当局以土地所有权高度集中在少数人手中扭曲了供给，形成土地的寡头卖主垄断现象，造成地价膨胀、影响公共福利为由征收土地，并将房地产所有权从出租方征用并转让给承租方，以减少土地所有权的集中。最高法

---

①　List of United States Supreme Court, Volume 348, Berman v. Parker – 348 U. S. 26（1954）

院就援引上述 1954 年的判例，裁决夏威夷当局打破土地垄断，纠正市场失败符合公共使用的原则，认为征收私人财产为解决社会问题而非为某个或某些特定的人服务，属于政府警察权的范畴。① 最高法院认为："重新分配所有权人可以全权处理的不动产以纠正州立法机构确认是由土地寡头卖主垄断所导致的市场中的不足，是对征用权的合理行使。（Redistribution of fees simple to correct deficiencies in the market determined by the state legislature to be attributable to land oligopoly is a rational exercise of the eminent domain power.）"

最高法院强调，"仅仅通过征用权直接征用财产并首先将其转让给私人受益者的事实，并不证明该征用只有私人目的。（The mere fact that property taken outright by eminent domain is transferred in the first instance to private beneficiaries does not condemn that taking as having only a private purpose.）"最高法院认为，上诉法院把最高法院关于"公共使用"的判例理解为要求政府必须在征用的某一时点上要占有和使用征用的财产，这是对最高法院判例过于狭窄的解读。因此，最高法院不同意上诉法院的观点。（The Court of Appeals read our cases to stand for a much narrower proposition. First, it read our "public use" cases … as requiring that government possess and use property at some point during a taking… We disagree with the Court of Appeals' analysis.）

最高法院指出，"政府并非必须自己去使用被征用的财产以证明其征用的合法性；必须要通过公共使用条款严格审查的应是征用的目的，而非征用的技术方面。（Government does not itself have to use property to legitimate the taking; it is only the taking's purpose, and not its mechanics, that must pass scrutiny under the Public Use Clause.）"最高法院指出，这与其在 1937 Thompson v. Consolidated Gas Corp. 一案的判决中所说"如无正当合法的

---

① List of United States Supreme Court, Volume 467, Hawaii Housing Auth. v. Midkiff – 467 U. S. 229 (1984)

公共目的，即使给予补偿，一个人的财产不得为了另一私人的利益而被征用（… "One person's property may not be taken for the benefit of another private person without a justifying public purpose, even though compensation be paid"）① 两者之间并不矛盾"。

这正如最高法院在 1896 年 United States v. Gettysburg Electric R. Co. 一案中的立场："简言之，最高法院已明确表明，除非（对征用财产的）使用明显地缺乏合理的基础，最高法院将不以自己对什么会构成公共使用的判断取代立法机构（对该问题）的判断。（In short, the Court has made clear that it will not substitute its judgment for a legislature's judgment as to what constitutes a "public use" unless the use be palpably without reasonable foundation.）"②

四、征收权不断扩大的法律分歧：凯洛 v. 新伦敦镇

由于美国联邦最高法院并没有限制各州和地方政府与立法机构征收私人土地去进行有利社区发展的商业开发，征地条款公共使用在 20 世纪下半叶以来的解释变得更加宽泛，从而引起了民间维权人士的质疑和抗议。2005 年最高法院以 5：4 微弱多数裁决通过的凯洛 v. 新伦敦镇（Kelo v. City of New London）案，就反映了美国社会对公共征收边界不断放宽的分歧。

此案中康州新伦敦镇因为一个军事基地被关闭导致当地经济萧条，政府为振兴经济，规划了一个整体开发项目，从而涉及地方政府使用强制征收条款去征收私人土地以引进一个大私营企业（制药公司 Pfizer），并刺激其他开发商进入去进行商业、住宅等建设，理由是这个整体开发计划有利

---

① List of United States Supreme Court, Volume 300, Thompson v. Consolidated Gas Utilities Corp. – 300 U. S. 55（1937）

② List of United States Supreme Court, Volume 160, United States v. Gettysburg Elec. Ry. Co. – 160 U. S. 668（1896）

于经济发展、增加就业和地方税收。① 这个案件引起了最高法院大法官之间的激烈争论。持反对意见的大法官认为，如果这种为了"经济发展"的征用也算是为"公共使用"，那么任何征用都是，这样法院也就把公共使用条款从我们的宪法中删除了。（If such "economic development" takings are for a "public use", any taking is, and the Court has erased the Public Use Clause from our Constitution, as Justice O'Connor powerfully argues in dissent.）这必然严重损害所有私有财产权的安全。

最高法院这次内部严重分歧而勉强通过的裁决在社会也引起了广泛的争论，并促使一些州采取立法行动去阻止这类征收的再次发生。2006 年 6 月，小布什总统颁布 13406 号总统令，提出要限制联邦政府将征收的土地去用于增进私人的经济利益。当然由于美国联邦即中央政府极少征收土地，而这个政令对于各征收土地的州和地方政府并无约束力，但它确实反映了在征收私人土地主要用于商业开发方面美国各界的保留和分歧。

五、各国对征收权适用范围的法律规定

在世界其他国家，对私人财产（主要是不动产）的征收或称强制购买（compulsory purchase）一般也都是需要合乎公共利益和符合法律程序。如欧盟人权宣言称，只有在因一般或公共利益需要时方能启动征收程序。总起来看，虽然各国普遍都说征收要基于公共利益，但在动用征收权的范围上大体可分为三类。第一类是以美国、加拿大、澳大利亚、德国等为代表，公共利益是一个广义的概念，并没有对其范畴进行明确的限定，但是通过立法和其他法律程序对政府的征收权进行严格的限制。第二类是用举例来明确限定公共利益的范畴，如日本、韩国、印度、我国台湾地区等。第三类公共利益既是个广义概念，同时又没有或缺乏法律对征收权的限定，政府自身有很大的裁量权，如中国、俄罗斯和一些中亚国家。②

从表面上看，使用列举法的国家似乎可以更严格地限制征地范围的扩

---

① List of United States Supreme Court, Volume 545, Kelo v. New London – 04–108（2005）

② 《国外土地征用制度比较研究》，国土资源部信息中心，2001 年。

大，其实则往往不然。在用法律和独立的司法权限制了政府征收权力的国家如美国和许多欧洲国家等，政府的征收实际上受到了严格的制约（如前引述的美国最高法院对公共利益的认定，一般不是以政府而是以立法机构即代表公众的议会意见为依据的）。而在后发赶超型经济体如东亚的日本、韩国、我国台湾地区，虽然采用的是列举法，但由于面临快速的城市化转型，列举的范围较宽，征地受限反而少。

如日本的《土地征用法》列举了 35 项可以征用土地的公益事业，包括了公共设施、交通、电讯、水源、能源、石油管道，国家或地方公共团体设置的官厅房舍、工厂、研究所等（31 条），还包括了各种低层和中高层的专用住宅区或准居住区域内经营有 50 户以上的住宅（30 条）。又由于这些所称公益事业在一个区域内的具体位置又不是预先绝对固定和不可改变的，这样即便是协议购买（日本大多数新区和工业团地开发都是协议收购，极少动用征地权），因有潜在的征地权作为后盾，就使政府的公共团体的协议购买具有很大的威慑力。

更重要的是，由于日本在城市化高速起步时的 1963 年就颁布了《新住宅市街地开发法》，该法总则第 6 条规定，"新住宅市街地开发事业由地方公共团体以及地方住宅供给社等，符合本法专门规定的团体实施"。这种唯一买家的规定事实上就垄断了新城区土地的一级开发。同时，如前面提到的，日本《农地法》规定农民无权将自家私有农地改为宅地等建设用地，违者有重罚，开发商无权收购农地更不能改变农地用途，而只有政府的公共团体才有权收购土地进行开发。这样在城郊城乡结合部即日本称之为混在地的农地转用途开发也被垄断。只是在不涉及农地转用的老城区改造，土地权益者才可以经申请批准后进行开发。

根据《都市再开发法》，政府公共团体或"拥有该地区的住宅用地的所有权或使用权的个体或授权成立的开发组织——市街地开发组合可以从事第一种市街开发"。① 同法第 1 章第 7 条第 3 款第 2 项第 3 则进一步规定，

---

① 日本《都市再开发法》第 2 条第 2 款，第一种市街地指低层建筑区。

这些有权开发的个体组合必须拥有该区域内住宅总面积的三分之二以上，在向所在市镇村机关申请后，方可进行第一种市街地开发事业。

我国台湾地区则更是直接将根据城市发展规划的新城区开发列为征地的公共利益范畴，实行整体区域或整个区段的征收。如台湾的平均地权条例第53条、土地征收条例第4条明确规定，有下列各情形之一者，得为区段征收：

（1）新设都市地区之全部或一部，实施开发建设者。

（2）旧都市地区为公共安全、卫生、交通之需要或促进土地之合理使用实施更新者。

（3）都市土地之农业区、保护区变更为建筑用地或工业区变更为住宅区、商业区者。

（4）非都市土地实施开发建设者。

（5）农村社区为加强公共设施、改善公共卫生之需要或配合农业发展之规划实施更新者。

（6）其他依法得为区段征收者。

显然，台湾是把所有新城区建设、旧城改造、土地用途改变（不仅包括农田转建设用地，而且包括工业用地转为商住用地）均列入符合公共利益的征收范围。这与我国台湾地区《土地法》第209条规定"政府机关因实施国家经济政策，得征收私有土地，但应以法律规定者为限"的精神是一致的。台湾的老城区改造和日本类似，也是可以多元化的，即既可由政府主动发起办理，也可以由私有土地所有权人（半数同意）申请政府优先办理，或者由土地所有权人自行组织重划办理。

当然，整个区域或分区段整体征收实际上并非是东亚国家和地区的创造，其实还是移植西欧早期的经验。早在1850年法国公布的《不卫生住宅改良法》，其中就有"各乡镇对于房屋建筑不合卫生之区域，倘非改造房屋及环境，不能达到改进公共卫生之目的者，即得将该区域内之土地，全部予以征收"。因此，区段整体征收原是法、德等国在19世纪城市化过程中的成熟做法。

孙中山的平均地权、涨价归公的思想，应当说也受到欧洲区段征收经验的影响，在 1921 年的《实业计划》中，孙中山针对当时城市扩展导致土地所有者暴富的情况提出，"在建设之前，先划分若干平方公里土地，由政府照所定地价全部收买，而建设完成后，自然土地增值利益，可尽归之公家"。可见当年孙中山先生的关注点是在土地占有严重不均的情况下，如何限制土地成为少数人暴富的工具，至于也要保护土地所有者的权利，限制政府的征收权力则还根本不是他要关心的问题。当然到了现代的法治社会，征收的合法性和补偿的公平性，则是人们不可回避的问题。

第二节　法律原则二："公正补偿"原则

如果说美国最高法院对征收财产的"公共使用"从未给出过明确的司法解释，那么其对"公正补偿"（Just Compensation）的解释则是明确和一贯的，那就是其市场价值。美国最高法院所认定的市场价值，是指在买卖双方都知晓某一财产的各种用途和特殊性的情况下，不受到任何外部压力的市场环境中成交的价格。在这个价格中市场当然也会考虑进这个财产最有利情况下的潜在价值，包括用途改变的可能性等。在土地利用规划有可能被改变的情况下，土地的价值就会比在现行用途和规划规定下有所增加。但这些影响市场价值的因素应当是在合理可能的范围内，即恰如在没有征收的情况下交易双方在考虑各种可能影响估值因素后在自由市场上成交的价格。

一、市场价值不是土地投入成本或征地转用后价值

1934 年，在 Olson. v. United States 一案中，最高法院在判词中指出，"为了公共使用而对私人财产的征收必须支付充分和完全等额的回报。这个等额就是该财产在征收时该财产的自由市场价值。这个市场价值与财产拥有者购买时支付过的价格无关。它可以比财产拥有者自己在该财产上投入得多或少。公共既不能因为他赚钱而将这部分充公，也不能因为他赔了

就去承担他的损失。(It may be more or less than the owner's investment. He may have acquired the property for less than its worth, or he may have paid a speculative and exorbitant price. Its value may have changed substantially while held by him. The return yielded may have been greater or less than interest, taxes, and other carrying charges. The public may not by any means confiscate the benefits, or be required to bear the burden, of the owner's bargain.)"①

这是因为，"州和联邦宪法保障的是他的财产而不是他的投入成本。他应当得到仿佛他的财产没有被征收时的市场价值的完全补偿，但也不是更多。 (He is entitled to be put in as good a position pecuniarily as if his property had not been taken. He must be made whole, but is not entitled to more. It is the property, and not the cost of it, that is safeguarded by state and federal constitutions.)"② "但是这个市场价值的补偿不包括（财产所有者也无权享有）由于征收或征收之后产生的任何因素。那些不能合理成立影响市场价值的考虑应当被排除。 (But the value to be ascertained does not include, and the owner is not entitled to compensation for, any element resulting subsequently to or because of the taking. Considerations that may not reasonably be held to affect market value are excluded.)"③

显而易见，这与国内现在很多人所说的征收补偿要根据征收后的市场价值补偿是完全不同的，与现在普遍流行并已写入国家政策文件的增加农民土地征收的增值分享也完全不是一个思路。

二、市场价值不包括替代设施补偿或间接损失补偿

在 1984 年美国最高法院判决联邦政府征收一个市政垃圾掩埋厂土地的

---

① List of United States Supreme Court, Volume 262, Vogelstein & Co. v. United States, 262 U. S. 337(1923)

② List of United States Supreme Court, Volume 230, Minnesota Rate Case, 230 U. S. 352 (1913)

③ List of United States Supreme Court, Volume 292, Olson v. United States, 292 U. S. 246 (1934)

案件中，最高法院否决了市政当局要求按照他们自己重建一个更好的垃圾掩埋厂的花费进行高额补偿的要求，指出公正补偿的标准对于私人或地方公共体的财产都是相同的，裁断当能够找到被征收财产的市场价值时（如本案），只能按这块被征收土地及其附属财产的市场价值去补偿。

判词中写道："法院反复强调公正补偿一般而言就是按照'财产被征收时用货币支付的市场价值'计量。只有当市场价值无法得知，或应用市场价值的方法导致对被征收者或公共利益明显不公正时，才可以考虑其他方法。"（The Court has repeatedly held that just compensation normally is to be measured by "the market value of the property at the time of the taking contemporaneously paid in money." Deviation from this measure of just compensation has been required only "when market value has been too difficult to find, or when its application would result in manifest injustice to owner or public."）①

因此，最高法院认为，"在本案中主张替代设施补偿论，是对公平补偿必须用客观标准进行衡量之原则的背离，该原则不考虑仅对某一所有权人个人意义重大的主观价值。（Finally, the substitute-facilities doctrine, as applied in this case, diverges from the principle that just compensation must be measured by an objective standard that disregards subjective values which are only of significance to an individual owner.）"

最高法院还援引其在 1949 年 Kimball Laundry Co. v. United States 判例中的观点："财产的价值会由于主观需要和态度迅速增长；因此，该财产对于所有权人的价值可以同对于征用者的价值有巨大的不同。但是，很多东西都有着人们对它们的普遍需求，而这种普遍需求赋予了它们一种可以从一个所有人向另一个所有人转让的价值。对于财产被征用的特定所有权人来说，价值的标准是个性化和多样的；与之相反，可转让的价值具有外部客观性，这使其成为对特定所有权人因其财产被因公征用而遭受的损失

---

① List of United States Supreme Court, Volume 469, United States v. 50 Acres of Land, 469 U.S. 24 (1984)

履行公共补偿义务的公平尺度。(As the Court wrote in Kimball Laundry Co. v. United States, the value of property springs from subjective needs and attitudes; its value to the owner may therefore differ widely from its value to the taker. Most things, however, have a general demand which gives them a value transferable from one owner to another. As opposed to such personal and variant standards as value to the particular owner whose property has been taken, this transferable value has an external validity which makes it a fair measure of public obligation to compensate the loss incurred by an owner as a result of the taking of his property for public use…)"

同时，最高法院还指出，"即使对于在找不到公平市场价值因而必须以更贵的替代物来取代其被征用财产的那些公民个人，构成'公平补偿'原则的也是公平市场价值，……第五修正案并不要求对因征用产生的间接损害给予任何赔偿。(…Fair market value constitutes 'just compensation' for those private citizens who must replace their condemned property with more expensive substitutes and … the Fifth Amendment does not require any award for consequential damages arising from a condemnation.)"

所以，当被征收者对征收补偿的出价不满而向法院提起诉讼（在美国除了佛罗里达州，这种诉讼费由起诉者承担），并把官司一直打到最高法院时（这一般并不容易，除了时间精力和金钱的负担之外，美国最高法院每年只是在堆积如山的申诉案件中受理少量自己认为重要和典型性的案件）①，除了用过往交易资料来计量市场价值以外，最高法院有时也会用租金资本化的办法或用重置价格减去折旧磨损的方法去计算补偿价格。

可见，美国的"公正补偿"的本质精神是在保护被征收者的财产权利与公共资金即纳税人负担之间的一种平衡。

---

① 在每年约7000个递送美国最高法院的案件中，只有100个左右会被受理。见任东来等著《美国宪政历程：影响美国的25个司法大案》，中国法制出版社2013年版，第10页，并借此表达我对英年早逝的老同学任东来教授的敬意。

三、补偿标准按征收前市场价值计算的法理依据

从表面上看，用被征收财产的市场价值而不考虑征收后的用途去补偿，似乎有些不近情理。实际上这在一定意义上恰好体现了法治与人治的区别。因为被征收财产原先的市场价值是一个可以采集的和评估的客观信息，而土地征用后的用途和增值分配就充满了主观人为因素。首先，征收后土地的规划用途价值可能很高，也可能较低，甚至没有市场价值（如公益用地），而这与土地权益人财产的原有市场价值并无直接关系，完全按征收后使用的价值去决定是否补偿或补偿多少会很荒谬，也根本行不通。任何形式的人为调节都不可能公平公正，反而会使征收补偿失去客观依据。其次，参与征收后使用增值分享的关键是分享比例的确定，10%还是80%？实际上不可能有客观公正的标准。主观确定一个分享比例只会引起更多的异议和争议。

由此也可看出，法律只有公平公正才有权威。美国（其实几乎所有西方市场经济法治国家）都将被征收财产的补偿定义为其原先在自由市场上的价值，这恰恰体现了以公平公正为准则平定纷争的法治精神。

美国法律规定，征收补偿不限于被征收财产本身。如由于征收部分财产造成剩余财产的价值严重受损，也要进行补偿甚至连带征收一并补偿，但被征收人的连带商业或精神损失一般却不在补偿范围内。由于不考虑被征收人连带的可能经济损失，美国"公正补偿"中仅考虑财产被征收时的市场价格也引起了一些异议和批评。所以在美国少数州里也有法律规定，被征收人的至少一部分商业连带损失可以被补偿。但是，总起来说，美国最高法院坚持市场价值体现的补偿公正性和征收者与被征收者之间利益的平衡，正如上述1984年的判例中最高法院声明，如果被征收人只是因为财产征收而发一笔"洋财"（windfall）并不公正。

当然，对于美国这样的西方法治国家来说，税收和死亡一样不可避免。因此财产征收的公正补偿并非就逃脱了税收范围。不过，对于被征收财产补偿的税收处理，美国税法也有考虑非常周到和公平的对待。财产征

收补偿在美国税法中是作为一种非自愿出售处理。在这种情况下，若取得现金补偿的财产所有人不在一定时间内（一般规定为 2 年，特殊情况要经申请同意方可延长）买入同类财产，就要作为课税收入交纳个人所得税或长期持有的资本利得税。反之，若购买了同类型资产，则可免税，到下次你自愿出售财产时按正常的资本利得（你售出价与你最初的买入价而不是这次补偿价的差额）纳税。①

这个税收处理有两层经济含义，其一，征收给予的是等量市场价值的财产补偿，因而不涉及是否有纳税或纳税优待减免问题。其二，非自愿出售再购入同类资产不被视为是一次正常转让，故可不计入当期纳税收入。但在实质上税收只是被递延了，你并不能因此减少你以后在正常出售转让时的税赋。显然，这与我国在热点城市郊区出于维稳等各种原因用公共资金支付天价补偿，而且从不交纳一分钱税的做法，可谓是有天壤之别。

四、尤斯瓦特报告：欧洲国家的"公平补偿"思想

欧洲国家的人口资源条件没有美国那样宽松，在征收补偿方面的考量也相对更严格。它们注意到，当公共部门宣布或准备建设项目时，土地价格就会普遍上涨，如果社会按照上涨后的价格进行征收补偿就不公平。1948 年受英国政府委托提交的著名的尤斯瓦特报告（Uthwatt Report）就集中讨论了这些问题，但该报告提出将土地开发国有化的主张在具有长期自由经济传统的英国引起了激烈的争论。尽管如此，关于土地征用的开发预期造成的地价上涨，原则上不应包括在补偿范围内的思想被得到采纳。

欧洲许多国家如法国、德国采取以征地之前相隔一段时间可参考的同种用途土地的市场价格作依据，以排除征收涨价的可能影响，或以土地所有者纳税申报的价格作为参考定价。德国是世界上对土地和建筑管控最严格的国家，无论新城区土地征收，还是旧城改造而提高的地价，或由于规

---

① §1. 1033（a）–1 Involuntary conversions; nonrecognition of gain, Part1-Income Taxes, Title 26-Internal Revenue, Code of Federal Regulations.

划变动而提高的地价，都被认为应由公共而非土地所有者获得。

尤斯瓦特报告中的另一思想，即由于公共建设改善（betterment）所导致的地价上升，获益者应当交纳一部分特别税的建议，实际上可以说已经体现在今天世界上通行的按不动产价格每年交纳固定资产税的实践之中。

第三节　东亚对土地增值分配的法律实践

一、日本的经验：减步法原理

在东亚经济体中，日本的《土地征用法》第71条、72条、73条关于土地的赔偿金额度，规定以附近同类土地的市场价格为依据，或以附近土地的地租或租金为依据①，这一点应当说与美国是相同的。不过，日本由于人多地少，对土地补偿的规定相较美国显得更加精细。如日本的规定中还有可以用土地置换进行补偿。特别是在被征土地为农地时，还可要求继续以农地进行补偿，这就是日本所称的"替地"②。由于日本有覆盖全国的地价公示制度，而且普遍征收固定资产税，因此同类土地的市场价格非常透明。其合理补偿的下限是该土地交纳固定资产税对应的资产价格，上限是附近同类用途土地的最近和最高市场价格，因而并不存在多大的争议空间。日本在新城区的区域征收中，一般保留原土地所有者的住宅用地不变，地块形状调整和位置移动也不改变原地块的相对关系，对农地则按农

---

① 日本《土地征用法》第71条"对于被征用的土地以及对土地除所有权以外的权利进行赔偿的金额应为：参考附近同类土地的交易价格进行计算，用公布认定公告时的相应价格，乘以根据到获得权利裁决为止的物价变化计算出的校正系数，所得出的金额数。此校正系数依据政令规定的方法进行计算"。第72条"对于被使用的土地以及对土地除所有权以外的权利进行赔偿的金额，援用前条的规定"。在这种情况下，该条中的"附近同类土地的交易价格"之处，改换成"其土地以及附近同类土地的地租或租金"。第73条"除该节中另行规定的以外，损失的赔偿一律按照做出出让裁决时的价格进行计算"。《日本的国土利用及土地征用法律精选》，地质出版社，2000年。

② 日本《土地征用法》第82条规定"土地所有人或者关系人可以向征用委员会要求，用土地或者与土地相关的所有权以外的权利（即'置换土地'），顶替全部或者一部分被征用的土地以及该土地除所有权以外的权利的赔偿费"。资料来源同上。

地的市场价格进行货币补偿。补偿金也可用于优先购买区域征收整理后计算的新的成本价土地。

日本由于实行严格的土地用途管制和规划管理，自然会造成管制下不同土地价值的巨大差异（见表 8-1）。

表 8-1：东京都秋留野市 雨间不同类型土地平均成交价格（2011—2012 年）

土地属性	单价（m²）
住宅地	10.56 万日元（约 6 655 元）
商业地	12 万日元（约 7 562 元）
农地	0.15 万日元（约 95 元）

资料来源：日本国土交通省，http://www.land.mlit.go.jp/webland/servlet/MainServlet
注：秋留野市，位于日本东京都西多摩地区，为东京都直辖行政区，基本相当于房山距离北京城区的位置（房山最远边境距离市区 70 公里，秋留野市最远边境距离东京都中心 50 公里）。雨间，位于秋留野市市中心南部，距市政府所在地约 3 公里，由住宅、商业区和农业区组成，无工业用地。

在这种情况下，如果没有严格的法治和公平的分配规则，各种违法建筑必然拔地而起，城市规划设置的隔离带、绿化带和控制发展区就会被破坏。[①] 因此，日本除了有上述严明的法律约束和制裁以外，还用严密配套的税制设计来实现土地的用途管制下对不同土地所有人的公平，并确立规划变更带来的土地增值收益回归社会的原则。

如农业用途专用土地由于规划限制，其土地价值被显著压低。日本就规定农业用途专用地免征遗产税（该税种最高税率达 50%），从而有效减轻了用途管制对土地所有人的不利影响。在农业用途专用地被征收时，所有者有权选择实物补偿，即由征地方负责提供可能是其他地区的另外一块农业用途专用地作为替地，且保证替地价值不低于原土地价值，经常性收

---

① 其实这种情况在西方国家也普遍存在。如在英国东南部的经济发达区在农地和市地的边界处，只是几步之隔，土地价格就可从每英亩 2000 英镑跳升到 200 万英镑，即相差 1000 倍。见 Paul Cheshire, Stephen Sheppard "Land markets and land market regulation: progress towards understanding" Regional Science and Urban Economics 34（2004）619-637.

入不低于原经常性收入。原土地所有者可以迁移到替地上继续务农。若选择货币补偿，则对转让所得给予一笔较大的所得税减免，并可以优先购买公共出租房以保证自己不低于以前的经常性收入。在保有环节上，农业用途专用土地的国定资产税率适用自用住宅的优惠税率，且在税基宽免上，规定最高不超过市场价格的 55%，因而实际税负很低。专业农户之间的转让收益也给予相当的税收减免额度。对于城市周边日本称为"混在地"中的农田，只要属于可改变用途的非农业专用地，则一律不享受遗产税、转让所得税和国定资产保有税的各项优惠。

作为一个在二战后快速实现经济起飞和城市化的国家，土地用途的规划改变是一件不可避免的事。这一方面是由于在农村地区随着大量人口移居城市，原有的村庄衰落、人口减少，农户耕作面积扩大等需要土地、道路沟渠的重新整理；另一方面是城市中更新改造和城市郊区随城市化扩张重整和合理规划布局的需要。显然，这在后发的经济起飞国家具有普遍性。因此日本称之为"区划整理事业"的土地规划管理对我们也极有借鉴意义。

日本的《土地区域整理法》于 1954 年就完成立法。土地区划整理的目的是随着经济、社会和人口情况的改变，实现土地利用的节约和合理化。按照日本的《居民自治法》，区划整理事业需要得到居民三分之二和拥有土地权益二分之一以上人的同意，并得到市政规划部门的批准。最简单的区划整理事业只涉及地块形态的调整，位置移动以不改变原土地相对关系为原则，尽可能保证原土地所有者的面积不变。如在农村土地的区划整理事业中，主要是改变原自然村中各户较为零散分住的状态，形成集中居住村并促进农地的联片集中化和合理化运用。新增公共建设用地按各户的非农用地的权重分摊。这种公共建设用地按土地所有者的土地权重分摊的原则也普遍应用于近郊混在地（即农地和建设用地混合并存的城市郊区），日本称之为特定土地区划整理事业以及城区的改造。城区及近城区的区划整理往往涉及城市规划的较大改变甚至大规模改变，日本称之为再生改造。

日本的土地所有人可以申请变更规划限制，对自有建设用地进行合理化再开发，但这种土地的再开发的前提是土地所有者必须拿出相当土地以满足规划所需要的公共事业用地需要。这就是人们通常所说的日本区划整理事业中的减步法。减步法的原理是在改变土地用途规划或建筑规划（如建筑率或容积率改变）时，原土地所有者必须将土地分成两块。一块给原土地所有者或使用权的拥有人按新规划开发，一块作为公共设施建设用地以及出售以充抵公共设施建设费，简而言之，就是以自己的私有土地换取规划变更。

　　日本减步法成功的核心是其基本原则的法律规定。因为减步法的关键是原土地权益者能拿回多少地和换取可怎样的建筑规划。如果减步率（即交出土地或保留土地的比率，以及可以自己开发土地的容积率，后者往往与前者同样重要）是可以谈判的，显然减步法就极难进行下去，因为各种各样的讨价还价、公关和贿赂就都难以避免。① 故日本《土地区划整理法》第 109 条明确规定，减步以土地权益人在规划变更前后的土地价值不变为基准。第 110 条规定，若原土地所有权人获得土地的价值低于减步前的土地及土地附属权利价值，则必须给予土地所有权人同等金额的货币补偿，反之，减步后原土地所有人获得的土地价值高于减步前的土地及附属权利价值，此部分将按规定被征收。

　　简言之，规划变更不应影响土地所有者的土地价值，增值部分应当归社会。② 这点应当说是与美国最高法院坚持按被征收财产原有的市场价值补偿的精神是一致的。应当指出，在此原则下，土地权益者之所以仍然愿意进行土地区划整理，主要是因为这样做之后，居住环境可以得到明显改善，土地今后的增值空间也会显著增加。由于减步法其实也是一种变相的征地。减步法可说是日本从德国学来的城区改造建设的主要方法。

---

　　① 韩国政府在 20 世纪 60 年代初引进德国、日本都成功的减步法时，因为允许对减步率进行个别谈判，结果走了弯路。因为就减步率进行谈判，一是谈不拢，很难达成协议；二是谈成以后，甚至已经动工之后，人们一旦听说其他地方谈成了更优惠的减步率，就反悔、拔地桩、阻挡施工，引发社会动荡。不得已，朴正熙政权很快退回到国家统一标准进行征地补偿。

　　② 日本《土地区划整理法》第 109 条、110 条。

专栏 8-1：日本减步法

日本的减步法适用于在土地区划整理事业既存城区的改造事业中，由各家拿出一部分面积，增加公用地道路、公园绿地等公共设施建设用地的面积，如图 8-1 所示。

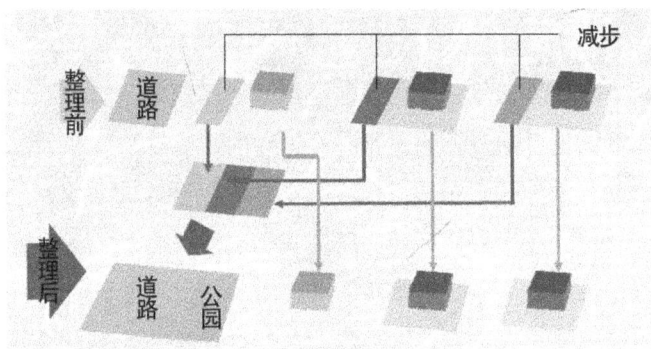

图 8-1：日本减步法原理图例（1）

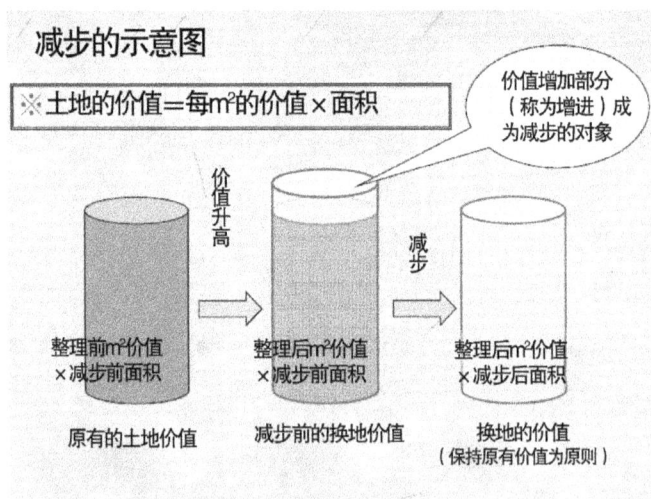

图 8-2：日本减步法原理图例（2）

资料来源：平成二十二年度安庆田地区土地区划整理事业说明会，冲绳市建设部区划整理课。

> 　　那么整理前后土地所有人的权利价值有何变化，见图8-2，土地的价值=㎡×面积，区划整理前土地价值=区划整理前㎡价值×减步前面积，整理后，由于单位土地价值上升，而土地区划整理后替换土地价值=区划整理后㎡价值×减步前面积，意味着按原有土地面积计算的土地总价值上升，因此土地价值的增加部分（增进）即为减步的对象。土地区划整理后替换土地价值=区划整理后㎡价值×减步后面积，减步后面积的确定以确保与土地区划整理前价值相等为原则。我们可以看出，土地区划整理事业尽管需要大家提供一部分土地（减步），但这些土地被用作道路、公园等公共设施的建设用地，因此会提高剩余土地的利用价值。土地区划整理事业的减步面积，以在利用价值的上升部分范围内为原则，不会为当事人带来损失。

　　日本对于取得货币补偿的征收（更不用说公团的协议购买）视同一般财产转让收入而征税。日本的特点是长期将土地、房屋的转让收入纳入个人综合课税的条款，而在二战后到20世纪80年代中被称为"里根—撒切尔革命"开始的这几十年中，西方国家个人所得税综合税率的最高边际税率长期都在70%～80%以上，这样使个人转让土地等财产的大部分收益被收归社会。日本从20世纪70年代中期以后开始放宽这个征收，长期保有的转让获利在一个较大豁免额以内不再纳入个人综合收入，而实行分离课税，享受20%低税率（1975年宽免额是2000万日元，1980年将长期保有年限从5年提高至10年，宽免额提高至4000万日元，在此额以内可享受20%的分离课税），但超过部分仍计入个人综合课税交纳高额累进所得税。

二、我国台湾地区的经验：平均地权，涨价归公

　　我国台湾地区到2000年2月2日制定公布统一的《土地征收条例》之前，土地征收既沿用了国民党在大陆时颁布的《土地法》，又有其后在台发布的各种法规分别规范，被台湾人称之为一制数法，相互不衔接之处

甚多。不过其总体线索按照台湾一些学者自己对土地问题的总结，台湾的农地改革是实现"耕者有其田"，而建地或市地改革，采以"涨价归公"的策略，造成财富平均分配的目的。①

由于农地在地权平均和实现耕者有其田后价值不会有多大波动，因此台湾依据孙中山平均地权、地尽其力、地利共享的精神，以及孙中山在民国初年就提出的规定（申报）地价、照价纳税、照价收买（指土地所有人若申报低地价以逃税时，国家可按其申报的地价收买过来，这样促进土地所有人申报的纳税地价尽可能真实）和涨价归公的政策框架，在1954年推出了"都市平均地权条例"，与农村土地改革相同，限制城市居民持有土地的上限。都市平均地权条例适用于全台66个城市。考虑到当时台湾仅有1000万左右的人口，这应当说囊括了几乎所有稍大的城镇。

该条例在第30条规定，直辖市及县（市）政府得视都市建设发展之需要选择适当地区实行区段征收。征收地价之补偿应按照市价由都市地价评议委员会评议之。涨价部分按该条例第21条至24条对土地转让的规定，对涨价幅度超100%、200%、300%、400%及以上，分别征收30%、50%、70%、90%和100%的超额累进土地增值税。1964年2月6日，该条例进行了修订，对转让土地收益适当降低了超额累进土地增值税税率，分别改为20%、40%、60%、80%和100%（后来在1968年修订条例中去掉了最高档100%）。

同时在第31条增加了规定地方政府对辖区内的土地，应经常调整其动态地价，绘制地价区段图并估计区段地价后，提经土地平议委员会评定，据以编制土地现值表于每年1月1日公告，作为土地转移及设定典权时，申报土地转移现值参考，并作为主管机关审核土地转移现值及补偿征收土

---

① 见台湾"中央研究院"院士于宗先与台北大学财政系教授王金利合著的专著《台湾土地问题》，台湾经济论丛之九，联经出版事业公司2001年版。

地价依据。不过，台湾政府编制的土地公告现值过去是一直大大低于市价的，① 因此，迫于民众的压力，台湾后来亦规定征收补偿可在土地公告现值上加成40%。其《地价调查估计规划》第4条又规定，地价调查以买卖实例为主，没有买卖实例的，调查其收益实例，即租金或权利金等对价给付的实例。②

由此可见，台湾的涨价归公实际上主要靠征地补偿价格限定和所有土地转让中高额累进土地增值税两个手段实现。

由于在都市区以外并未实行该条例，在都市规划区以外的土地并不适用于上述公告地价及相关征税规定。这样随着市规划区的不断扩大，在都市郊区和小城镇的土地投机自然发展。故从1974年开始，台湾开始了全岛的分区规划，并于1977年2月2日全面修订条例，作了几项重大修改：一是去掉都市二字，《平均地权条例》适用于城乡所有地区。二是在第10条规定"本条例实施地区内之土地，政府于以依法征收时，应按照征收当期之公告现值，补偿其地价"，干脆去掉了评议地价的模糊说法。三是土地增值税改为20%、40%、60%的三级累进。四是在第42条规定，被征收之土地，其土地增值税一律减征40%。对于变更规划并未领取现金补偿的土地，规定于重划后第一次转移时，土地增值税减征20%。对于出售自用住宅用地，都市土地未超过300平方米、非都市区未超700平方米的，一律按土地涨价10%征收土地增值税。

1986年，《平均地权条例》再次修订，强调房地分离，被征收土地按公告的土地现值补偿地价，其地上建筑改良物，应参照重建价格补偿。第

---

① 虽然总的趋势是在不断缩小土地公告现值与实际地价的差距，但台湾的土地公告现值长期大大低于市场价格，则是没有疑义的。据台湾地政司自己提供的资料，即便在城市化阶段早已结束之后的2000年全台土地公告现值仅为土地市价的58.45%，而至2005年，仍为68.37%。资料来自台湾"内政部"地政司全球资讯网 http://www.land.moi.gov.tw/chhtml/index.asp。

② 台湾"内政部"地政司在"土地征收补偿市价查估作业问答"中指出，调查估价的买卖实例是指正常情况下的土地交易价格。如在征收已影响交易价格时，这已不属正常交易价格。同时农业区土地违章转为工业使用，即属与法定用途不符之使用。其转移时的价格若与邻近合法农业使用土地不同，则应予以调整，否则该实例不予采用。资料来自台湾"内政部"地政司全球资讯网 http://www.land.moi.gov.tw/chhtml/index.asp。

45 条规定，农用地转移给自耕农继续耕种，免征土地增值税。若变更为非农业使用再转移时，以变更之日当期公告土地现值为原地价，计算涨价总数额，课征土地增值税。1994 年 2 月 2 日最后一次修订《平均地权条例》，规定对征收土地自愿按政府土地公告现值出让免征土地增值税。未领取现金补偿重划的土地，于重划后第一次转移时，其土地增值税减征 40%。

在上述不断放宽的政策环境下，20 世纪 80 年代后期台湾都市土地价格暴涨数倍，20 世纪 90 年代又进入长期萧条，这里的是非得失台湾各界有众多讨论，已不属本书的范围。2000 年台湾出台了《土地征收条例》，最终统一了对土地征收的各种法规。不过，征收补偿依据的基准仍然是土地公告现值（补偿时有 40% 加成）。

表 8-2 给出的是台湾桃园县近年公告的部分地段土地现值，其中相邻地区农用地地价现值往往只有城市用地的几十分之一。所以，在上世纪 80 年代后期，台湾解除戒严时期后炒地的风潮中，台湾亦有市地是黄金，农地是粪土的说法。可见，只要有土地的用途管制和规划管理，就会有土地价值的巨大差异。因此，以为只要解决了土地所有权问题，或者实行彻底的土地私有化，城乡间的土地就可不讲用途论价，其实是一个极大的误解。

综上可见，台湾对征收土地补偿以及更一般的土地增值的税收调节，是随着城市化发展过程不断改变的。总起来说，是随着城市化的推进和完成，对土地增值的税收调节在逐步降低。尽管如此，由于台湾的征收补偿的标准长期是按照政府公告的土地现值，通常显著低于土地的市场价格，征收农民土地的现金补偿往往不够农民再去购买同品质的农地，或者补偿的新农地过远或过于零散。因而在 2010 年的农民大规模抗议活动后，政府又在 2011 年将土地补偿的标准从公告现值改为土地的市场价格。当然，这个市场价格仍然是依土地的性质和规划而不同的。

表8-2　2011年1月桃园县公告土地现值表

	地号	使用分区	公告现值（元/平方米）
桃园市	桃园段武陵小段00010001	都市计划区—商业区	175 000
	桃园段武陵小段00010002	都市计划区—商业区	170 515
	桃园段长美小段00040000	都市计划区—商业区	98 110
	桃园段武陵小段00010003	都市计划区—道路用地	132 786
	桃园段武陵小段00010012	都市计划区—道路用地	140 000
	龙山段00020000	都市计划区—农业区	6 300
	龙山段01110000	都市计划区—农业区	18 300
	八角段00020000	都市计划区—农业区	5 933
八德市	福兴段07760000	都市计划区—第二种住宅区99.7684%，道路用地0.223142%	19728
	福兴段05180000	都市计划区—住宅区1.40245%，道路用地98.5966%	30885
	福兴段09610000	都市计划区—商业区	31 630
	福兴段09530000	都市计划区—商业区99.9431%，道路用地0.0568665%	31 100
	福兴段09350000	都市计划区—第二种住宅区	21 500
大园乡	沙仑段沙仑小段07610005	非都市计划区——一般农业区	2 000
新屋乡	青田段03540000	非都市计划区—特定农业区	1 500

资料来源：桃园县政府住宅及不动产咨询网，http://www.land.tycg.gov.tw/qry_1.aspx?site_content_sn=46。

专栏8-2：美国之音报道："政府强行征地、台湾农民拟再上街头"

就在强拆问题在中国引发许多社会冲突的同时，台湾农民也对政府的土地征收制度表达不满。他们批评政府强制征地，不顾农民的生存，并表示将在下周末走上街头，到总统府前抗议。

农民：土地遭随意划分，叫人如何耕作？

来自台湾苗栗县大埔的农民黄小姐，拿着自行绘制的图表说，当地政府为了开发道路，随便切割她家的农地，现在部分农地被划分到两三公里远的地方，叫他们如何耕作？

黄小姐说："坦白说，我爸爸身体也不是很好，你叫他走路走到两三公里外去种。政府说话不算话，当初我们已经够牺牲了，大家都协调好了，政府为什么又改呢？"

刘庆昌：政府服务财团，不顾农民生计

台湾捍卫农乡联盟会长刘庆昌表示，近年来台湾各地政府以开发工业区或科学区的名义，征收农业用地，造成农地被破坏，农民的生计陷入困境。

刘庆昌说："政府好像是在服务财团，不是服务农民的，现在各县市政府，很多都在（工程）还没有通过前就发包给财团，这等于是劫贫济富。"

徐世荣：征地过程无法参与，补偿太少

台湾政治大学地政系主任徐世荣表示，土地征收的两个重要前提是有完整的行政程序，让民众可以参与以及完全的补偿。但这两点台湾政府都没有做到。

徐世荣说："台湾在补偿方面非常的低，因为政府很缺钱，补偿大概只是市价的五成或六成，农民拿到补偿金后，根本没有能力在附近购买品质一样的农田继续耕种，所以现在台湾的土地征收变成对农民，对社会弱者的掠夺，引起严重的问题，造成农民上街来抗议。"

去年 7 月，为了抗议苗栗县政府不顾农民反对，出动怪手（铲车）铲平农田，强制征地，上千名来自台湾各地的农民聚集在总统府前的凯达格兰大道上抗议。

国际声援，上万农民将再上街头

台湾捍卫农乡联盟会长刘庆昌表示，当时行政院长吴敦义承诺会妥善处理，但一年过去了，土地征收法规的修法却迟迟没有下文。因此，他们计划在 7 月 16 号和 17 号再次走上街头，号召上万农民到总统府前静坐抗议。

"内政部"：多数地主的要求已获得解决

针对农民的不满，台湾"内政部"营建署都市计划组副组长廖耀东表示，大多数农民的要求已经得到解决。

廖耀东说："（在大埔）有 24 户的地主里有 20 户诉求希望农地能集中的部分，都市变更计划都已经完成，县政府估计在 10 月份这些农地就可以完全交给地主来耕作，大概目前大部分地主的诉求，农地要保留的部分，都已经做成相关的变更，相关的农地整地，水路的施设，也在积极地进行。"

不过，刘庆昌表示，政府如果有诚意，就应该暂停所有的土地征收，直到相关法律得到修正。他们呼吁政府"停止掠夺农地，尽快修法"，包括巴西、泰国等国际农民权益组织也在这个星期表达对台湾农民的声援和支持。这些国际组织成员表示，农民抗争不只是台湾而是全球都存在的问题，值得各界的关注。

资料来源：美国之音，2011 年 6 月 7 日。

值得指出，台湾地利共享的税收调节牢牢扣住土地，确实有其道理。因为随着城市化进程、收入提高和通货膨胀，数量有限的土地总是存在长期升值的空间，而地面建筑物从建成开始就有磨损、折旧，是不断贬值的，因而增值调节只需对准土地即可。这样也就不会有我们按建筑物平方米补偿出现那种只要将来有征收或改变规划可能，大家都抢着"种房子"的现象。同时由于台湾在长时期中是按平均地权的原则将土地均分给居民自建低层住宅，故台湾自然不可能出现数量和规模都巨大的地产商。

台湾另有两个在大陆不断被人提及的经验，一是区段征收中政府与土地所有者的共同开发，二是市地重划中土地所有者的更大权益和自主权，由于介绍并不全面和误解很多，这里也加以说明。

关于台湾土地征收的类型，可分为：

（一）一般征收与区段征收

台湾的土地征收，既有按《土地法》对特定公共事业需要的一般征收，也有范围更宽的区段征收。台湾的区段征收在 1986 年之前，是按政府公告的土地现值以现金补偿为主，1977 年首次推出《平均地权条例》时，在第 54 条增添了"原土地所有权人并得按其原有土地价值比例优先买回"的条文，但实际买回的比例一般都很小。1986 年台湾城市化已基本完成（当年城市化率已达 75%）后，在修订的《平均地权条例》中改现金补偿为可以用抵价地补偿，即以重新规划整理后的建筑用地折算抵付征地款，并规定抵价地的面积一般以征地总面积 50% 为原则，不得低于 40%。

不难看出，在 1986 年即台湾城市化尚未完成之前，即便是在区段征收中，原土地所有权人能作价买回的土地比例也是很小的。区段征收的土地，除大量用于公共设施使用之外，兴建国民住宅以解决普通民众的居住问题，是征收土地的重要用途。

由于经过区段征收重新规划整理后的土地环境改善，一般均有较大幅度的升值和继续潜在升值空间，因此，在土地分享比例大幅扩大后原土地所有权人一般放弃现金补偿而领取土地即重整后抵充补偿的抵价地，这对政府来说就免去了征收土地的巨额负担支出而免费取得了公共设施用地，也可出售一部分建筑用地以弥补建筑物补偿及公共设施投入。这样就形成了政府与原土地所有者共同开发的新格局。不过应当看到，这也是在城市化已大体完成，并无如前期大量安居人口压力的情况下才采取的土地分享方式。

专栏 8-3：台湾一般征收

台湾《土地法》第 208 条规定，"国家因左列公共事业之需要，得依本法之规定，征收私有土地，但征收之范围，应以其事业所必需者为限：一、国防设备。二、交通事业。三、公用事业。四、水利事业。五、公共卫生。六、政府机关、地方自治机关及其他公共建筑。七、教育学术及慈善事业。八、国营事业。九、其他由政府兴办以公共利益为目的之事业。"

关于一般征收的补偿，《平均地权条例》以及 2000 年《土地征收条例》都规定"应按照征收当期之公告土地现值，补偿其地价"。"直辖市或县（市）政府对于辖区内之土地，应经常调查其地价动态，绘制地价区段图并估计区段地价后，提经地价评议委员会评定，据以编制土地现值表于每年公告，作为土地移转及设定典权时，申报土地移转现值之参考；并作为主管机关审核土地移转现值及补偿征收土地地价之依据。"由于民众对土地征收补偿过低诸多不满，直至 2012 年新的《土地征收条例》方改为规定"被征收的土地地价按照当期市价进行补偿"。

以 20 世纪 70 年代台湾羌仔寮土地征收案为例，用地单位台湾电力公司在与羌仔寮庄地主协商购买失败后向"内政部土地征收委员会"申请实施土地征收。公告土地现值是确定土地征收补偿地价的依据，一般相当于市场地价的 40%～80%，因树林镇地区同期市场价格没有记载，台北县地政局发出的土地征收公告给出土地征收赔偿价格为 126 400 元／甲，但相去不远的板桥和三重地区分别为 316 360 元／甲、209 640 元／甲。

由于价格差别悬殊，地政局给出的土地征收价格又低于市场价格五成到六成，树林镇地区民众不满，他们全体拒绝领受土地补偿金。但是土地征收作为一种强制性的行政行为，政府一般不会完全接受地主的要求，尤其在台湾城市化早期阶段，很多土地征收遭到人民的强烈反对，但最后还是被强制执行。这次结果用地单位台湾电力公司被迫稍稍提高了土地补偿价格，同意在原来价格的基础上提高 1 500 元。

此案中又由于噪音等问题农民要求近旁土地依法进行附带征收。但用地单位台湾电力公司很不情愿地对附近民众所提出的土地附带征收。因为要求附带征收的这块土地位于都市区，其价值远高于相隔不远的农业土地。依照当时台湾法律规定，都市计划区内的土地得依照"实施都市平均地权条例"依毗邻土地市价或公告土地现值加四成实施补偿，土地改良物以复建标准扣除折旧补偿，故这块土地若征收，因土地性质不同，面积虽不大，但价值会很高，征收很不合算。最后农民提出附带征收的要求得到支持，结果建设电站的土地征收中，农业土地的面积远大于都市土地面积，但用地单位支付的补偿金额却相差无几——农业用地面积 4 878 554.5 平方米，补偿 521 367 元，都市土地面积 5 689.4 平方米，补偿 371 345 元。1970 年 1 月前，附带征收实施完毕。

资料来源：萧铮：《台湾土地及农业问题资料》，成文出版公司 1981 年版，第 33 页。

专栏 8-4：1986 年以前台湾区段征收

台湾区段征收是土地征收的一种方式，1986 年前《土地法》规定因下列各款之一征收土地，得为区段征收：（一）实施国家经济政策。（二）新设都市地域。（三）举办第 208 条第一款或第三款之事业（即国防设备及公用事业目的）。前项区段征收，谓于一定区域内之土地，应重新分宗整理，而为全区土地之征收。台北市华江地区（第一期）是台湾第一个区段征收区，1969 年公告征收，至 1986 年，全台共实施区段征收 16 宗，征地总面积 266 公顷。台北市共实施 10 宗区段征收，均为旧市区更新。

这段时期的区段征收补偿，1954—1968 年的《实施都市平均地权条例》规定，征收价格为"按照市价由地价评议委员会评定"，土地增值税无任何优惠，征收后的土地无论是分宗放领、分宗出售到后来的公开标售。从这个阶段的法律可以看出，区段征收并没有明确指出原土地所有人买回土地的优先权。1977 年《平均地权条例》明确了原土地所有权人按其原有土地价值比例优先买回区段征收后的土地。但优先买回的面积由实施区段征收机关依区段征收目的及地方实际情况订定最高、最低标准。

以台北市木栅、景美一四零高地区段征收为例，木栅、景美一四零高地是一块山坡地，位于木栅区和景美区交界处。全区面积60.8903 公顷，原来属于都市计划的保护区。但因台北市工业发达，社会经济繁荣，人口迅速增长，而建设用地严重不足，导致住房短缺，交通拥挤紊乱，公共设施供不应求等问题。为了改善这种状况，适应都市建设的需要，当局决定在此处实施区段征收，以便将全区开发成为一个新社区，大量兴建国民住宅，改善居民生活环境。

表8-3：一四零高低开发前后地价比较表					
	总地价 （新台币）	面积 （平方米）	平均地价 （新台币/平方米）	与开发前地 价比较（%）	与开发后公 布时价比较 （%）
开发前补偿地价	39 279.399	635.850	61.78	100.00	1.24
开发后出售地价	966 077.408	368.386	2 500.29	4 074.00	50.01
原地主买回地价	108 285.925	71.594	1 512.50	2 448.00	30.25
出售地价	857 791.483	314.192	2 724.75	4 411.00	54.50
开发后出售土地 公告现值	1 931 930.000	386.386	5 000.00	8 093.00	100.00

　　区段征收计划经批准后，于1978年11月2日公布，到1984年3月完成。区内土地按照都市计划予以规划整理，开辟了公共设施用地28.2317公顷，另获得建筑用地38.6386公顷。建筑用地中有7.1594公顷优先分配给原土地所有权人，其余由台北市国宅处用以兴建住宅4000多户，安置居民2万多人，节省建设经费约9.29亿元。该区开发前和开发后地价变化情况如表8-3所示。

　　总结1986年以前台北市的区段征收，土地面积为90.0808公顷，其中81%为私有地，19%为公有地。经过征收、分段整理后，由原土地所有权人买回的计12.3公顷（占14%），经标售的39.2公顷（占43%），用作公共设施用地的38.6公顷（占43%）。这一时期的区段征收补偿除了考虑原土地所有人的一部分优先购买权之外做到了涨价归公。

　　资料来源：《台湾土地问题研究》，陈太先等编著，广东省地图出版社1995年版。

专栏 8-5：1986 年以后台湾区段征收

截至 2011 年 12 月底止，台湾已办理完成区段征收地区计 93 区，总面积约 7 650 公顷，提供可建筑用地面积约 4 116 公顷，取得道路、沟渠等公共设施用地约 3 534 公顷，节约省政府建设费用约 2 754 亿元。目前正在办理中区段征收总计 18 区，总面积 1 490 公顷，预计可取得道路、沟渠等公共设施用地计 658 公顷，可建筑用地面积 832 公顷，节省政府建设经费共计 801 亿元。结合上文对 1986 年以前区段征收数量的分析可以看出，区段征收在 1986 年以后发展较快，主要是由于征收补偿方式发生改变。

1980 年 7 月订颁"实施区段征收改进要点"，其目标是促进土地利用，并配合国宅用地及公共设施保留地的取得，加速国家建设。两项突破性改进：1. 改以抵价地付征收补偿地价；2. 放宽原土地所有人领回土地面积的限制。随后，民国 75《平均地权条例》将改进要点中的内容写进了法律。与现在的抵价地区段征收方式基本一致。

其中，第 54 条规定："各级主管机关依本条例规定施行区段征收时应依本条例第十条规定补偿其地价（即按照征收当期之公告土地现值，补偿其地价）；如经土地所有权人之申请，得以征收后可供建筑之土地折算抵付。抵价地总面积，以征收总面积百分之五十为原则；其因情形特殊，经上级主管机关核准者，不在此限。但不得少于百分之四十。被征收土地所有权人，应领回抵价地之面积，由征收机关按其应领补偿地价与区段征收补偿地价总额之比例计算其应领之权利价值，并以该抵价地之单位地价折算之。"见表 8-4 范例。

具体到征收案，以 1993 年淡海新市镇综合示范社区区段征收案为例，"经建会"与"内政部"于 1988 年会同研拟"兴建中低收入住宅方案"报"行政院"核定。并于 1989—1991 年间，选定淡海、高雄两地区开发新市镇，解决两大都会区住宅不足及房价飙涨问题，并树立都市发展典范。该案是为解决中低收入居民居住问题，并纾解台北都会区人口膨胀压力，选定淡水北侧农地进行"淡海新市镇特定区计划"，并于第一期发展区内就地形较为平坦范围，划设综合示范社区，优先以区段征收方式办理开发。

表 8-4：土地所有权人应领抵价地权利价值计算范例

(1) 抵价地收件号	桃 8888
(2) 原土地所有权人姓名	王定发
(3) 申请领回抵价地补偿地价（元）	7 965 278
(4) 预计抵价地总面积（A）（m²）	423 945.49
(5) 预计抵价地之总地价（V）（元）	10 580 495 153
(6) 征收土地补偿总地价（元）	8 385 176 438
(7) 领回抵价地之权利价值（P）	10 050 663

（1）预计抵价地总面积（A）＝征收土地面积×抵价地比例＝1 059 863.73×40%＝423 945.49

　　（2）规划供抵价地分配之总面积＝631 437.08m²
规划供抵价地分配之总地价＝15 758 905 619 元
　　（3）预计抵价地之总地价（V）＝（∑规划供抵价地分配之各分配街廓面积×各该分配街廓评定之单位地价）×（A÷规划供抵价地分配之总面积）＝规划供抵价地分配之总地价×（A÷规划供抵价地分配之总面积）＝15 758 905 619×423 945.49÷631 437.08＝10 580 495 153
　　（4）各土地所有权人领回抵价地之权利价值（P）
＝V×该土地所有权人申请领回抵价地之补偿地价÷征收土地补偿总地价
＝V×该土地所有权人申请领回抵价地之补偿地价÷8 385 176 438
　　（5）各土地所有权人领回抵价地之面积＝P÷选配土地之评定单位地价

该案区段征收范围总面积为 303.53 公顷，其中私有土地 230.14 公顷，占 75.8%。征收时私有土地平均公告现值为 14 632 元/平方米，没有加成补偿。征收后平均评定地价为 25 964 元/平方米，增值了 77%。虽然该案抵价地比例为 40%，但是由于土地所有权人有 5.95 公顷选择以现金补偿方式，而且领回土地面积与所选抵价地位置有关，因此该案的土地处分结果是，无偿取得公共设施用地面积 119.3

公顷，有偿拨用、让售土地面积41.6公顷，抵价地面积90.83公顷，标售土地面积51.8公顷，领回抵价地面积约为原土地所有权人的40.5%。

从1986年以后台湾区段征收的其他案例可以看出，由于所处位置不同，征收前后的土地增值有所不同，有的增值多有的增值少，但正如"行政院"1984年10月18日台73内字第16998号函送"立法院""平均地权条例第二次修订草案总说明"修正要点第17点指出，区段征收改采抵价地补偿，形同土地所有人与政府"合作开发"，由土地所有权人提供土地，政府提供开发费用。开发后，土地所有权人可领回抵价地作为补偿，并可享受开发利益；政府可无偿取得公共设施用地、国宅用地及其他可供建筑用地，作为都市发展之用。尽管如此，如果征收前后增值不大而被白白拿走一部分土地，土地所有权人则会反对。

（二）市地重划与农地重划

台湾的市地重划基本相当于我们的旧城区改造。与区段征收形式上是政府为业主、给原土地所有者支付抵价地不同，市地重划是以居民为业主对老城区重新规划改造，但反过来要向政府交出抵费地，即抵充公共设施用地和相关建设费用的土地。在实际操作中，既有政府主动办理、政府被动办理（即政府接受土地所有人申请出面办理）及土地所有人自行办理（当然也得报规划许可）。

总之，市地重划在形式上与区段征收正好相反：土地不被政府征走，但原居民即土地所有者必须分摊按照新规划所需增加的公共设施用地和抵充公共建筑费用所需土地，统称为抵费地。经过市地重划的区域，一般可改变原脏乱差的环境，大大改善交通和公共设施服务，所以虽然也要拿出相当大的土地（政府选定区域者，抵费地合计面积以不超过各该重划区总面积45%为限），但重划后土地价值也大幅上升，另较区段征收的条件更为优惠，故而很受老城区居民欢迎。台湾市地重划的经验，对于我们的旧城区改造，确有很大借鉴意义。不过万变不离其宗，其实还是德法首创、日本发扬光大的减步法。

最后需要提到，台湾另有一个对我们来说借鉴意义重大的实践，却鲜为人知。就是类似日本的区划整理事业，台湾不仅有改善市容和居住环境的市地重划，还有节约土地、改善农村生产生活环境的农地重划。台湾人均可耕地与大陆相近，即使在城市化完成后，绝大部分农户耕种面积也还在十多亩田以内。台湾农地重划的目的在于扩大农户经营规模、改善土地利用条件，提高土地利用效率。

台湾土改后的农村情况也与大陆类似，先是大大激发了农民的积极性，其后也慢慢暴露出农村道路缺乏狭窄、排水不良、灌溉不便、一户经营的田亩畸零分散、难以适应机械化耕种等问题。台湾农地重划始于20世纪50年代末的试办，后于1962年启动了"农地重划十年计划"。农地重划将水田重划为长方形丘块，每块面积从2亩到4.5亩不等，整块农田之间建农路和排灌渠道。1980年12月，台湾在总结前期农地重划经验的基础上，拟订《农地重划条例》共43条，作为法律依据，明确农地重划中相关费用由政府与土地所有人分担，政府分担三分之二。台湾后期的农地重划除仍着重耕地的合理化整治之外，也开始与村庄建设和农村社区重划协同考虑，更接近于日本乡村的区划整理事业。

台湾的农地重划事业在土地由分散的农户私有的情况能顺利推进，各界事中事后评价总体都非常正面，这显然值得我们认真研究借鉴。因为容易看出，日本的乡村区划整理和台湾地区的农地重划目标明确、利益单纯，就是为了提高农地使用效率和方便农民生产生活。这完全不同于我们现在的新农村或农村的新村新社区建设，由于加进了所谓城乡建设用地增减挂钩，因而在农村合理化的区划整理中，掺杂进图谋农村的村庄建设用地去转移做房地产开发卖钱的动机，这就不能不使本来科学合理的农地重划整理变了味道。

专栏8-6：台湾市地重划

市地重划是依照都市计划规划内容，将一定区域内，畸零细碎不整的土地，按原有位次交换分合为形状方整的各宗土地后，重新分配予原土地所有权人的行政措施。经重划后各宗土地不但直接临路、立即可供建筑使用；同时由于重划区内的公共设施如道路、沟渠、儿童游乐场、邻里公园、广场、绿地、国民小学、国民中学、停车场、零售市场等公共设施用地，都由土地所有权人依照受益比例共同负担，是一种"受益者付费"的开发方式。

1958年高雄市实施第一期市地重划，也是台湾第一个市地重划区。截至2012年12月底止台湾地区（金马地区尚未办理市地重划）市地重划区，总计完成881区，总面积14 940余公顷，取得道路、沟渠等公共设施用地计5 282余公顷，提供可建筑用地面积9 658余公顷，节省政府建设经费共计7 212亿余元。

由于市地重划办理方式，可分为政府主动办理、政府受动办理（即政府接受土地所有权人申请优先办理者）及土地所有权人自行办理三种。因此，其重划负担有所差异：（1）政府选定地区者：即由政府主动办理者，该重划区之每一土地所有权人实际负担公共设施用地及抵付工程费用、重划费用与贷款利息之土地，其合计面积以不超过各该重划区总面积百分之四十五为限。但经重划区内私有土地所有权人半数以上且其所有土地面积超过区内私有土地总面积半数之同意者，不在此限。（2）人民申请办理者：应提供之公共设施用地，扣除抵充土地后之面积，不得低于重划区总面积百分之十五。

对政府来说，可以无偿获得大量公共设施用地，工程费用也由参加重划的业主分担，因此可为都市财政节省巨额支出；能改善土地利用结构，促进都市面貌更新；从市地重划中能得到一批抵费地，处理抵费地所得利润可用以增建重划区内的公共设施。比如高雄市政府就曾用出售抵费地所得，在第六个重划区内修筑行车道、开辟三民公园、改善盐埕街的修路工程，共花费 276 398 000 元。

对重划的业主来说，参加市地重划者所提供的重划成本为公共设施用地和用以抵所应负担的重划费用的抵费地。据台北市统计，1970年至 1984 年 15 年间，全市重划面积为 514.26 公顷，其中 44.2% 公共设施用地中有 14% 是原有公共设施用地，其余 30.2% 由参加重划者负担，故参加重划者所负担的公共设施用地占总重划面积 38.08%（30.2% 加计费地 7.88%）。换言之，参加重划的人于重划前，提供100 平方公顷的土地，重划后能得到 61.92 平方公顷土地。把这种重划成本转入地价计算，则重划后的地价应为重划前的 1.615 倍。据台北市 15 年间重划前后地价变动情况统计，重划后平均地价为重划前的1.109 倍至 5.996 倍。

资料来源：台湾"内政部地政司"全球资讯网，http://www.land.moi.gov.tw/pda/landfaq.asp?lcid=13&cid=71《台湾土地问题研究》，陈太先等编著，广东省地图出版社 1995 年版。

最后需要提及的是，台湾当局在 2000 年前后，为了争取农民（以本岛原住民为主）的政治支持，以扩大农民权利为名，通过《农业发展条例》的修正草案，改变台湾长期以来实现的"农地农有农用"的指导原则，从过去管地（必须农用）又管人（必须为农民）的农业政策，改为管地不管人，即允许工商资本下乡购地，并进而允许新购农地准予兴修农舍，结果造成资本下乡后侵占和破坏农地建豪宅的乱象。这说明即使在城市化完成之后，放松对农村的规划管理，让一己之利的利益绑架政策，为财团和权贵阶层作嫁衣裳，也是要出乱子的。这里的教训，也足以让我们引为前车之鉴。

专栏 8-7: 谁是剥削台农的祸首?

台湾联合报 2010 年 10 月 27 日社论"李登辉与陈水扁, 谁是剥削台农的祸首?"全文如下:

许多错误的决策, 都始于美丽的承诺, 却以苦涩收场, 把灾难留给后人。民进党的锁闭政策, 是一个明显的例子; 而台湾的农地开放政策导致良田遭到豪宅的侵夺和挤压, 是最近受到瞩目的问题。

开放农地自由买卖, 是在"爱台湾"口号喊得最响的年代的一个政治产物。公元 2000 年, 李登辉主政最后一刻, 以帮终身劳苦的老农有机会翻身为由, 在"老农派""立委"力挺下"修正农业发展条例", 开放一般民众购买农地, 同时放宽农民在农地上兴建自宅的限制。李登辉以为这项政策可以掳获农民选票, 殊不知, 他却一手把台湾农田送进了建商及投机客的手中。

更懂得操作农村选情的, 其实是民进党。陈水扁执政后, 除继承农地开放及改建的政策, 全面收割了李登辉的"稻尾", 更不断提高老农津贴的价码, 以"农民救星"的姿态, 来布建其中南部农村的桩脚。更有甚者, 在 2008 "大选"前一年, 阿扁为巩固农村票源, 大幅放宽农舍兴建面积的限制, 民众原须持有 750 坪农地才能兴建农舍, 扁当局修改为只要持有 300 坪即可。如此一来, 形同门户洞开, 欢迎建商及地产投机客入内炒作, 加速良田遭切割、变卖、转手乃至豪宅侵夺的恶性循环。

亦即, 从农地的开放自由买卖, 到开放农地兴建农舍及集合住宅, 再到放宽兴建面积限制, 一直打着"便民"、"富农"、"农业蜕变"的甜美口号; 实际上, 却一步步把农地推向商品化、投机化的险境。这也正是"假农舍"变"真豪宅"的三部曲。根据"监察委员"的调查, 10 年来当局核发的农宅使用执照多达 15 000 件, 吃掉了许多高等级的良田及滞洪池; 然而, 台湾农业经营却看不出有明显进展。

　　问题就出在这个"假"字。大家都知道，近十年台湾农村雨后春笋般新冒出来的豪宅，尽管大大改变了乡间风貌，但豪宅中住的并不是耕地上的农人，而是城里来的投资客。通常，豪宅主人只在周末或假日来此度假，他们跟周遭的土地耕作一无关系，也一无关切；有些人甚至只是在等待时机，将宅邸脱手转售，捞取一笔罢了。也就是说，真正享受了农地开放"德政"的，是土地开发商及房产投机客；而实际务农的人，却在左邻右舍土地的分割及改建下，动弹不得。乃至有农民要申请兴建小型农具储放所，却苦等半年而无法通过。这就是农地十年开放的冰冷真相。

　　回首农地十年开放，只能说是充满谎言的一页。其一，是主政者为了自身的选举利益，以短线操作出卖了台湾农业的长远根基，"农业博士"李登辉和"贫农之子"陈水扁是两大操刀祸首。其二，是投机政客、买家和贪婪开发商连手，钻营各种法令漏洞，把对台湾农地的剥削，玩弄到极致。其三，是"中央"和地方行政官员的因循庸懦，坐视良田遭到侵吞、农宅遭非法变卖，而无动于衷。连事后要采取惩处及补救措施，都还在强调其无力感，丝毫不思积极作为。

　　李登辉和陈水扁，谁比较爱台湾？又是谁比较真心关怀农民？看看台湾农田遍布豪宅的真假虚实，也就一目了然了。

第九章
传统城镇化向新型城镇化的道路转型
——土地、户籍与财税配套改革的总体构想

与农业社会中土地财产权的分配决定了经济发展、贫富分化和社会对抗程度不同，均田制已不再是财富公平分配的尺度。土地开发权如何分配，成为城市化转型社会能否成功跨越土地陷阱的关键。

与城市发展建设的几乎永续性不同，城市化只是农民进城变市民导致城市人口占总人口比重快速上升的一个特定的历史阶段。在这个阶段中，一个国家的多数人口变换职业和居所从农村迁移到城市。因此，就业和安居是后发国家快速城市化过程中的核心挑战。

有人说，城市化主要是要解决人往哪里去、钱从哪里来的问题。这个话虽直白，但应当说也抓住了要害。城市化当然是人往城里去，但往哪儿的城镇去可以说不是我们任何其他人所能决定的，在市场经济条件下人们已经自己选择了。在中国甚至许多人担心的就业问题至少在当下中国也根本不是要点，农民工这个称谓本身就表明了中国农村人口向城市的流动是以工作为前导的。真正的难点倒确实是钱从哪来的问题。因为在目前已经固化的利益结构和政策舆论导向下，仅靠现在的公共财政难以负担越来越高的城市化成本，而靠债务积累或货币滥发最终必然导致泡沫的破灭。

城市化本身确实会带来土地的巨大增值，问题在于它并不是均匀分布而是仅仅集中在一小部分城市和城郊土地上，它与城市化过程中来自广大农村的巨量转移人口恰好是逆向配置的，即绝大部分远郊农民拥有和离开的农村土地并不或很少增值，而他们因就业而移居的城市土地恰恰会产生惊人的升值。这个地与人的不匹配的矛盾导致了本书在前言中指出的城市化转型陷阱。这样，与农业社会中土地财产权的分配决定了经济发展、贫富分化和社会对抗程度不同，均田制已不再是财富公平分配的尺度。土地开发权如何分配，成为城市化转型社会能否成功跨越土地陷阱的关键。本书讨论的城市化道路的转型和制度设计问题的意义也正在于此。

第一节　制度设计的指导思想和目标

一、指导思想：土地增值应用于城市化主体即农民工

新型城市化着重于人的城市化，着力于改变我国传统城市化模式中土地城市化与人口城市化的脱节、常住人口城市化与户籍人口城市化的脱节。新型城市化的理论认为，在后发国家快速城市化过程中，因人口迅速积聚产生的老城区本身和新市区扩大带来的巨大土地升值，主要是国家国土规划管理、城市设施的公共财政投入和移民就业人口贡献的多重结果。因此，城市和城郊土地在高速城市化过程中产生的巨额土地增值，不应当由任何一个其他阶层和集团垄断或特享，而应当主要回馈于城市化的主体，即以我国农民工及其家属为代表的外来移居人口。

各级政府作为社会的正式代表和管理者，不应在此过程中占有任何商业利益，这样才能具有社会公信力，扮演好独立仲裁者的角色，妥善处理好城市化进程中复杂的利益分配和关系调整；被动城市化的城郊农民，作为城市化内容的一部分，他们既不应当受到权力和利益侵害，公平合理地得到失地转业的充分补偿，也不应当因为身外之物享受过度的特权；城市的开发和建筑商，是城市化的重要力量，他们的增值服务应当受到鼓励、支持和回报，但不应获取非分的土地收益而抬高城市化成本；各类城市居民都不应因占有非自住的房地产资源而挤占他人的生存居住空间。

在一定意义上可以说，新型城市化就是要调节以上 4 个集团过去的不当土地收益，使之回馈城市化的主体。这就需要进行土地、户籍和财税社保等制度的相应改革和调整。从这个意义上说，孙中山先生 100 年前针对城市土地快速升值让少数人垄断牟利而提出的"平均地权，涨价归公"原则，即城市化土地增值归社会分享而不为某一特权集团所垄断，仍然具有现实意义。

二、改革目标：让人的城市化与土地城市化同步推进

但是，中国以土地实际上是房地产财政为杠杆的传统城镇化道路，既有当时的历史条件与环境的原因，也已经形成了固化的利益激励结构，不触动和改变现有利益驱动传导的体制机制，无论我们喊多少新型城镇化和人的城镇化的口号，并不能改变利益集团特别是地方政府的行为，也并不会实现城镇化道路转型。结果必然就如今天这样，每个人都在讲新型城镇化，干的仍然是要地不要人的传统城镇化。

这是因为构成传统城镇化道路的几个核心机制，如以房地产财政为杠杆的城市扩张和升级美化运动，以建设用地指标无偿行政分配为重要支撑的经济增长体制，以及见地不见人的城乡建设用地指标增减挂钩机制等，今天人们普遍还是难以割舍，甚至有些还被误认为是救世偏方。因此，如果没有显著优化而又切实可行能够替代老路子的新机制，城镇化道路的转型并不可能真正成行。

从长期来看，适应新型城镇化的土地和户籍等制度改革的目标应当是公民的自由迁徙权和在社会公平公正原则的调节下城乡居民平等地拥有、处置土地及附着物财产的权利。也就是说，不仅进城农民和其他移居者应当享有城市市民的平等权利，城市市民也有下乡置业、生活和发展的平等权利。不言而喻，这样一个目标的实现会是一个循序渐进的制度完善过程，既不能脱离现状急于求成造成脱节和混乱，又不能没有明确的过渡方向而徘徊不前。特别是不能程序倒置，在城市化主体——几亿进城农民和其他移居就业者住无所居时，片面强调市民其实是工商资本和一部分富裕阶层下乡购地置业的权利，使城市化走偏方向。

具体地说，针对我国人口城市化和市民化严重滞后的现状，新型城镇化应当在新体制基础上制订明确的过渡时间表，以保证在今后的道路转型中，广大移居人口的城市化、市民化尽量少欠新账，加快归还旧账，这样在现代化、城市化进程中逐步缩小和消除土地城市化与人口城市化和市民化的脱节问题。

第二节　新型城镇化制度框架

城镇化道路的转型和制度规划，就是以土地制度的变革为基础，以户籍管理制度的改革为核心，并进行配套的财政税收以及社保金融制度的改革，以全面降低城市化的成本和门槛，稳步实现所有外来移居人口的市民化，夯实和增强工业化和整体国民经济更新升级的质量，释放中国经济长期增长的潜力，并为农业和农村现代化铺平道路。从步骤上说，关键是要启动以下几个方面的制度变革和利益调整。

一、改变用地指标分配机制，实现土地与户籍联动改革

改革开放 30 多年来，我们土地管理制度虽然历经多次改革，但从来没有触动的是建设用地指标的行政计划无偿分配办法。这个主要按基数和经济发展需要分配建设用地指标的办法，本质上还是土地指标与经济建设挂钩，是只见 GDP 和经济增长、不见人口的分配机制。在这种分配体制下，拿到建设用地指标就可以把低市场价值的乡村用地变成高价值的城市建设用地，因而指标就是钱，这样永远有中央控制农地转用和地方土地指标总也不够的矛盾。由于给地即给钱是年年有计划分配，而安置人即花钱并无计划要求，这样各地政府在要完了土地指标之后自然没有主动花钱去安置人口入籍的动力和压力。

据国土资源部的资料，近年来地方要求的建设用地指标通常只能满足三分之一到二分之一，缺口巨大。为缓解矛盾，2004 年以来在行政指标分配之外开口子，搞了限于当地的城乡建设用地增减挂钩。这个挂钩虽然不断蚕食优质耕地，但表面上看并不影响耕地总量，因而上面要求不严、下面积极突破，规模迅速扩大，成为近年来建设用地不断迅猛扩张的重要缺口。这种挤农民村庄用地以获取城镇建设用地指标的"改革创新"，实质仍然是土地与土地的指标挂钩，还是属于只重建设用地指标不重人口城市化的旧机制。

　　显然，这种建设用地无偿计划分配导致的建设用地饥渴症和见地不见人的增减挂钩体制，是造成我国工业化与城市化脱节、土地城市化与人口城市化和市民化脱节的制度原因，也完全不能适应今天发展新型城镇化其重点是人的城镇化的要求，因此，这种只管土地指标不管人口指标的畸形管理制度必须从根本上改革调整。

　　城市化之所以需要建设用地是因为产业和人口集聚，而产业还是离不开常住就业人口。因此，建设用地指标分配应当根本改革，在总体上转为实行建设用地指标与城镇常住户籍人口即市民化人口挂钩的新体制。地方申请年度建设用地指标，应有相应的市民化即城镇户籍人口增加的计划，并根据上一年市民化人口完成情况，增减下一年度建设用地指标。

　　过去我们在等级制的集权体制下，一方面，分配的建设用地指标往往被行政级别高的大城市截留，县城和中小城镇建设用地指标不足；另一方面，由于人口的迁移在很大程度上是以就业和更好的谋生机会为导向的个体选择与市场行为，按行政办法给各地分配用地指标往往与人口的实际流向不相匹配甚至相反。许多传统城市现在常住人口已不增反降，但仍在大肆扩张城区，已经形成潜在的房地产泡沫，而许多大量人口涌入地（其中有大城市也有新兴的地、县级城市和新兴乡镇），又苦于建设用地指标不足或级别低、配套差，无力发展。[①]

　　因此，采用建设用地指标分配与人口市民化挂钩，可以更好地顺应和发挥市场在城市化形成过程中的调节作用，形成哪个城镇能吸纳更多的市民化户籍人口，哪个城镇就可以分配到更多的建设用地指标的正向激励机制。这样也意味着城镇户籍人口流出和减少的地方，要相应扣减建设用地指标。这不仅有利于减少市场经济条件下的人户分离，而且才真正有利于

---

　　① 如浙江省诸暨市店口镇，是全国最大的铜加工、管材管件、汽配、五金加工基地之一，有两家企业并列全国 500 强，6 家上市公司，常住人口 13.3 万。但因行政级别低，在现行建设用地指标分配体制下，2012 年实际获得建设用地占诸暨市的 1.7%，而其工业产值实际已占诸暨市 1/4，财政收入已占 1/8。见《第一财经日报》2013 年 4 月 26 日 A4 版 "新型城镇化：一个浙江富镇的均等化实践"。

有活力的中小城镇的发展，促进大、中、小城镇符合就业和市场状况的协调发展。用地与落户挂钩，才能使城市化建立在以个人选择为导向的市场基础之上，人口有进有退，城镇有扩有缩，从根本上改变今天一讲城镇化，似乎就是每个城镇都要扩建这种违反经济规律的大干快上，消除和避免有城无市、有房无人的"鬼城"现象。

由于相对而言，我国的户籍管理是最严格的登记制度，又极易实现全国联网，一地城乡户籍人口迁入增加必须以另一地城乡人口的户籍迁出减少为前提，因而极少有造假扭曲的空间。实行建设用地指标与城镇户籍人口全面挂钩，会使地方政府实实在在地去增加本地城镇户籍人口，但这也同时意味着对新增市民户籍人口包括住房、教育、就业、社保等全面的保障义务，地方政府不能不考虑自己的负担能力。这样，就与旧分配制度下地方总是伸手要用地指标、多多益善的用地饥渴症不同，建立了建设用地指标增加的内在平衡和约束机制，就会有力抑制建设用地从而土地城市化的不合理膨胀。[①]

考虑到我国地方政府对本行政辖区的强大控制力，要在制度设计上防止上有政策、下有对策，即有的地方政府为获取建设用地指标而强行或虚假地将本地农民户籍改为城市户籍（实际上在一些地方的所谓村改居的运动中已经发生），因此，需要实行新增建设用地指标与外地人口本地市民化入户挂钩的制度，这也适应了我国以农民异地转移就业为主的国情。对本地户籍农民的市民化则需在增加当地城镇建设用地的同时，地方政府要承担逐步减少乡村建设用地和土地复垦的责任。这样既可以防止造假和机

---

① 2008 年，在《中国改革开放三十年：回顾、反思和前景》一文中我们就曾建议"将城镇和工业征用农用地的使用指标与农民工市民制的指标挂钩，形成土地非农使用的内在约束机制，是抑制农地占用、调节地方竞争方向的关键一环。目前由于土地征用出让是地方政府的主要财政收入来源之一，地方政府具有不断扩张非农土地占用的强烈冲动。用行政办法来控制土地占用和审批，费时费力，效果很差。因为中央政府很难区分城市化和工业化正常发展占地和过度扩张占地的界限，因而没有控制和审批各地土地占用增长的客观标准。把增加非农占地与农民工市民制挂钩，可以使城镇扩张与城市化的真实成本建立起对应关系，遏制城市特别是大城市无成本约束的土地无限扩张冲动，同时改变现在城市化和工业化过程中只无偿使用廉价劳工而不承担相应的经济和社会责任的状况。"拙著《中国改革：做对的和没做的》第 94 页，东方出版社 2012 年版。

制漏洞被人利用，又可以纠正现行城乡建设用地增减挂钩只见土地不见人和扭曲土地市场价值的弊端。

土地指标与户籍人口增加挂钩的实质，就是将户籍制度改革与土地制度改革联动起来。因为所谓只有土地城市化而没有人口城市化和市民化，就是户籍制度改革滞后脱节的结果。工业化将农村人口卷入城市，如果没有城市户籍制度垄断的屏障，本来工业化和城市化、农民工市民化应当是一个同步的过程。现在很多人说，关键不在于户籍，而在户籍背后的那一系列城市社会福利保障，只要逐步剥离这些福利保障，最终户籍制度就没有意义了。这个说法其实似是而非。没有户籍垄断和封闭为前提和依附，所有这些歧视性的福利保障就无法操作和实施，从而连一天也维持不了。从这个意义上说，户籍歧视是根，而借此发生的各种歧视性待遇只是长在根上的枝，依附在皮上的毛。

因此，推进某些单项的社会服务均等化固然值得欢迎，但改革户籍制度才是根本和正道，而且已经不能拖延。因为没有户籍制度的改革，农民工的流动状态就不可能从根本上改变。农民工不能真正市民化，农村土地制度的改革也只能走走停停，乃至半途而废。大部分农民不离开农村，还是一家几亩田的小农经济，农业现代化也就无从实现。况且现在农村的农地流转受到政府推动正在如火如荼地发展，农民卖出了土地，事实上越来越不可能再返乡要回土地耕种，同时又不能在就业城镇入籍入户，最终势必造成严重的流民和社会失序问题。

改革户籍制度既要积极，又要稳妥，这是大家都可以理解的。但绝不是像过去那样，以稳妥之名，行消极拖延之实。有些千万级人口的城市，外来打工人员已达几百万甚至更多，每年仅按自己设置的打分指标转几百上千农民工入户，这样转下去，即便不考虑今后每年的新增转移人口，也要几千上万年才能转完，这不能不是一个令人啼笑皆非的嘲讽。

有人担心，实行建设用地指标与户籍人口挂钩，随着农民大量转为城市户籍居民，会进一步增加耕地减少的压力。其实不然。如前引资料，我国至 2010 年底，城镇建成区总面积约 4 万平方公里，即 6000 万亩左右，另独立工矿用地据说还有约 4 万平方公里，但我国现在农村村庄等建设用地面积即接近城镇建成区总面积的 4 倍，达 16～17 万平方公里。从韩国和我国台湾地区城市化高速发展期情况看，由于城市建设用地在快速增加的同时，农村村庄等非农建设用地随农民进城可大幅减少，因此在总体上耕地面积可以在长时期中保持稳定不变（见表 9-1）。这与我们的城市化率特别是户籍人口城市化率还在很低水平、并没上升多少，但耕地面积却大幅度减少的情况是完全不同的。

所以，我国在城市化过程中面临的不是建设用地绝对量的短缺，而是如何避免像迄今这样，一面城市扩张不断占用优质耕地，一面由于农民离乡不离土，甚至赚钱后回村盖房又不居住，造成村庄占地不降反增，增加的面积相当于我国全部城镇建成区的一半。① 显然，这才是在建设用地指标与常住户籍人口挂钩的新型城镇化进程中必须解决的真正问题。

这里一个可行的制度设计是，当农民从农村迁出户籍而去异地城镇落户的时候，转为城镇户籍的农民在申请城镇保障房的同时必须处置在老家的宅基地。这是因为，一个人不能既在农村享受具有一次性保障性质的宅基地分配，又在城镇二次享有保障房待遇。对于不申请城镇保障性住房的进城落户农民，当然可以同时保有农村的宅基地。但当他们在购买城市商品房后，他们在农村的宅基地及住房，应被纳入拥有的总体房产数交纳相应的不动产税。这样就可以用经济而不是行政手段引导进城落户农民逐步放弃农村宅地。

同时，异地进城务工农民，放弃在家乡的宅基地就可申请就业地的保障房，实际上就等于是将自己在家乡的建设用地指标（地票）在就业地城市以当地土地价值兑现，从而解决了地票地方市场与全国性市场的二律背反难题。这与建设用地指标与外地就业人员落户挂钩的机制相衔接，就形成了我国农民工异地市民化激励相容的完整链条。对于在本地县城及集镇

---

① 国土资源部副部长胡存智在前引城镇化国际论坛上的演讲中称，我国在过去 10 年里，大量农村人口转移进城。但农村的建设用地不但没有减少，反而增加了 203 万公顷，即 3000 多万亩。

入户的农民，由于就业稳定性和包括住房的各类保障程度一般不高，上述办法也给他们自由选择是否放弃家乡的宅基地以一个较长的缓冲期（农民工流出地的内地县城和集镇引入不动产税显然会有一个相当的滞后期）。

表9-1：中、日、韩城市化高速发展期耕地变化情况

国家或地区	年份	城市化率（％）	耕地面积（万公顷）	耕地增减（％）	城市化率每上升1％的耕地增减比重（％）
日本	1950	37.4	584.0	−15.3	−0.40
	1975	75.7	494.5		
韩国	1960	27.7	204.0	−4.3	−0.09
	1990	73.8	195.3		
中国台湾	1960	40.0	54.0（1962）	+2.0	+0.05
	1991	76.4	55.1		
中国大陆	1996	30.5（24.4＊）	13 003.9	−6.4	−0.39（−0.72＊）
	2008	47.0（33.3＊）	12 171.6		

资料来源：日本资料来源于日本农林水产省《农家经济调查报告》、日本内阁府统计局《国势调查报告》（昭和30年），中国台湾数据来自李瑞麟（1975）、经建会（1971，1995，2000）、刘玉山（1986）以及2011年《台湾统计年鉴》，韩国数据来自世界银行统计，中国大陆数据根据各年度《中国统计年鉴》及《中国人口统计年鉴》整理。

注：＊为《中国人口统计年鉴》的非农业人口比重，另据中国国际城市化发展战略研究委员会2013年7月发布的《2011年中国城市化率调查报告》，2011年全国总人口为13.56亿，其中非农人口4.7亿，户籍城市化率为34.71％。因此从户籍人口比重来看，我国还处在东亚模式城市化转型的起步期，但相对于户籍人口增加，减少的耕地比例却是最大的。另外，我国有形式上的耕地占补平衡制度，因此，我国耕地质量的下降要比耕地数量的减少更严重。

如上所述，新型城镇化是人的城镇化，但人的城镇化必须有相应的机制去保证和实现，否则人的城镇化就难免会沦为一句空话。建设用地指标分配与安置进城农民工及其他移居人口挂钩就是在我国现行条件下实现人的城镇化的关键机制。按城郊人均一亩地计算，这意味着原先农地转建设用地每亩只需安置一名失地农民；而据前引《中国统计年鉴》的数据，我国城镇建成区面积每年扩大250万亩左右，现在按照我们上述每年至少需要消化进城农民人口2 500万的保守数字算，在挂钩的新机制下安置数量

需增加 10 倍，即一亩建设用地指标需要安排 10 名农民转市民。这显然是个巨大的转变，也意味着巨大的用地和财务约束。

我国当前城市建成区总面积为 4 万多平方公里即 400 多亿平方米，按现在户籍人口计算每人占约 90 平方米，按常住人口计算每人占地约 60 平方米。对比之下，一亩地安排 10 个人落户即人均 66 平方米，应当说虽然任务艰巨但仍然在合理范围内（国家发改委的另一口径是说要将人均城市建设用地控制在 100 平方米，这个城市建设用地口径显然与《中国统计年鉴》公布的数字不符，是否是包括了部分工矿用地的大口径不得而知）。当然，为了鼓励地方的积极性，在规划上允许和支持的城镇，可以增加挂钩的建设用地指标和每人落户的平方米数，这样可更好地调动地方特别是相关城镇政府的积极性。

不难看出，建立农民工市民化人口与建设用地指标挂钩，比较好地应对了以市场为导向的"人往哪里去"的安置问题和城镇布局问题。当然，这也使下一个逻辑上必然要回答的大问题更加突出出来，这就是"钱从哪里来"？

二、调整既得利益结构，土地增值收益回归城市化主体

实现城市化和现代化，意味着占我国人口绝大多数的农民转化为市民，这个支出显然既不能主要靠现有税种税收来负担，更不能靠财政赤字和发行货币，而主要是要靠人口城镇集聚和城市基础设施投入所带来的城市土地增值收益。这里的核心难题，就是如何解决土地增值主要集中在只拥有农民总人口 3% 左右的城市郊区（据国土资源部的资料，1996—2010 年，全国建设用地增加了 7 410 万亩，造成 3 000 多万农民失去土地。由于这包括了工矿和国家重点工程占地，因此城郊失地农民应不超过 2 000 万人，占约 9 亿农民的 3% 以内）[①]，而绝大多数转移人口又并不来自郊区，

---

① 国土资源部耕地保护司司长严之尧的文章"集体土地改革寻路"，《财经》杂志 2013 年 8 月 22 日，总第 364 期第 98—100 页。

他们非郊区的土地并没有多少增值的不匹配矛盾。这样，简单地说让农民自主城市化或让农民带着财产收益进城是不行的，而要通过机制变革来调节四大既得利益集团的收益，使土地增值的主要部分回归城市化的主体，即进城农民工及其家属。

（一）以征地财务平衡替代卖地牟利财政

这一条的含义就是改革现行经营城市土地、谋求卖地净收益的房地产财政，实行以财务平衡为原则的新型征地制度。

在城市化特别是后发国家快速城市化的过程中，新城区开发和老城区扩大是公共利益的需要，将成片农业用地改变用途为城市建设用地，纳入公益性征地范围是国际惯例，也有利于降低整个社会的城市化成本，公平分配土地增值收益。但政府谋求土地净收益的房地产财政扭曲了政府行为，降低了政府作为社会代表的公信力和行政管理权威。特别是地方政府普遍利用土地拍卖收入给自己建起了豪华的楼堂馆所和自己可以随便花钱的小金库，这样由于自己吃了土地的食嘴软，花了土地的钱手软，难免对其他近水楼台也捞一把的既得利益者迁就退让，从而导致整个土地增值收益分配的紊乱和社会不公。

这样，主要依赖房地产卖地融资的财政一方面不断推高房价地价等安居成本，另一方面地方政府越来越窘迫的财政状态又严重制约了其平价提供保障房用地的能力，更不能想象去为几亿农民工及其家属提供保障房和相应的基础服务设施。因此，中央政府必须痛下决心，对传统的以谋取土地净收益为特征、靠拍卖商住用地的房地产财政模式进行根本改革，代之以政府财务平衡为指导原则的征地收益分配模式。

财务平衡是成功实现现代化城市化转型的东亚国家和地区（包括新城区开发和老城区扩大）城市土地开发的成功模式。其本质内容就是将征地全过程的成本和利益分配公开化透明化。一块土地的征收拆迁补偿成本，加上该地块本身的整理和基础设施建设费用构成土地的基本地价，政府用市场化原则公开拍卖该地块中规划的商业用地及部分高档住宅用地的数量，不是随意和多多益善，而是以弥补土地一级开发、收支平衡为限。任何单位、包括工业用地和政府机构本身占用土地必须支付基础地价。基础地价即不包含任何盈利的全成本地价。根据日本、韩国和我国台湾地区的经验，只有经严格限定和公示的真正公益用地成本才能摊入基础地价。

　　基础地价构成保障性住房用地的基准。这样人口城市化需要的低成本保障房用地才能有充裕的来源。由于在财务平衡的原则下政府无法通过多拍卖商住用地敛财及用于补贴工业用地，我国现行工业用地中低成本乃至零成本滥用浪费的现象才能从根本上改变。财政平衡的征地原则可以彻底切割政府在征地活动中的利益瓜葛，遏制由于政府本身经济利益的征地扩张。同时又由于是全成本地价，不对政府形成额外债务负担和压力，使政府在征地活动中的经济利益中立化，从而恢复政府作为土地增值收益分配中的仲裁人角色。

　　财务平衡原则应当是每一征地地块本身的平衡。在不同的地块之间有时由于规划用途明显差异（如有的地块恰好是覆盖了过多或过少的公益性及产业性用地），根据台湾地区的经验，也可以实行个别跨地块的财务平衡。[1]

　　老城区本身的改造则应打破政府垄断，允许业主单位或联合起来的个人业主在符合和服从规划调整的前提下，借鉴海外"市地重划"的经验，申请自我更新改造，以提高城市建设用地的使用效率，改进城市的人居环境生态。自主性更新改造需经规划部门批准，如因改造增加了原业主的房屋面积，申请业主方需事前与城市土地储备或保障房管理部门达成新增面积的分享分割协议，以体现增值收益的社会分享。对复杂社区的更新改造，也可采取类似海外"区段征收"的办法，在财务平衡的基础上，通过社区更新改造，改善整体居民居住环境与质量。对社区更新改造后，原业主的房屋面积显著增加的，也要事前签署增加面积社会分享的协议。

　　对原工业用地也应允许用地单位申请改变用途。但原工业用地拿地成本通常很低，不应鼓励用地单位因改变用途而获取暴利。因此原工业用地

---

① 胡振扬：《区段征收与财务平衡》，台湾国立成功大学都市计划研究所硕士论文，2003 年。

和划拨用地的改造，应大幅"减步"，交出一半以上土地由政府组织公租房建设，剩余的土地可改为同样出让期较短的商业等综合开发用地，由用地单位自行开发。但一律不能改为可自动续期因而具有无限期使用权的住宅用地。

（二）规范失地农民的利益补偿

我国现行的失地农民补偿呈现两极分化的现象。在远郊区的产业园区用地因为政府无眼前利益，往往还要赔本供地，一次性补偿经常严重偏低，农民失地的长期性影响更被忽略。国家重点工程用地，由于属于类似情况，再加上用地区域一般偏远，地方代征层层截留，农民失地补偿也经常严重不足。

反之，城镇特别是热点城市近郊更不用说城中村，一次性几千万或几十套住房的巨额补偿往往使失地农民一夜暴富，许多人过上脱离劳动的寄生生活，其中因挥霍赌博等再度致贫的现象也时有发生。可见，让人以身外之物一夜暴富，既损害了社会利益也未必真正有益于当事人。更有太多的人违建抢建，甚至内外勾结虚报谎报拆迁损失，骗取巨额补偿资金（如媒体上经常报道各地频繁出现被判决案例，都是串通虚报不存在的房屋或厂房拆迁，骗得几百万上千万元补偿），造成极大的社会不公平。

过去一段时间，维稳至上、鼓励钉子户的政策导向和舆论氛围，表面上是维护财产权利、迁就失地农民的要求，实际上奖励贪婪甚至违法，助长了人们恶性攀比心理，严重危害了公共利益，加剧了整个社会的不公不均不稳。因此，沿着法治轨道，规范失地农民的补偿，遏制在快速城市化过程中发生的土地拥有者对劳动为生者、原住民对移居民的财富剥夺，已经是推进新型城镇化工作中的紧迫一环。

总起来说，对失地农民应贯彻国际上通行的公正补偿原则，不仅要考虑征地给他们带来的当前经济损失，还要考虑征地对他们的长期经济影响。对远郊区农民，主要应通过征地人员安置或购买流转农田作为替地的办法，保证农民在征地后的农田经营规模不降低，长期经济来源不受负面影响。对城郊和城中村的农民，原则上应取消现行一次性巨额现金补偿办法，而采取农民宅基地换住宅，农地换部分公租房的办法，使农民在丧失土地后既有城市住宅，又有公租房收入作为长期经济来源。在有条件的地方，也可采取减步退地的办法，使农民保留原宅基地和由农地面积折价而来的部分建设用地。农民保留的已改变用途的土地，可按规划自建自用住房和开发运营。这样可以大幅度降低征地和城市化建设的成本。

这里最关键的是要彻底改变维稳思维和坚持法治程序。在征地补偿中，所谓"摆平就是水平"的传统做法造成了不讲规则、不讲公平，老实人吃亏、钉子户得利的逆向选择效应，这也是近年来征地成本直线上升但纠纷不断、群体性事件频发的主要原因。而规则明确、程序清楚、在法规面前人人平等、一碗水端平的法治精神，恰恰是实现公平公正和平定纷争的真正法宝。我们从上一章国际经验的介绍中可以看到，发达国家采取的民意机关（议会）判断公益性即征收的必要性，法院独立裁决公正补偿，东亚国家和地区在老城区更新改造中需要90%赞成率等做法，都有值得借鉴之处。

而我们今天的情况是，一方面既普遍有政府长官意志不讲程序、野蛮拆迁，补偿中欺软怕硬，为达目的不择手段的现象，另一方面又有一些人宣扬在西方发达国家也并不存在的财产权至上的神话，否认民权对产权、社会利益对个人利益的制约，支持个别人的极端诉求，否定法治的权威性和强制力，实际上加剧了分配不公和社会失序。因此，全面推进征地和补偿的透明化、法治化，是征地改革的中心一环。①

---

① 在这方面最近发生的一个典型案例是广州市越秀区杨箕村的土地征收。在99%的人已经签署协议后，仅仅因为剩下几户农民的额外补偿要求未得到满足，经法院多次判决败诉后仍坚决不搬迁，最后终审法院判决后又表示力争通过调解去化解矛盾和纠纷，尽可能不强制执行。这导致已签协议并搬出了几年等待建好后回迁的村民最后无奈采用挖沟断电等办法逼迫这几个钉子户，结果舆论又回过来指责政府不作为。政府方面解释，他们已经做了各种工作但实在无法满足要求超额补偿的这几户农民的要求，否则会引起更大的不公平和已签协议农民的更多相互冲突的要求。最后，在拖延数年、有关各方都尽输的情况下，几户钉子户终于在政府出面协调、适当增加个别补偿的暗箱妥协条件下同意拆除。这种违反法治精神与程序，结果各方都付出极大代价的多输做法被媒体归结为"多数与少数之间需要妥协"的案例，充分反映了当今中国在征收补偿问题上人们价值观念和法治观念的混乱。见《新京报》2013年8月10日B04-05版"99%同意拆迁，1%反对，如何保护少数人利益"。

这里还需要指出的是，在制度变革中经常是细节决定成败。在征地补偿中，我国现行按农民实际建筑平方米补偿的办法就是属于这种漏洞极大的"细节"。由于按平方米补偿涉及的经济利益巨大，完全不承认不补偿历史上所有违法违章建筑难以实行，但违建抢建的部分承认到哪个时点、哪种程度往往又成为新的争论焦点。如许多城郊特别是城中村农民，通过一次次扩建违建，盖出了七八层乃至十多层、二十多层的高楼。因此，按建筑平方米补偿实际上鼓励了人们的违建扩建，而且劣币驱逐良币，最后谁不违建抢建谁吃亏。结果造成尾大不掉、是非难断。应当借鉴国际成熟经验，对征地补偿实行房地分离，在对土地的公平补偿以外，对建筑物仅按重建建筑成本价扣除折旧补偿，严重违法违规的抢建不予补偿，这样自然使任何违建抢建因无利可图而消退。

另外，有必要遵循国际惯例，对城郊农民各种形式的征地拆迁补偿，在给予一个较大的豁免额后征收个人所得税及土地增值税。这种办法也有利于引导农民选择以长期经济来源为主的补偿方式，而放弃一次性货币补偿方式。现在一些城郊和城中村农民动辄拥有几千万货币补偿或房地产财富增值而不缴纳任何税收，拥有几十套上百套住房且每年仅租金收入就以百万元计，但并不交纳任何税收。这即使在西方最自由的资本主义国家也是完全不能想象的。其实，将征地补偿纳入正常税收范围，从东亚经验看，既可大大增加征地补偿的谈判余地和达成协议的空间，也是收入分配改革的题中应有之义。

（三）改革房地产开发模式

我国政府征地集聚土地、定向供给房地产开发商，开发商又通过土地融资和房屋预售的杠杆方式膨胀发展，使得采用此模式的大陆和香港的房地产业成为世界上少有的造富机器。由于与房地产仅靠买进的原料即土地涨价就能赚钱相比，经营工业等实业全靠贡献增加值挣钱，因而要辛勤艰难得多，这驱使各行各业的知名企业几乎全部涉足房地产业。即使在中央政府持续多年保持对房地产行政高压调控态势下，不少三、四线城市房地产已出现严重过剩的迹象，但在一、二线大城市，房地产价格仍在不时创出新高。许多地方和企业还在以不断创新的口号，如产业园区、旅游开发、文化创意园、养老社区等，行圈地占地靠土地升值赚钱之实。

显然，所有这些不能不给中国经济带来空洞化和泡沫化的极大危险。因此，我国房地产开发模式的改革和转型，也已经迫在眉睫。房地产开发模式改革的核心就是开发商不能再主要靠土地升值赚钱，而要靠自己提供产品、工程和服务的增加值来赚钱，使开发商赚钱的首要途径从"拿对地"转到"做好产品"上来。

第一，改革首先可以探索的方向是开发模式的多样化，打破开发商对房地产开发的垄断。一是上述老城区住宅的更新改造打破垄断，允许业主单位或个人在减步退地的基础上自主更新开发，二是鼓励合作建房。购房者临时合作建房交易成本过高，又是业余操作，很难存活。要借鉴海外经验，发展专业性的合作建房形式，这就需要改造现行住房公积金的强制性、垄断性经营方式，组建各种类型的建房合作社、住房金融合作社等社会企业，以保本微利为原则，开展形式多样的合作建房。

第二，改革的另一个主要方向是改变现行房地产开发购地和预售模式。现行开发模式下政府和开发商都靠土地融资，而这二者都不是土地的最终使用和消费者，因而极容易诱发土地泡沫和金融风险。同时，地方政府与开发商相互依赖，政府希望开发商多拿地以实现土地收入，开发商往往大量囤地、分期开发的后期楼盘价格常常是前期的好几倍，尽享土地增值收益。在地方政府改行财务平衡的土地开发方式以后，应废止开发商一次拿地、多期滚动开发模式，改为分期拿地、一次开发，消灭开发商囤地现象。

另外，要借鉴东亚经验，实行地价公示、房地分离。现在房地产开发商普遍埋怨主要是地价推高房价，房价中大部分是土地出让金和相关税费，声言房地产并非暴利行业，就是在土地上赚点钱也承担了地价波动的风险和金融成本。既然如此，那就完全可以实行公开透明的房地分离模式，把土地成本与开发商建房成本相分离。实行房地分离的新模式，开发商须将取得土地的地价款按建筑面积均摊，购房者拥有独立的土地使用权证和房产证，从而使土地和房屋的价格分别透明化。对所有普通商品房开发，采取定地价、竞房价的方式招标出让土地，分离开发商与土地价值变动的利益链。

为进一步推动开发商回归房屋建造商，还可以实行开发商中标后不必交纳土地出让金的新制度，要求开发商在中标取得土地开发权后的数月内即出图纸并开始预售，只收取房屋对应的土地款。开发商将收到的土地款同时全额转移支付给土地出让方。这样开发商对于土地款来说只是过路财神，即土地收益全额原价归土地出让方。由于房地分离，而且开发商在中标开发与房屋预售之间时间相隔很短，这样过去由于各种原因开发商长期囤地后获取土地增值暴利的情况就不复存在。

在这个新模式下，开发商只是主要做房屋的开发设计和建设。土地款以外的房屋款除小额定金外，按照一般商品交易惯例，在交付现房时交纳，以保障购房者权益。由于无须全额垫付土地款，房地产开发资金门槛将大大降低，开发商的资金成本也大幅降低，这可以让更多的房屋开发商入场，更充分的竞争可以给购房者提供更价廉物美的产品服务。同时开发商也回归了制造商，除小额定金外只在交付产品（住宅）时收钱。这样整个住房由于购房者直接支付了土地成本和拥有土地可能的增值收益，降低了原先包括的土地资金成本和地价变动风险。

应当指出，这种方式等于是购买者先成为购地者，并集体雇佣了专业开发商为其建房，兼有合作建房的低成本和专业化建房的规模经济，类似于日本城市化高速期广泛使用的"共同分让"的建房模式，即拥有或取得土地的权益人提供土地，而由开发商提供总体方案并负责建筑实施，组成开发组合。建设完成之后，按照开发组合最初的约定比例，有关各方分得自己的相应份额。

第三，改变税收调节机制，堵住开发商、工业企业等各类企业靠土地增值坐享其成的路子。

对开发商而言，在我国现行房地合一模式下，虽然政府当时设计了高额累进的土地增值税以调节开发商可能的土地升值暴利，但是，由于土地增值税与工业企业的增值税已完全不同，不仅可以抵扣购进的土地等成本，而且可以抵扣包括办公费用等一切支出，从而使这个土地增值已经完全名不符实。开发商又普遍用不结束工期的办法拖延，致使土地增值税在长时期中根本未真正征缴。近年来为调控楼市，国家税务总局先后出台了几个规定，督促和规范土地增值税的清算。但由于各地政府担心影响与开发商的关系进而影响土地出让收入，土地增值税至今也只是开始按销售额的百分之几预征，真正按土地增值税清算的情况仍然很少。这种按销售额预征其实是以销售税代替征收累进土地增值税的做法，实际上已使土地增值税蜕变为一种营业税。

因此实行房地分离的新体制之后，定地价、竞房价开发的普通商品房可全面停征土地增值税。同时借鉴日本经验，土地款部分免征房屋的销售税和营业税，房地分离高度透明，房地产开发也就可一并纳入营业税改一般增值税的扩围范畴。在这样改革之后，房屋开发的资金成本和风险都大幅下降，税收又减少和简化，房屋的整体成本都将全面下降。而由于在售地时房价已经锁定，这样住房成本和价格的下降就会完全落实到购房者身上。

专栏 9-1：日本"共同分让"

共同分让是日本基于土地与地面建筑分别计价之下的一种不动产开发转让模式。简单说就是土地所有方与开发商联合开发住宅或商用设施并对外转让，其中土地部分的转让所得归土地所有方，地面建筑部分转让所得为开发商所有。土地所有方既可以是分别拥有零散土地的众多私人所有人，也可以是拥有整块土地的公营单一所有人。

以日本住宅开发公团、日本宅地开发公团等新市街区开发机构为例。公团购买土地、进行土地平整，规划楼盘里应住多少家庭及最大、最小面积及楼面总面积上限、确定各类房型的转让价格后公开募集购房家庭；同时公团组织建筑招商活动，开发商依据公团的规划要求提出自己的设计方案及建筑报价，公团监督开发商所报建筑价格是否合理及最后的工程验收；对外转让住宅，房价中的土地转让部分由公团回收，地面建筑部分的转让收益归开发商所有。

新市街区住宅开发中的这种不动产开发转让模式，基本上卡住了开发商囤积土地或借地生财的源头，同时在税收上也较为容易界定开发商的实际收益。而对于购房者来说，公团供给的土地是成本价格，开发商获得的是作为承建商的收益，因此住宅的整体价格处于一个受控的范围。当然，这种方式在土地按成本价确定，因而住宅的整体价格低于类似或近邻地区的住宅市场价格时，会出现供不应求。日本建设省建筑研究所针对宅地开发公团最大的共同分让项目龙崎新城（1981 年开发）的调查显示，公募倍率（募集家庭数量/住宅供给量）最高达到 48.7倍。这时由于低价土地供给使住宅具有一定保障房性质，就需要相应解决购买对象的资格排队、转租转售限制等制度配套问题。

资料来源：

《日本宅地开发公团史》第一章第四节，日本宅地开发公团编著，1981 年 9 月版。

《龙崎新城共同分让住宅购入者调查》，建设省建筑研究所，http://www.machinami. or. jp/contents/publication/pdf/machinami/machinami013_ 6. pdf。

对于为了弥补基础设施用地和投入而标售的部分商业和高档居住地，应取消各种限价限购，价格随行就市。但要按房地分离的原则，取消所谓的按销售额预征代征，真正征收高额累进的土地增值税，以调节土地收益。具体的征收操作方法是以中标土地款和其他显性城市建设配套支出为土地成本，核定分等级的房屋建造质量价格，对单位售价超过核定房屋等级建造价的部分视为土地总值，并按此土地总值与土地成本之间的增值差额征收高额累进的土地增值税，以调节开发商的暴利并抑制贫富差距。

对于工业企业等其他拿地企业而言，为了堵住以各种巧立名目圈地的路子，要改革工业等产业性用地出让办法，从一次性出让几十年使用权，改为约定期限但按年租赁土地。这样企业没有囤地并靠土地升值的预期，相反用地越多越要支付更多的即期土地成本，故可促进土地的集约使用，并有利于原申请使用项目遇挫下马后企业及时退回土地。由于有稳定的土地租赁收入，政府可以将工业用地在银行质押贷款，还可尝试资产证券化的金融创新形式，因而并不因此增加地方政府的财政负担。对企业转让已获有长期使用权的土地，应严格按原土地购进成本分离课征高速累进的土地增值税。凡企业、单位或个人名下拥有土地使用权又发生股权或所有权转让，要视同土地收益的转让征收土地增值税，防止以壳公司或股权买卖规避土地增值税收。

长期以来特别奇怪的是，我们的税务部门对不好征、也征不来的房地产开发行业规定要征土地增值税，但对各类企业一眼就可看出土地增值的交易却又放行免征土地增值税。甚至 1995 年"财政部、国家税务总局关于增值税一些具体问题规定的通知"中第一条还规定，对以房地产进行投资、联营的，投资、联营一方以土地（房地产）作价入股进行投资或联营条件，将房地产转让到投资、联营的企业中时，暂免征收土地增值税。[①]

---

① 见"财政部、国家税务总局关于土地增值税一些具体问题规定的通知"［财税字（1995）048 号］。

这个沿用至今的暂免，实际上就给各类经济主体包括工业企业拿地后，以股权投资或股权转让方式逃避土地增值税敞开了大门。应当说这也是长期以来人们用各种名目拿地，工业企业要地也狮子大开口的重要原因。

显然，只有堵住各类企业靠土地增值坐享其成的商业发展路子，我们才能真正节约用地，并引导人们通过勤劳、创新、智慧去发展致富。

（四）调节居民房地产收入

对财产和收入进行税收调节，在当今发达的资本主义国家也早已是惯例。当前我国正处于经济和社会的急剧转型期，隐性收入巨大，分配很不透明，从而对难以隐藏和掩盖的财产征税，调节贫富差距，就显得更为必要。

在快速城市化的过程中，由于人口迅速向城市特别是大城市集聚，城市土地和房地产不断升值和相对稀缺，规划管理的必要又使城市宅地和住房成为某种意义上的垄断配给品。但长期以来，我国对居民房地产财富和收入没有任何像样的调节，在城市化的主体外来就业人员普遍无房栖身的同时，城市中拥有多套房的情况非常普遍，有些人拥有几十套甚至上百套房的情况也不断被披露。许多人在大城市卖一套房就可以办理发达国家的移民，拥有西方发达国家中产阶级一辈子也很难攒下来的财产。这实际上突出反映了不合理的分配导致的财富转移对大多数普通劳动者和移居者的剥夺。

因此很显然，在宅地和房产已经成为国人财富主要载体的情况下，建立对城市居民房地产财富和收入的完整调节机制，就成为捍卫社会公平和分配公正的一道重要防线。

居民房地产调节的切入点和重点是对房地产的收入调节。在买卖环节对房屋交易收入课税，简便易行，执行成本低。而所有房屋投资投机行为，归根到底是为获利，因此，对房屋买卖的净所得征税，应当说是抓住了问题的要害。迄今为止的这么多楼市需求调控之所以无功而返，就是因为恰恰在这个要害问题上敞开缺口，无所作为。

第一，从房屋买卖的所得入手，首先是要废止阴阳合同，即二手房交易中现在普遍存在的以假合同逃税的现象。因为当合同额本身就是虚假的时候，任何调节都是一句空话。近年来一些地方为对付阴阳合同，采用提高房屋评估指导价的办法，这样虽然在一定程度上缩小了名义交易价与真实交易价格的差距，但猜测和打听内部掌握的房屋评估指导价，就成为新的寻租和避税形式。实际上评估指导价在国际上是用来作为征收财产保有税的依据，从来不是交易纳税的依据。不按照交易的真实额度纳税应当说只是中国的一大特色。

其实解决阴阳合同即虚假合同的问题并不复杂，只需将交易合同在交易大厅公示，允许其他人包括保障房机构价高者得，所谓阴阳合同自然立即消失。因为这时卖方如果以远低于市场价格签售住房，自然会被其他买家稍微加价就可优先买走，而卖方在公开市场监管下没有任何理由拒绝更高出价的成交。对卖方拒绝以更高价出售的反常行为，可以以涉嫌虚假合同逃税而立案侦办。这里的精神其实多少也还是孙中山先生在100多年前就提出过的思路，让房地产主自己报价，然后照章纳税，如果虚报低价则可照价收购。

第二，合同真实了，这时关键就在于要有合理的税种税率设置。现行居民房屋交易环节，不区分自住房与非自住房，重交易税轻所得税，这和我国在城市化高速发展阶段扶持保护自住房需求，限制投资投机类住房需求的总体指导方针严重脱节。因此，按照鼓励自住、限制投资投机方针的精神，我国应显著降低人们自住房交易的营业税率和印花税率等交易税，对自住房交易所得给予一个较大的豁免额，以方便居民调剂和改善自住房。反之，对非自住房的交易所得，则应从严征收所得税。

我国现行房屋交易所得统一实行的是按20%的分离所得征税，但国家税务总局2006年7月18日的通知［国税发（2006）108号］又非常奇怪地规定对不提供原购进成本的所得，可改按交易额1%～3%征收（国际上税务征管的一般做法是对不提供原始购买凭证的，通常不是从宽而是要大大从严，以保证税收征管的严肃性，如韩国在长期中实现的就是，对未登记财产的交易征收75%的所得税）。由于我国这些年房屋价格早已涨了数

倍，大量房改房更是成本接近于零。因此人们自然几乎全部选择这个 1%
的交易税率。再加上按交易额征税极易全额转嫁给买方（实际上我国现行
房屋交易不言自明的市场规则就是买方付税），这个变通征税规定实际上
是对房屋交易所得全面放行。显然，一方面对劳动等辛勤所得征边际税率
为 45% 的个人所得税，另一方面对房屋这样的财产所得近乎全部免税，这
是在随快速城市化进程房价不断攀升的背景下，一部分富裕居民疯狂囤房
的重要原因。

因此，限制投资投机住房需求，首先要取消可按交易额 1% 征收房屋
所得税的这个后门。其次是借鉴国际经验，对人们的自住房出售给予一定
的免税扣除额，免税扣除额以成年公民单独计算，夫妻的免税额可以合并
使用，从而不留借改变婚姻关系避税的空间。为保护人们改善性住房的需
要，对持有两套房且持有时间与首套并存期不超过 1 年的，或虽超过 1 年
但人均居住面积低于当地人均居住面积 2 倍以下的，售房时视为自住房。
对非自住房和高档大宅交易所得纳入个人所得税综合征收，适用与劳动所
得相同的边际税率。其三是可以对第 3 套以上的住房交易，以及对超过人
均住房面积一定倍数如 3 倍的房屋交易，不再适用居民住宅交易暂缓征收
土地增值税的规定，而是视为经营性房地产交易，征收边际税率达 60% 的
土地增值税。

这样，囤大面积多套房的牟利空间被大大压缩，投资投机性和超前奢
华性的需求动力自然大减。原先由此推动的住宅供求失衡和房价上涨因素
就会在很大程度上消失，歧视外来移居人口的行政性限购办法也就可以相
应取消。实际上，行政性限购除了歧视外来人口、与城市化潮流背离之
外，还刺激人们购房时一次到位、购买大户型房子，反而扭曲和放大了住
房需求，进一步刺激了我国本来就追求大户型住宅的畸形结构和超前消费
倾向，加剧了住宅资源供求失衡的矛盾。因此，尽快启动经济长效机制取
代限购等临时行政手段，实现从僵硬的行政强制办法向以税收为主的经济
调节体制的过渡，已经迫在眉睫。

另外，对于名目繁多的保障类、福利类住房，现在对其进入市场交易

没有限制或只有很短年限要求，使得这各种非商品房市场供应的房源成为权力寻租的藏污纳垢之地，因此数量居高不下，名目不断翻新，造成了极大的社会不公。对所有这些非商品房房源，原则上可以采取两个办法：一是按照购入成本征收土地增值税，以实现涨价归公的社会公平。二是也可以采取房主和政府联合分享产权的形式进行规范。

第三，在房屋交易所得环节对非自住房需求进行了精准控制之后，现在争论很大歧义甚多的房产税的压力就减轻了。房产税的正确称谓应是财产税或不动产保有税。征收对象主要是住宅和房子下面的土地，而且很多情况下，房子下面的土地比房子要值钱得多。不动产保有税在西方发达国家普遍是地方政府的主要财政收入来源，因此，开征不动产保有税应当说是税制改革和税收结构合理化的题中应有之义，这一点并没有多大的争论。

在我国现阶段普遍开征不动产保有税的最大障碍，核心还不仅在于法律程序问题，而在于存在着发展中国家征收这类财产税的一般困难和中国政府与民众关系的特殊困难。因为财产税不同于在交易发生处征收扣除的商品、收入等税收，是要从并无交易的人们住所征税，因而对征管能力要求很高，这也是发展中国家往往是以最好征的商品类税收为主的原因。中国既是发展中国家又处于经济、社会、政治体制转型的敏感时期，腐败严重和社会贫富两极化分使官民关系紧张，仇府仇官情绪普遍，这时如照搬西方普遍开征不动产保有税，很容易产生矛盾摩擦，阻力和风险都极大。故而现今即便在主张积极推进房产税扩围的人之中，也很少有人主张对居民普遍开征。然而从改革和过渡的方向也好，从遏制和挤压目前普遍和严重的囤房现象也好，从边际调控开始征收房产调节税，可以说已经是刻不容缓。

从目前上海和重庆试点征收房产税的情况看，上海只征增量即上海本市户籍居民人均居住面积超过60平方米建筑面积再新购二套房，以及非本市居民新购商品住房（除对若干符合条件的特殊人群优惠外），均按房屋交易价格70%的折扣征收0.6%的房产税。对应税住房每平方米市场交易价格低于上年平均售价 2 倍的，税率还进一步减为 0.4%。重庆对主城区的存量和增量房都征，但存量房只对独幢商品住宅（其中免税面积 180 平方米），增量只对新购高档住房（单价为主城区均价 2 倍及以上，免税面积 100 平方米），税率则是独栋商品住宅和新购高档住房（单价在市均价 3 倍以下）为年 0.5%，3 倍至 4 倍为年 1%，4 倍以上为年 1.2%。同时，在重庆同时三无（无户籍、无工作、无企业）人员新购 2 套以上住房也征 0.5% 房产税。

　　总起来看，这两个城市的试点办法，作为全国的先行者，应当说都为房产税的扩围推广积累了宝贵经验。但也应客观地说，这两个试点城市效果不明显的主要原因都是因为覆盖面窄，力度比较弱，而且还包括了若干歧视性的规定，显然不能作为房产税扩围的样本。

　　我们要看到，现阶段被称为房产税的税种，其本质是房产调节税，即仅调节部分居民的过多房产占有和消费。因此，它的征收对象是一部分占有高档和大面积住宅的居民。本着这个精神实质，房产税在全国推广，就既不能有居民身份歧视，如歧视外来移居就业者；也不能有房产类别优待，如它的征收对象就不能只是居民已经支付了相对最高代价的商品房，而必须包括各类福利房、自建房，否则就会造成新的更大的不公平。

　　因此，房产税的起步可从全国所有城镇的全部住宅开始，对居民占用的多套和大面积住宅征收。对一个家庭拥有的第三套及以上的住宅或人均居住超过当地人均住房 3 倍以上的面积，可按市场价打折的评估价分别征收逐级累进的（如 1% 至 5%）房产税。对一个家庭独立占有土地的独栋和联排住宅则从当地人均 2 倍以上面积适用上述累进税率。

　　以上所说的住房或面积，凡业主已拥有一套商品房的，就应包括其在全国城乡其他各类住房的全部累计房产。这样，对部分富裕人群在城里拥有住宅，又在乡下拥有别墅等小产权房或在自家宅基地盖有豪宅的富裕农民，就能全部覆盖，从而彰显公平正义。对在农村拥有住宅同时又进城取得住宅的，也有调节作用，有利于节约建设用地。纳税要借鉴和采取国际上通行的自我申报与核查申报相结合的方式，对瞒报漏报者，可在发现后

（如全国房产联网时）追溯补交并处以重罚。

对多套房和大面积的房产调节起步并正常运转一段时间以后，就可以考虑向二套房覆盖，并直至最后成为普遍征收的不动产税。但这需要税收立法的相应进展，并在最终普遍征收居民的不动产税时，同时修改住宅用地使用权 70 年的老规定，改为永久使用权，这样既有利于人们更容易理解和接受这个税种，也与住宅占用地实际上不可能收回的现实相一致。如果再加上配合分配制度改革在适当时机开征遗产税（如起步从人均 300 万或 500 万元，夫妻之间可以合用和转移），这样对居民财产的完整税收调节体系就建立起来了。

有一个建议是，普遍征收的不动产税是否可以随住宅使用权到期自动开征，这样由于大部分住宅尚有几十年的使用权期，而且每年陆续到期的住宅会分散在相当一段长时期内，从而可以减少征收的阻力。但这个做法是有严重问题的。

一是，这种做法完全混淆了土地所有权使用权的产权让渡关系与国家征收不动产税的税收关系，在法理上造成混乱。因为在市场经济国家，土地所有权或使用权的让渡都是要按市价付费的，这与政府对各类土地权益人收取不动产税以提供公共服务完全是两回事，二者并无矛盾或替代关系。如我国的工商企业用地，也是付费取得几十年的使用权，但现在在使用权有效期内，依照现行税法，就是要同时交纳土地使用税即不动产保有税的。这样，若采用住宅用地使用权到期后征收不动产税的办法，将与现行工商企业土地使用税的制度直接矛盾和冲突。二是，对绝大多数在近几十年内土地使用权并未到期的房主来说，现在去宣布要在遥远的将来征人家的税，是无端刺激纳税人而又毫无收益的愚蠢之举。

真正合乎市场经济和法治规范的，反而是要积极谋划土地产权制度的根本改革，完全取消 70 年产权的限制，在法律上宣布土地使用权长久不变，对于一定人均面积以下部分的土地无偿延期，对超面积的土地累进有偿地转为永久产权，同时开征对所有土地权益人的不动产税。

对于工商企业用地的国有土地使用权到期，倒是可以采取交纳年租的办法延展使用期，以促进土地的使用效率。但这与现行工商企业必须交纳土地使用税是两回事，二者可以并行不悖。

第四，在财政税收调节系统完善的情况下，现在最棘手的小产权问题也就可以破题。解决可以不拆除的小产权房原则上可以遵循两条线索：一是对建造、出售小产权房的农民或集体要相应扣减其今后土地转为城镇建设用地的比例、指标或其他土地征收补偿额度，使违规使用土地建造小产权房者付出代价并占不到便宜，这样才能真正警示其他可能的后来效仿者。二是对购买小产权房的居民或单位，要由财政税务机关认定其购买价与当时当地商品房价格的差额，购买者在补足差额后转为商品房，并以此补齐的价格作为今后出售时的成本，纳入征税体系。这样既保护了购房者的正当权益，也使购房者和滥用土地建小产权房者无暴利可图，从而以儆效尤。

对城市商品房用地上私搭乱建的部分，也可采取同样的原则，即对可以不拆除的违建，按同期商品房与自建成本之差额，全部补齐后办理房产证。对于不申请合法商品房证的小产权房和其他违建住房，均应视同商品房先行征收房产税，尔后适时解决其房产合法性问题，以促进违建和违规使用者积极申请房产的合法化。

为防止税收漏洞和商业地产泡沫，要改变现行商业用地使用税的从量征收为从价征收。按照2006年修订的城镇土地使用税暂行条例，我国现行大城市的每平方米的最高年税额为30元人民币，只约合每亩地2万元。相对于大城市中心区域商业地产一亩几千万元的市价，年税率仅为0.1%，与国外通常1%～2%的税率相差十多倍，这是造成城市商业综合体泛滥的重要原因。日本20世纪90年代的地产崩盘首先和主要就是商业地产泡沫的膨胀和破裂。因此应大幅提升商业地产的保有税，消除潜在的泡沫风险。对高尔夫球场等高档奢侈用地，可征收高税率的奢华用地保有税。这样做的效果会比行政控制要有效得多。

三、改变体制换粮断奶，将地方政府拔出卖地财政陷阱

在很大程度上，新型城镇化的道路能否走通，取决于地方政府的行

为。现在地方政府深陷土地财政泥潭，负债累累，不卖地、不靠质押土地融资，不仅搞不了城市建设和发展，还会还不了债、付不了利息、濒临破产。在这种情况下，地方政府只能寄望于房价上升、地价上涨，以便自己能还债松套，同时靠土地融资上项目改面貌出政绩，对上对下能有交待。中央政府为了保增长或稳增长，也难免投鼠忌器。这是我国基于房地产泡沫堆积的债务和金融危机不断加深的根源。

在这种整体经济政治环境的大格局下，不面对和解决当前地方政府这种财政困境，只是喊新型城镇化的口号，只是讲一些要改变体制机制的空话，根本不会改变地方政府继续走土地城市化老路的行为，相反如我们今天已经看到的那样，还会在新型城镇化的大口号下，进一步放手圈地、赶农民上楼，又不去真正安置外来移居人口，这种城镇化搞下去就会适得其反，甚至成为一种灾难。

前面说过，现在中央层面提出来并作为改革方向的区分经营性和公益性征地，缩小征地范围的思路，需要地方政府不仅不卖地，还要自己掏钱去征公益用地，这完全脱离实际，也根本不可操作。真照这个思路去做，是要地方政府把自己脖子上的绳索拉得更紧，死得更快，所以在实践中也根本无人理睬。

从卖地财政转为上述土地开发建设的财务平衡，地方政府只是今后不能再从卖地中取得额外净收益，但财务平衡已经包含了土地开发的基础设施建设费用，故财务平衡是可以长期持续、不会造成后续债务累积危机的办法。但这也意味着今后政府将不能依赖新的土地开发去弥补以前的债务和利息，那么这个由于体制转换和资金断奶造成的既往债务如何处理，显然是实行任何体制转换都无法回避的问题。

这样，我们就需要对地方政府的债务开展全面清理，进行长痛不如短痛的手术，终结卖地财政的毒瘾，消除地方债务风险累积的金融隐患。对清理出来的历史欠债和利息负担，采取综合治理的办法。

一是政府已经掌握的土地储备可以全面清理算账用于偿还。二是既成城区中的工业用地集约使用以及向商住用途转换减步，政府可以收回部分土地拍卖。三是准备征收的住宅房产调节税、商业地产从价征收土地税，以后逐步扩大的不动产税可以补充一部分长期资金来源。四是对地方与上一级甚至中央财政的收入分享比例进行适当调整，增加部分来源或中央对地方财政的一次性补助。五是如同当年剥离四大国有银行的坏账一样，在以上清理核算基础上，给地方政府核定和批准地方债发债权，花钱买机制，用公开透明的地方债全面替代现行不规范和弊病极大的卖地财政。地方债发行要通过同级人大审议批准，并对每任行政首长做好离任审计交结，明确政府的负债盘子和明晰责任。这样通过地方财政的体制机制转换，来实现财政体制规范化的目标。

四、城市规模布局和特大城市的发展模式

新增建设用地与进城农民市民化挂钩，在总体上解决了城市布局和规模大小主要由市场力量配置的问题。但是，由于我国现存城市布局和规模在一定程度受行政区划和级别影响，本身未必优化。而且市场本身往往并不能反映一个城市的中长期资源制约和最佳规模要求，人口的自由迁徙可能导致某些特大城市的资源瓶颈或大城市病，因此城市布局和规模并不能完全由市场自发调节。政府基于科学规划的引导也是不可或缺的。特别是对中国这样世界第一的人口大国来说，像许多国家在城市化过程中仅仅一个首都就集聚几分之一的全国人口的情况，在中国就意味着上亿乃至几亿人口的超级城市，显然这是完全不可设想的。因此，对中国这样特殊的人口大国来说，如何应对人口向少数一线城市的过度集中，是新型城镇化发展中必须考虑和面对的一个突出问题。

现在一个流行的说法是，北京、上海等一线城市的规模需要限制发展，一般大中城市可以有条件落户，而其他中小城镇则应当完全放开，即人口流动由市场自行调节。这个说法现在实际上存在两个问题，一是这种鼓励中小城镇发展的规划战略是否正确和能否成功，并不取决于我们的愿望。如果没有更好的就业机会和生活环境，放开的城镇也未必有人口流

入。这也是我们过去长期强调中小城镇发展而人口仍然在向大中城市集中的原因。① 二是现在珠三角、长三角许多小城镇，大量外来务工人员根本不能享受本地户籍居民福利待遇，而没有相应的制度和财政安排，所谓放开也只是一句空话。② 可见，正确的城市布局不可能脱离市场配置资源（包括人口）的基础作用，同时也需要更全面深入的制度设计和安排。

从城市人口规模布局上说，我们今天面临的真正问题是，一些被规划认为是要限制发展的城市人口正在集聚，一些城镇应当发展但却受制于现行体制的束缚，还有一些城镇正在扩张但其实人口正在流失。新增建设用地指标与市民化的户籍人口挂钩，可以在一定程度上解决应当发展而不能发展的问题，也可用扣除建设用地指标的办法限制人口流失城镇的盲目扩张，但它确实给应当限制发展的城市出了一个难题。实际上这也就是现在最棘手的如京沪广深等特大型城市的发展定位问题。

京沪广深等特大型城市由于资源约束或规模过大被规划为限制发展，因而一方面采取严格措施限制户籍人口增加（如北京近年严格控制每年进京户籍指标在 20 万人左右），一方面又因为城市的地位和重要性，大量投资、资源和项目集中投放。大机关大总部林立，名牌高校和医院等优质资源集中，城市基础设施投入不断升级且服务价格低廉，就业机会多、文化生活丰富，这样又促使市场化调节的人口更迅速向这些城市集聚（如北京常住人口每年增加 50 万）。可以设想，这些城市如放松户籍控制还会进一步刺激人口的进一步集聚和迅速膨胀。因此，怎样在继续保持和改善城市现有居民生活质量的同时，又不致引起人口更大规模的集聚压力，就是新

---

① 国务院研究室副主任黄守宏在 2013 崇礼中国城市发展（夏季）论坛的主题演讲中提到，在过去 10 多年中，呈现出来的是城市越大、人口扩张越快的现象。如 500 万人以上的大城市人口增加一倍，100 万~500 万人的城市人口增加了 50%，100 万人以下的城市，人口增加了 25%。全部小城镇的人口从占全部城镇人口的 27% 下降为 20%。

② 如前引用的浙江诸暨市店口镇的例子。该镇常住人口 13.3 万人，但其中一半即 6.97 万为外来人口。这些年来店口镇已尽力为外来人口提供均等化社会服务，被列入国家小城镇改革试点，2011 年被联合国开发署确定为农民工社会融入项目试点单位。但尽管如此，该镇党委书记张状雄对记者表示，店口镇每年吸收外来人口 3000 人加入本地户籍就需额外支付 700 万元，已是该镇负担能力极限。按此人数算，全部近 7 万外来人口入籍需 20 多年。

型城市化制度设计中一个重大挑战。

计划经济时代对人口迁移的强行干预已经过时，逐步改革户籍制度，实现人口自由迁徙是改革的目标和方向。因此，一方面扩大城市规模和投资强度，一面又用严厉的行政手段强化户籍准入限制，和市场化的人口流动趋势恰好相反，肯定越来越走不下去，结果反而造成常住人口的不断膨胀。在这种情况下，以经济手段和规划手段影响人口流动就越来越成为政府引导城市规模布局的主要途径。

（一）经济手段

从经济手段来说，全面限制特大型城市工业投资项目建设，而重点发展创新型和创意型的科研文化产业，肯定是一个有效办法。同时，在我国的现行条件下，在实行新增建设用地指标与户籍人口增加挂钩新机制的时候，相应调升限制发展的特大型城市的人口安置指标，增加这些城市建设用地的土地成本和安置成本，可以从土地供给上限制这类城市的规模扩张冲动，迫使它们在有限的建设用地上安置更多的户籍人口，从而在建设用地总量有限的情况下不得不调整提高住宅用地的比重，减少产业用地的比重，这样也就减少项目投资空间和就业机会，从而通过这些城市自身对制度调整的理性适应，达到减少人口流入压力的目标。

不动产保有税是从需求方面引导人口流动的另一经济手段。特大城市由于人口集聚而地价房价本来就高，如果再征收较高的房地产税，大城市中心区的居民主动向外围城镇迁移。综合生活成本的上升是阻挡人口过度向特大城市集中的一个平衡因素。

（二）规划手段

我国大城市摊大饼式的城市扩张方式集中将一块有限土地硬化和扩大板结化，还不断增加对水、空气、排污吸纳的单位供给强度要求，因而很容易迅速将资源对人口的承载能力推向极限，从而又产生了所谓最大容纳人口的资源限制问题。世界上摊大饼式城区蔓延型大城市如印度的孟买、新德里，泰国的曼谷，印尼的雅加达，巴西的里约热内卢，都出现了这种明显的人口资源压力导致的大城市病，产生了严重的贫民窟问题。

摊大饼式扩展主要是缺乏规划和法治，导致即便有事先比较科学的规划也无法实施。因为在主城扩张型的模式中，城乡结合部由于临近都市就业机会多而生活成本低，很容易迅速聚集大量外地农村或中小城镇迁徙人口，本地农民自然也很乐意弃农经商，成为经营土地的地主和东家，使城乡结合部不断自发半城市化，从而牵着规划的鼻子，推动城市和郊区不断向外蔓延。在某些发展中国家土地交易不受限制的情况下，一部分工商资本更会捷足先登，提前大量收购郊区土地，牟取暴利。

我国迄今为止依靠强制性的户籍管理和土地管理制度，遏制了大规模贫民窟的产生。但是由于规划随意和法治缺失，城乡结合部破坏规划，自发城市化倾向严重，在一定程度也诱导城区摊大饼式扩张。随着市场化改革的深入，人口和土地管理制度不可避免地松动，摊大饼式的城市发展模式已经在大型和特大型城市造成人口资源的极度紧张，造成了人口自由迁徙的改革方向和大城市规模控制的尖锐冲突。

从一定意义上说，历史上城市的发展都经历了摊大饼的发展。但是，作为工业化产物的现代城市化，欧美国家经历了一个长达数百年的城市化缓慢进化过程，而且还伴随了在工业化、城市化过程中人口大量向海外殖民领土转移的疏散，这显然是二战后新兴工业国家所无法重复的道路。从世界范围看，城市化过程中人口向中心城市集聚是个普遍规律，许多中小国家的人口甚至有三分之一以上都集聚在首都地区。但这显然是人口大国所难以容纳的。

因此，至少从上个世纪开始，欧美人口大国都开始了发展大都市圈或城镇群的战略。这就是规划领先，围绕一个或几个核心都市，隔断都市城区扩张边界，跨域分工，跳跃式在多层圈外级层外扩，从而既能发挥都市中心的信息积聚、交流和加工扩散功能，同时又大大扩展了资源人口的承载范围和能力。当代世界上的日本东海岸东京都市圈、英国伦敦都市圈、法国巴黎都市圈、美国纽约都市圈，都是这种类型的发展模式。拥有众多卫星城镇的宜居城市德国的法兰克福也是这类成功案例一个典型。

中国是世界上人口最多的国家，比这五大都市圈所在国的全部人口加起来还多得多，即便有百分之几的人集聚到首都或某个大都市，也动辄几千万人口，以摊大饼的方式拓展特大城市是完全不可行的，必须走发展都市圈和城市群的道路。如墨西哥人口为 1.3 亿，只有我国十分之一，城市化率已达 77%。首都墨西哥城就聚集了 1800 万人口，约占全国总人口的 15%，交通堵塞，城郊贫民窟一望无际。近 30 年来，墨西哥政府在墨西哥城周围建成 30 多个卫星城，居住人口超过 1500 万。据墨西哥国家统计局的数字，这 10 多年来，农村人口向墨西哥城移民的数字就开始出现负增长。

发展都市圈或城市群，关键在于一要有合理的规划和严格的法治去截断大都市主城区的扩张，在城乡结合部划出禁止发展的绿化带和保护区。二要有便捷的交通特别是安全便捷的轨道交通，将主城区与各圈的功能区相连，否则就不是圈和群，而只是各自独立的一盘散沙。这种便捷的交通使得大量人口可以在主城区之外居住乃至就业，从而既降低主城区的住宅和房价压力，同时又使大批上班族有能够负担得起的居所。

特别需要指出的是，中国的城市特别是特大城市的人口积聚，是与行政管理机构及其附属单位的集中密切相关。与国外著名大学、医院、大公司总部往往分布在中小城镇不同，我国则高度集中于一线大城市。因此，将一线城市的党政军机关机构和大学、医院向外疏散，老机构铺新摊子和批准设立的新机构统统设到限制发展的一线城市以外去，禁止这些机构继续在一线城市主城区扩张，也是大城市合理布局的重要一环。

五、人口城市化和市民化的进度规划

从进度安排上说，农民工及其家属以及其他外来就业人员的市民化进程，应当本着少欠新账、积极归还旧账的原则进行。

按照我们迄今的城市化进程（过去 30 多年城镇化率每年平均增加 1%～1.5%，新世纪以来还有加快的趋势），今后 20 年中我国城市化率将至少从今天的 53% 左右上升至 75% 以上，假定我们需要到那时才完全实现外来就业人口的市民化，那么就是以 75% 城市化人口计算，我国城市户籍人口也要从今天的 35% 左右上升 40 个百分点，也就是说每年要解决 2 个百分点，约 2500 万~3000 万农村户籍人口的市民化转化。这样，等于每年需要约 800 万套保障房，按 50 平方米一套计算，也需约 4 亿平方米的新建住房单独解决农民工市民化的住房问题，另外还需要相应的基础设施建设。按照每个农民工及其家属市民化需要 10 万元安家费的中小城镇低水平计算，一年就达 2.5 万~3 万亿元人民币，随物价和收入上升这个数字还必然会逐年增长。

这是真正的农民工市民化国家工程，也是持续推动我国投资和消费需求的真正源泉所在。其实，就是以这样的速度，而且我们现在起完全不考虑每年新进城的迁移人口，也要大约近 10 年时间才能完全消化掉过去积累下来的存量和欠账。而我们目前安排的商品房和保障房计划还仅仅是考虑城镇户籍居民，这持续 20 年左右每年 2500 万~3000 万农民工及其家属的市民化，还基本上在我们的视野之外。

还在前述 2008 年总结改革开放 30 年的报告中，我们就建议要制订农民工市民化的国家行动纲要，指出农民工市民化的投入其实是这个历史发展阶段上综合经济社会收益最高的投入。因为这不仅"产生巨大的基础教育、基本公共卫生和城镇基础设施等基本公共服务等需求，拉动一系列的巨量投资和消费支出"，更重要的是，降低农民工及其家属市民化的制度壁垒，可以大大提升全社会的劳动生产率和整体经济效益水平（据世界银行的测算，由于城乡隔离的制度屏障，中国非农产业与农业的劳动生产率差距，为东亚类似国家的 4 倍，为美国、日本等发达国家的约 10 倍）。

同时，将农民工及其家属的市民制纳入视野和城市规划，可以有效改变目前城市发展中大楼、大街、大广场、大住宅等不利于农民进城安居和第三产业发展的畸形发展倾向，扭转目前城市和城郊既得利益集团不断推高城市化成本和房地产价格的势头，使我国城市化进程能够健康、扎实和可持续的发展，为下一个 30 年的经济高速增长和现代化建设提供经久不息的强大动力。

从实施步骤上看，由于实行建设用地指标与新增户籍人口挂钩的新体制，各地政府需要根据自己的外来就业人员数量比例、经济社会发展规划、建设用地需求与财政负担能力，制订不同的农民工及外来就业人员落户的门槛和标准，有序实现外来就业人口的市民化。这样可以实现地方之间在市民化人口增长方面的良性竞争与相互借鉴。中央政府需要衔接和平衡地方农民工市民化的总量指标，用政策机制和财政资金推动每年近 3000 万农民工市民化的进程和引导人口合理的区域布局。

农民工市民化的核心是安居工程。应在推行农民工市民化的国家工程的同时，通过立法统一各类保障房标准，堵死各类不公平抢占资源的福利分房缺口，建立低面积标准、封闭运行的保障房管理体系。实行财务平衡的土地开发新体制，为保障房建设提供了充足和可持续的基准地价用地。在此基础上，保障房的建造完全可以广泛利用市场力量和社会融资完成。为保证保障房融资渠道的畅通和吸引力，可借鉴当年公租房向长期租用的原城市职工房改销售的经验，低面积标准的保障房可以采取先租后售、租售并举的方式，在封闭期内只能由保障房管理部门回购，但明确在一个较长封闭期（如 15 年）以后，自住保障房可以进入商品房市场自由流通。这样既可保证保障房分配使用的公平性，又可吸引长线避险资金和银行信贷进入保障房建设市场。

六、城镇化引领和推动农业现代化的制度安排

城镇化与农业现代化究竟是什么关系？过去有人将两者对立起来，认为农业制约了城镇化的发展，城镇化程度取决于农业发展的水平。这种观点有我国 20 世纪 50 年代末 60 年代初经验教训的支持。当时发展工业和农民进城解决不了吃饭问题，被迫强制已经进城的工人回村回乡务农。20 世纪 80 年代发端于农村土地承包的改革表明，农业剩余的不足并非技术制约而是制度制约。随着土地承包制改革使中国人摆脱了吃饭问题的困扰后，工业化和城市化就开始了真正突飞猛进的发展。因此，在还没有解决吃饭问题的阶段上，农业发展确实左右了工业化城市化发展。

但是，20 世纪 90 年代后随着工业化城市化的发展，人们发现，在突

破了最基本的生存食品供给线之后，农业的发展不仅越来越取决于农业科技发展以及专业化、机械化和信息化的水平，也越来越取决于农业生产规模本身的扩大。在耕地本身并不增加，相反在因工业化、城市化减少的背景下，减少农民才能富裕农民成为越来越多人们的普遍认识。中国现在农业人口人均只有0.13公顷可耕地，欧洲是大约人均10公顷，为我们的七八十倍，美国大约是人均30多公顷，是我们的200多倍。因此，中国靠8亿多人口陷在乡村的小农经济显然既不可能发展农业机械化、规模化，也不可能实现今天人们对农产品安全所要求的标准化和全过程监控。

表9-2　2011年主要发达国家人均耕地以及农村人均耕地面积

	人均耕地（公顷/人）	农业人口人均耕地（公顷/人）
美国	0.51	31.66
德国	0.15	9.99
法国	0.28	14.54
英国	0.10	6.91
日本	0.03	1.50
韩国	0.03	0.70
台湾	0.04	0.27
中国	0.08	0.13

数据来源：世界银行指标数据库，http://data.worldbank.org.cn/
联合国粮农组织统计数据库，http://faostat.fao.org/site/291/default.aspx
台湾2012年统计年鉴

所以，城镇化和农业现代化虽然始终是有依存关系，有相辅相成的关系，但其中的主要方面主导力量已经在过去几十年中发生了根本变化，从20世纪五六十年代的以农业、吃饭问题为约束和主导，到了20世纪90年代特别是新世纪以来的工业化、城镇化为主导。吸纳农民转移就业的城镇化成为城乡统筹的龙头。

既要推动农业的规模经营，促进土地的流转和集中，又不能行政驱动、资本逐利，强迫农民拆房并村上楼，这里的关键是要建立进城农民能顺畅转移落户和自愿放弃农村小块土地和宅基地的机制。这就要逐步改变我国8亿多农村人口大部分处于兼业身份的状况。

如果随着城镇化进程，每年确保至少有2 500万～3 000万农民能在就业城镇完全安家落户，这样在今后20年总共就可减少5～6亿农村户籍人口。以目前城镇户籍只占35%、农村户籍人口占65%计算，也就是20年后农村户籍人口要减少到4亿以下。即便那时假定我们还能保有18亿亩耕地（这显然相当困难），平均每个农村人口也只有4亩多地，每家耕种20亩左右的土地。三四十年之后，农村人口再减半，城镇化率达到85%以上，那也还有近2亿人，每家农户也只有30～40亩土地。这种耕地规模，与美国家庭农场一般耕种几千亩土地，或欧洲的农户耕种几百亩土地，显然完全不是一个概念。

而与中国人均可耕地相近的日本、韩国，在城市化、现代化实现之后，农村人口只占总人口的10%以下，专业农户的耕种面积一般也为30～50亩，可以肯定这更会是中国未来的图景。因此很显然，与其说中国农业现代化的道路会更多地依赖资本下乡的公司化经营，或者欧洲、美国规模的家庭农场模式，不如说中国的农业现代化除东北等少数人少地多的地方外，更适合走的是日韩以及我国台湾地区的专业农户道路。

专业农户是指家庭的主要劳动力将其全部或大部分时间精力投入农业生产的农户。扶持专业农户的发展，就需要鼓励和用经济手段引导进城落户农民，离乡又离土，放弃农村的土地经营，并在各种农业补贴和扶持政策上向专业农户倾斜，从而逐步减少小规模不专业经营的兼业农户。同时要严格限制非专业农户承包租用土地，防止土地的非农用和非粮用。除城郊少量经济作物以外，那种资本下乡、公司承租大量土地、变农民为农业雇佣者，或者不顾人口资源条件盲目鼓励大规模经营的家庭农场的形式显然不适合我国的情况，不应受到鼓励和发展。

随着农村人口向城镇的举家迁移，需要开展如东亚国家和地区随城市化进程的农村土地整理事业，以有利于农地的规模经营和机械化、专业化。在我国的情况下，农村土地整理首先要解决在占补平衡和城乡建设用地增减挂钩政策下产生的以次充好、农地质量严重下降的问题。这里需要借鉴海外农地整理成片条块化的经验，占补平衡和增减挂钩的土地必须先行纳入成规模粮田农地的联片条块化，才能验收确认为复垦耕地。水田和旱田必须分类分别补偿验收。因为我们要保的所谓耕地红线不仅是数量，更重要的是质量。

实现农村和城镇人口的双向自由迁徙是户籍制度改革的方向。从占有土地的全部城乡二套房开始普遍征收不动产保有税，可以一方面促进在城镇落户的农民放弃在农村的宅基地，另一方面也有助于在我国人口资源相对紧张的条件下，抑制富裕的城镇居民下乡置业的奢华需求。专业农户制度的确立和完善更有利于保护耕地和保证有限耕地的种植效率，抑制下乡置业的富裕城镇居民圈租耕地用于非粮和非农生产目的。

七、城镇化转型中的集体土地所有制问题

目前我国现行政策，是坚持主体上以村为基础的集体土地所有制。不过，随着二次土地承包后推行的"增人不增地、减人不减地"政策，以及随着近年来开展的农村集体土地所有权确权和农民承包土地经营权的确权颁证，"农村集体所有"在土地这个最主要财产上的集体成员权已经不复存在，即土地权利仅限于土地承包而又长久不变时分到土地的农民才拥有。从这个意义上说，农村集体土地所有制已经瓦解。在许多地方，将土地折股、组成股份公司或称股份合作社，更是把这种界定到农民及其家庭的可继承私人财产权利完全明晰化和法律化。

今后农村土地的集体所有，已经开始像城市商品房土地的国有一样，只是一种形式上的法律所有权，而实际上占有、支配它的权利人则是其长久不变的承包权人或使用人（城市房屋占地《物权法》已明确可自动续期，而且越往后越无续期再普遍收费的可能）。因此，与城市住宅及土地的实质私有产权性质一样，农村土地的实际私有化也已经是既成事实和必然趋势。

因此，对今天农民土地的形式集体所有、实际农户占有，现行政策和

学术界、舆论界实际上都均无大的争论，进一步地给农民农户确权颁证，强化农户的私有产权，也正在推进中。现在的问题是，对于不断纳入城市规划区内的农地转为市地，其土地所有权应当如何安排和如何改革，还是一个认识很模糊和混乱的领域。

因为现行农地转市地统统必须转为国有土地的征用政策，受到了很多包括政府内部人士的批评和责疑。很多人认为城市土地国有、农村土地集体所有的二元土地所有制度是对农民集体所有的歧视和不公，主张"探索建立城市规划区范围内国有土地和集体土地两种产权并存的管理体制，充分发挥市场配置资源的基础性作用，促进城乡土地优化配置"。"在法律中明确赋予集体土地与国有土地同等权利，在符合相关规划前提下，允许农民通过土地使用权出让、产权交易、租赁、入股等多种方式参与生产经营建设。"① 显然，这种意见不仅在学术界堪称主流，在政府决策和职能部门也有很大影响，值得回应澄清。

如前所述，现行政策走向已经将农村的农地宅地分解给农民农户，私人占有确权到户，长久不变，以后不再收回重分。这些土地实际占有权已归农户，现在各方面还在推动这种权利的流转交易，因此将其叫作集体所有已只是名义上或法律上的。那么，在已经或今后纳入城镇规划区的土地还能继续保持集体所有制外壳吗？答案恐怕是否定的。

目前农村的集体是以村庄范围内世代生活居住的人群来界定的。而城市社区的特点是"铁打的营盘、流水的兵"，没有稳定的集体或成员。它与所谓农村集体所有制即固定生活在一定地域的成员集体拥有平等财产权在本质上就是矛盾的。农村的村集体是一个地理限定的概念，出嫁或外迁了，就丧失了集体所有制的成员权利。当一个农村村落变为城市社区后必然流动和分化，有人进入有人离开，原来按照地域居住概念的集体所有制就不复存在。同时，现在农村土地承包权都已经是一次分解到户，后来出

① 国土资源部耕地保护司司长严之尧的文章"集体土地改革寻路"。《财经》杂志 2013 年 8 月 22 日，总第 364 期，第 98—100 页。

生或迁入的人就不再有集体土地权，村庄变为城市社区化后更不可能也无法根据新生或迁入人口重新平分土地。

故现在一些转为城镇社区的地方保留的所谓集体土地和集体经济，其实是一次性将财产权分割到某个时点上的成员，变成股份制。而股份制是以个别财产权特别是私人产权为基础组合的企业形式，它与集体所有制根本不是一码事。采用股份制实际上就宣告了原集体所有制的终结。因为当原农民集体成员以量化到个人股权的股份制来拥有土地所有权时，土地就成了股份制企业的财产，这与其他拥有土地的工商企业没有什么两样。在股份制企业中是股权决定话语权。所以土地不可分割的平等集体所有也就不可能存在。

况且，如果由农民转化的社区居民拥有城市中部分土地的所有权，而原有的城市居民都没有土地所有权而只有使用权，这就产生了少数拥有土地所有权与大多数不拥有土地所有权的两类居民，这显然是不公平的。只有国家以后放弃城市土地的国家所有权，让一般居民购买的宅地相应拥有所有权，那当然大家的权利就平等了，但这样就更没有土地集体所有制，而是城市宅地的普遍私有制。

如果国家并不准备放弃城市中的土地国有制，而只是继续让渡土地使用权，那么，一部分由农民转来的市民以股份形式拥有土地的所有权即私有权，就与现行的宪法相冲突，而且在现实生活中也会产生诸多歧义与矛盾（如这部分股份制企业解散时土地所有权可否分解到个人股东，这种拥有土地所有权的股份制企业被其他企业或个人收购后是否意味着土地所有权也可相应过户到相关企业或个人名下等）。由此可见，集体土地所有制这种产权关系定义本来就不甚清楚、在乡村封闭条件下勉强存在的土地产权形式其实是搬不进城市流动社区里来的。

因此，农村集体土地从乡村用地转为城镇用地，可行的改革思路无非是两条。一是如果以后土地可以私有（这其实在农业现代化与城市化之后也并非洪水猛兽，只是对现在住宅用地实际上私人家庭占有的法律承认），土地所有制就实现了多元化包括宅地的私有化，即如大多数市场经济国家一样，土地既有相当大量的国有，也有法人所有和私人所有。二是与现行法规更衔接的办法，就是农地转市地后一律变为国有，但对农民原有的宅地如同城市居民占用的宅地一样，变为土地国有，使用权归这些转为市民的农民。农民住房也成为现在俗称的大商品房。对农用地部分，除国家征收以外，也留下少量的部分折转为国有建设用地，使用权归农民。这样就既解决了农民的安居又解决了农民市区化以后的生计来源问题。

其实，解决农地转用问题的实质是如何保障该土地上的农民"生活水平有提高、长远生计有保障"，保留一部分土地转为国有建设用地归这些失地农民使用，是对原住民生计的最好保障，直接拥有俗称大商品房用地也是他们最欢迎的。因为在农民转市民之后，他们并不需要什么农民的村集体所有制。因此，我们的一些学者和官员完全不必以农民的名义或维护农民利益的名义，在乡村变城市社区后还非要坚持所谓的土地集体所有制，似乎只有这样才是捍卫了农村集体土地与国有土地这两种土地所有制的平等权利。试想，当农民转市民，农民和行政村均已不存在之后，哪里还有什么以农民为前缀、以村为载体的集体所有呢？

由此可见，无论是目前的土地国有、私人占用，还是以后可能的土地私有，农地转为市地后其所有权形式必须与城市绝大部分的土地性质保持一致性和协调性，而不是在城市中弄出一个搞不清楚集体成员是谁的集体所有制来。其实也只有这样，所谓让市场发挥配置资源的基础性作用才有前提。将来农村的土地除了界定给农户的农地宅地外，公共用地和公益用地也会回归社区公有的性质，界定不清的集体所有制概念的消失只是时间问题。

第十章
结语

　　中国城市化转型的道路在一定意义上就是中国现代化的道路，土地权益特别是土地开发权的分配是这个转型过程的一个焦点和难点的集中表现，也是对中国人集体行动力即国家或社会能力的突出考验。当各种不同的认识和利益把中国城市化道路的选择推到了一个新的十字路口的时候，让我们祝中国好运。

第一节　中国城市化转型道路的选择

如本书前言所述，在 21 世纪中国和世界都将进入城市化社会，这已是不以人的意志为转移的历史进程。怀念乡村生活的人也许对此感到悲伤而抵制，其实他们不明白的是，城市化并不排斥美丽乡村，相反，相对于众多发展中国家乡村的贫困、落后和不洁的生存环境，我们在先行城市化的发达国家看到，那里才有真正美丽、富裕和生态的乡村。正如哈耶克所说："文明社会区别于初民社会的几乎所有的东西都是与我们称之为'城市'的大型人口集居中心紧密相关。""即使当今农村人口的生活与初民生活之间的大多数差别，也应归功于那些城市所提供的东西。"① 历史表明，只有城市化的进程移居绝大部分农村人口之后，农村才能摆脱贫困和落后，乡村才会有真正富裕、生态和文明的生活。

但是，完成从农业乡村社会到现代城市社会的转变，从先行国家的经验看，也就是完成现代化的转变，其本身绝不是一个浪漫的过程。早期工业化国家的城市化、现代化，可以说充斥着殖民、血腥和战争的插曲，而二战后东亚几个新兴国家和地区的城市化现代化，应当说走得顺当了很多，但不能不说其中也包括了特殊性、智慧和运气。

中国作为世界上人口最多的大国，又有着最漫长和最辉煌的农业文明的历史和包袱。能否在今后二三十年中完成城市化转型，在本世纪中叶基本实现现代化，是对中华民族的智慧、集体行动力（即国家或社会能力）的巨大考验。走得好走得顺，我们可以走上东亚模式的成功道路，同时又

---

① 哈耶克，《自由宪章》，中国社会科学出版社 2012 年版，第 515 页。

因为我们自己巨大的体量而具有大不相同的世界意义。走得不好，贪腐失控、贫富悬殊、各种社会矛盾积累爆发，我们也可能走上菲律宾、印度尼西亚的南洋道路或拉美、中东道路，社会动荡、革命早熟、长期缠斗，城市化现代化的转型延长推迟半个世纪，到本世纪末才能跟在全球城市化大转型的末尾，进入下一个世纪。但无论如何，历史的进程已经不可逆转。

第二节 中国实现城市化转型的三大不利因素

不利的因素有三。

首先是利益掣肘。由于拥有外在的财富资源是致富的捷径，在工业革命以来的200多年中，一再有国家陷入"资源诅咒"的发展陷阱。许多突然发现的丰富自然资源没有成为一国经济快速增长的动力，相反，对资源的争夺形成的赚快钱的社会浮躁和少数利益集团垄断资源的贪婪，成为阻碍国家发展进步的原因。在大多数并不具有特殊自然资源的国家，土地特别是因城市化发展急剧升值的土地就成为自然资源的主要形式。很多发展中国家在转型过程中由于土地资源分配错误而陷入乡村衰败与城市贫民窟扩张的双重挤压之中。因此可以想见，我国在过去的土地开发权分配框架下形成和发展的几大既得利益集团，显然也不会轻易让出他们的传统领地，实际上还正在以城镇化、土地流转、新兴产业园建设、农村现代化等种种翻新的口号，试图争夺更大的土地资源蛋糕。

特别值得忧虑的是，目前在农地流转的改革旗号下，城市工商资本以股份公司及其他金融形式开始大量下乡拿地，各级政府也在所谓支持农地规模经营的口号下，大力和强势推动土地的集中流转。许多地方还制订了以30、50公顷土地作为所谓"家庭农场"的起步门槛标准，对大规模土地经营实行政策倾斜和优惠扶持。其实，本来随着城市化进程和农民不断进城就业安居，移居者的原乡村土地流转乃至完全出售应当是一个自然发展的过程。这种流转和出售首先是以在城里安居为前提，并应主要向家乡留下来务农的农户集中。基于我国的人均耕地状况，即使二三十年后，农户经营规模也只会和我们情况类似的近邻日本、韩国和中国台湾地区一样，只能发展到户均二三公顷即几十亩土地。

从全球看，家庭经营是农业特别是粮食生产的最优形式。所不同的是，依据人口资源条件不同，人少地多的欧美有平均可达几百、几千亩耕地的家庭农场，而人多地少的东亚只能有平均耕种几十亩地的专业农户。农业合作社通常只是农民在产前、产后的有效经济组织形式，并不能取代农户土地的家庭经营。日本、韩国和我国台湾地区在城市化转型的整个过程中之所以严禁资本下乡拿地，就是因为农户家庭经营无力与城市工商资本竞争。它会造成土地在少数强势利益集团手中的积聚，并挤压农村剩余农户生产经营规模扩大的空间。而城市化进程中农户的失地与城市吸纳能力的失衡必然造成严重的社会问题。

其实从全球经验看，在粮食生产中公司化经营并无相对于家庭经营的优越性，因而资本下乡很少从事粮食生产，反而推动土地的非粮化。从我国的情况看也是这样，工商资本下乡拿地，即使搞特种经济作物或专业经营，往往也是巧立名目以各种产业园、生态观光农业等名义打擦边球，进行变相土地开发，使农地非农化。总之，当一个社会的制度安排使得对城乡土地资源的侵占就能带来比勤劳、智慧和创新的艰苦努力更丰厚回报的时候，经济发展和社会进步的源泉就会枯竭。

不利因素之二是路径依赖。突出的如我国地方政府土地财政的历史虽然不长，但已深陷其中。将政府拔出对房地产财政如鸦片似的依赖，今天已经绝非易事，需要中央政府的政治决心和统筹的制度安排。在改革的路径上，如中央提出的公益性与非公益性区分的征地，其实在城市化过程中根本做不到也不可能做到，因而只会造成思想和政策混乱，但这样一个似是而非的口号却被广泛地视为绝对正确的教条，通行无阻。

又如城乡建设用地增减挂钩，其实是乡村各类建设用地与城镇房地产开发用地挂钩，被很多人包括各级政府奉为改革的创新。这样就把一个自己人为制造和规定、实际上是扭曲市场资源配置的"建设用地指标"及其挂钩当成了自己迷信的金科玉律，还准备作为改革的成果进一步推广。

再如，过去在维稳导向下形成的对热点城镇郊区和城中村农民无原则巨额高价补偿，造成巨大的社会不公和城市化成本的不断攀升，以及近水楼台的农民抢夺土地开发权造成小产权房泛滥的尾大不掉，而已经进城的几亿农民工更不要说其家属，还几乎完全被排斥在保障房体系之外。这些问题已经积重难返，没有大的政治决断和新的法治思维就不可能有所作为。

不利因素之三是后发劣势。本书前言中谈到二战之后世界经济趋同的大势，肯定了后发优势的存在和主导。但是，迄今发展中国家和地区成功实现了现代化转型的毕竟还是极少数，这又暗示了后发劣势的因素也不可小觑。后发劣势的概念是由美国经济学家沃森提出，而在 2000 年由华人经济学家杨小凯引进中国的语境并加以发挥。杨小凯所说的后发劣势，主要是说落后国家在模仿发达国家时，模仿技术容易，模仿制度较难，因此落后国家往往会倾向于模仿技术。这样虽然可能在短期内取得成效，但会给长期发展留下隐患乃至失败。

已故杨小凯教授历经坎坷、才华过人，是我极为尊重的朋友，不过他对后发劣势的解释我并不赞同。这不仅因为，落后国家能模仿技术，较之以前没有东西可模仿，已是很大优势，故后发优势永远是主导，这一点是不可忽略的前提。更重要的是，落后国家对先行国家的制度模仿，更可以说同样普遍。以中国为例，从清政府模仿英国君主立宪，孙中山模仿美国民主共和，共产党人模仿苏维埃革命和苏联模式，哪样不是模仿制度？问题并不出在是否模仿，而在于制度乃一个国家在一定的经济社会政治文化形态中人们行为方式的显性表现，如果其他统统未改或改之甚少，单去搬一个显性的正式制度形式就未必好用，往往搬来了也是水土不服，乃至画虎不成反类犬，这种例子在发展中国家可谓屡见不鲜。

进一步的问题是，先行国家和落后国家处于相当不同的发展阶段，而每个国家永远都在关注它们自己当前面临的问题。这样落后国家在模仿时往往把别人在不同阶段关注的问题或实行的制度政策当成自己阶段上的关注焦点或良方。这一点在城市化转型问题上表现得尤为明显。越是发达国家就越早完成了城市化,它们今天的情态与城市化阶段要处理的问题完全不同。发达国家绝不会告诉你,它们当年是靠对外扩张、殖民移民乃至贩卖黑奴去解决自己当时的城市化转型难题的。甚至我们的东亚近邻今天的问题也与它们三四十年前快速城市化阶段相当不同。但我们往往更多试图模仿的是欧美最发达国家今天的制度政策,而不关心甚至排斥与我国国情和人均资源状况更接近的东亚近邻们在几十年前采取过的成功做法。

如为了强调市场化和产权保护(这本来并不错),许多人包括从欧美学习归来的学者只夸大西方私人产权的神圣与至高无上,渲染征收私产补偿再多也不过分,不讲西方在公共利益与个人利益发生矛盾时也是公共利益优先,征收补偿要讲究纳税人与被征收者之间利益的平衡,而且补偿款也必须照章纳税。很多人更只讲西方土地的私有制,强调农民有权在自己土地上建房包括各种以盈利为目的的建筑,呼吁小产权房合法化,不讲西方土地的财产权与开发建设权早已分离,包括人少地广的美国人,不要说在城镇,就是在乡村也不能在自己的私有土地上随便搭建任何一间多出来的临时建筑,甚至要改变一下自家门窗外部的颜色也不能随心所欲。

显然,片面强调这种国情、发展阶段、法治环境都完全不同情况下的选择性信息并加以模仿,难免会增加我们自己认识上的混乱和实践中的弯路,故后发不全是优势,也有劣势之所在。这也是我们看到,为什么二战后100多个发展中国家和地区只有东亚少数几个佼佼者,适当地利用放大后发优势、认清和避免后发劣势,才成功地在几十年内就跻身于发达世界之列。

贯穿这三个不利因素的一个主线,就是见利忘义,要地不要人。土地财政搞了那么多宏大建筑、高楼大厦,但都不是为城市化的主体进城农民建的,相反还进一步排挤了他们在城市中的生存空间;土地指标增减挂钩,只是土地与土地、见地不见人的挂钩,而且是只与城镇房地产用地的挂钩;城市工商资本下乡拿地,挤压的是乡村剩余农户的生存发展空间。从早年英国圈地运动的"羊吃人"到我们今天某种意义上的"地吃人",其实反映的都是土地对人的挤压和排斥。

第三节　中国实现城市化转型的三大有利因素

有利的因素也有三条。

一是，我们传统的政府土地财政模式已经走入困境，一面是债台高筑，一面又命系摇摇欲坠的房地产价格，沿着提高补偿—债务积累—推高房价地价的危险三角兜圈子，显然难以为继。而现在所谓让农民获得土地财产权利的改革呼声，其实质是将土地开发权让给城郊少量农民和工商资本，这又走到另一个极端，危害更大也更没有可行性。因此，借鉴人均可耕地与我们类似、成功实现了城市化现代化转型的日本、韩国和中国台湾地区经验，走出一条低成本、可融入的城市化转型道路，具备了一定的现实政策选择空间。

二是我国迄今的土地财政，虽然弊端重重，但应当说其大头还是用在了城市基础建设上，如果分离政府利益、使规则透明化并将进城务工农民及其家属这一城市化主体纳入视野和规划，真正体现土地开发"涨价归公"的精神，同时严格保护被征地农民和居民的合法权益，这一模式并非没有改造和提高的空间。

特别是近年来越演越烈的建设用地指标紧缺，以至各地大搞城乡建设用地指标增减挂钩、赶农民上楼的旁门左道，其实完全是我们建设用地指标计划管制造成市场扭曲的畸形产物。中国城镇化发展如此之快，人们大量涌进城市，我们偏偏无视这个事实，按原有户籍人口管理思路严控土地供应，人为制造了建设用地紧张。城市化本来就是人进城市，当然要用土地。只要地理生态环境许可，凡有人的地方，人去集聚的城镇相应放开建设用地指标，那就根本没有什么建设用地指标紧张的问题。有市民的地方按人放开用地，没有市民的地方限制用地，全国城市化总共要转市民的总人数就那么多，人进城安居还节省了建设用地，怎么会有什么建设用地短缺呢？

因此，只要放开现在人为的建设用地指标行政管制，建设用地指标扭曲虚高的市场价值（乡下偏远地区的建设用地在市场经济条件下本来就是不值钱的）就会完全消失，所谓的增减挂钩也就自然失去任何意义。所以，只要跳出我们自己人为设计的政策和思想牢笼，城市化用地的道路本来很宽。

三是，与近10年前还在以新农村建设为抓手不同，新一届政府已明确新型城镇化是经济发展的引擎，而新型城镇化的核心是人的城镇化。这样就首次在战略方向上明确了目标，明确了城镇化的核心和重点。这对于纠正长期以来离开户籍制度和社会福利均等化去谈土地制度改革等种种见地不见人、见利忘义的错误倾向，具有拨乱反正的方向性的意义。实际上，只要我们真正抓住了"人"这个新型城镇化的核心，"农民工市民化"这个城镇化的主体，城镇化的道路就不会走偏，各种难点问题包括在土地和住房问题上的种种认识纠结就会迎刃而解。

这三条有利因素有望发挥克服不利因素的主导作用，关键在于存在着形势比人强的倒逼机制。发展中国家的城市化即农村劳动人口向非农产业的顺利转移，能够大幅度提高劳动生产率，通过国民经济结构调整促进经济高速增长，但我国现行离乡不离土的城市化道路已经严重制约了后续的转移和转移的效率。特别是随着城市化率的提高，经济增长越来越取决于全要素生产率而不仅仅是劳动或资本的绝对数量投入，劳动者的普遍素质和人力资本积累越来越扮演决定性的作用。在这种情况下，我国进城农民工及其家属的非市民化、农民工及其后代无法与经济增长同步升级的致命缺陷就会日益凸现，经济增长的动力就会显著衰竭。因此，在人们不能主动进行城市化道路转型时，经济失速、社会失衡最终会发出危机的警报，迫使在土地中逐利、见地不见人的社会要避免更大的危机，就必须强制转轨。

正如本书中一再强调的，中国城市化转型的道路在一定意义上就是中国现代化的道路，土地权益特别是土地开发权的分配是这个转型过程的一个焦点和难点的集中表现，也是对中国人集体行动力即国家或社会能力的突出考验。当各种不同的认识和利益把中国城市化道路的选择推到了一个新的十字路口的时候，让我们祝中国好运。

附录一
关于实施新型城市化战略的建议①

今天不揣冒昧，就中央最近提出的建设社会主义新农村的政策提些不同意见。

中央提出建设社会主义新农村的出发点很好，包含的内容也比较全面，但由于其中真正容易落实和能做出政绩的还是村容整洁和农村基础设施建设，因此尽管目前新农村建设尚未大规模展开，但一些先动起来的农村建设出现的偏差就已经很大。由于我国目前正处于农民和农村人口大规模向城市转移的历史阶段，前几年一些地方的新村建设，在不断的撤村并镇中已经损失浪费严重，土地也无法复耕。由中央推动的新农村建设若真在全国大规模展开，恐怕不可避免会造成巨大规模的浪费，国家发展也会走上较大的弯路。

目前，中国正面临结构调整剧烈、贫富差距扩大、社会转型矛盾突出的时期。毛泽东同志的一个重要思想是，在一个错综复杂的矛盾系统中，一定存在一种主要的、起支配作用的矛盾。这个主要矛盾的存在和变化，决定和制约整个事物的发展变化。目前，中国城乡收入差距在世界上属最大之列。这个矛盾是中国今后 20 年发展的主要矛盾。但这个矛盾的主要方面，不在三农本身，而在城市化。新型城市化战略的布局、实施和推进，

---

① 这是作者于 2006 年 2 月 6 日分别给时任中共中央总书记胡锦涛和国务院总理温家宝的信的正文部分。

决定和制约着三农问题和中国社会其他主要发展问题的解决。目前，中国经济、社会结构最大的不均衡就是由于计划经济的遗产造成的城市化水平太低，这不仅表现在目前40%的官方统计数字大大低于可对照国家的合理水平，还表现在这40%中还有相当大部分并不是享受城市居民待遇的市民，而是生活在城市边缘的农民打工族。

中国社会当前迫切需要提出和实施的是新型城市化战略。这个战略的出发点，首先是在城乡统筹的框架内解决已经进城农民的身份和地位的平稳转变问题，其次是规划和布局每年1500万左右新增农民进城落户问题。解决好这两个问题，按照世界银行的测算，中国就可以从目前收入分配严重不均的社会回到收入比较平均的和谐社会。同时，内需和消费率不足的问题，第三产业的发展问题，计划生育和人口质量问题，社会安定和治安问题，乃至资源环境保护问题，更不用说三农问题和城乡问题，都会迎刃而解。各种社会转型期的矛盾和冲突，也会大大缓和。

社会主义新农村建设，不是不搞。在目前阶段，对农村农民的投入主要是教育和医疗，在这方面的投入我们过去认识严重不足、欠账太多，需要成倍和几倍的增加。投入的直接和社会效果也会是完全正面的。真正大规模的新农村建设，大约要在20年后，农村人口开始降到总人口的30%以下，城乡格局已经比较清晰的情况下进行，这样才能大大减少无效投资和浪费。况且，世界普遍经验表明小城镇的人均土地等资源占用是大城市的几倍，乡村建设占地等又是小城镇的很多倍。从这个意义上说，新村建设一般是要到后城市化时期才能享用的奢侈建设。有人用只占总人口10%的韩国新村建设作为榜样来说占人口70%的中国农村建设，其实并不适宜。

建设社会主义新农村，是中央提出不久的口号，不宜轻易否定，可以淡化其位置，强调新农村建设是长期任务，重在教育和医疗，不是搞新村建设，同时适时提出新型城市化发展战略，以统筹城乡综合发展。

以上意见，也许杞人忧天，但事体重大，建议能责成有关部门，多做调查研究，充分论证，以为中央正确决策提供可靠依据。

附录二

破除户籍垄断　实现人的城市化①

　　在人类迈入 21 世纪的时候，中国是以即将加入世界贸易组织来迎接的。回顾一百年前失败了的戊戌变法，两三百年前清王朝的闭关锁国使具有灿烂的古代文明的中国在近代逐步落伍，中国确实是近代以来第一次在一个重要的世纪之交走上了世界的发展平台。

　　中国之所以能有今天，得益于 20 多年来改革与开放的发展。回想改革开放之初，我们对中国和世界的理解，是如何的隔膜、片面和幼稚，现在回首，实在是恍然隔世。中国改革开放 20 多年，最大的成果就是引入了市场经济。市场经济为何能够改变一个国家，一个社会的面貌——它的核心和灵魂就源于它孜孜不倦的推动力——竞争。竞争，这个市场经济最具有魔力的精灵调动了进取的人们心灵深处那块躁动的基因，逼迫惰性的人们必须勉力以求得承认乃至生存。当千千万万的人群被竞争的魔力所驱动，按照满足他人的需要和等价交换的市场法则而运动起来的时候，就产生了像核爆炸那样社会创造力的裂变。

　　垄断是竞争的直接对立物。中国改革开放 20 多年的历程是从计划经济向市场经济转化的过程，也是不断打破垄断的过程，计划经济是对经济的全面垄断，计划经济把整个国民经济组织得像一个工厂，而每一个人都是生产线机器上的齿轮和螺丝钉。在计划经济中，国家垄断全部的生产、流

---

　　①　这是作者发表于 2001 年《时代财富》第二期的文章"打破垄断坚冰"一文的节录。

通和分配，垄断每一个人的生、老、病、死和居住、就业。改革初期的双轨制，就是试图在计划经济控制不力的地方和缝隙之处，引进一些自由定价从而竞争的因素。"文化大革命"是把经济垄断发展到全面的政治垄断和思想垄断的顶峰。它要求人们甚至去狠斗自己头脑中的"私"字一闪念，要求"全国七亿人民，要有一个统一的思想，革命的思想"。中国改革、开放的每一步，都是和破除这种思想垄断和意识形态障碍，打破对人的生存、居住与就业垄断和对生产、流通、分配领域的垄断分不开的。

现在回过头来看不难发现，凡是垄断破除得愈彻底，竞争发展得愈充分的地方，就是发展和进步最快，最具有竞争力，人民作为消费者得益最大的地方。反之，凡是人民不满意，停滞落后，缺乏竞争力的领域，一定是垄断因素在作怪。

……

最后，也许是最重要的，就是城市户口垄断。

如果说前两项垄断造成的危害，已经多少被至少相当一部分人所认识，那么城市户口垄断对中国社会发展的巨大阻碍，则远没有引起人们足够的重视。中国在新世纪发展所面临的最大挑战是相对于资源的人口压力，中国要在新世纪实现现代化的高速增长面临的最大问题是内需不足。这两大问题的症结都在于人口的城市化水平太低。

在垄断的计划体制下国家对城市人口的就业和生老病死负有无限责任，因此国家是根据自己的财政负担能力来调节城市人口水平的。计划经济所必然造成的经济短缺、供给不足和财政拮据使得城市化不得不维持在一个极低的水平上（到80年代末，我国城镇中的非农业人口——即使剔除城市所辖的郊区郊县广大农村人口，也只是到20%左右，不仅远远低于发达国家普遍在80%以上的水平，也大大低于中等收入国家接近60%的水平，也惊人地低于发展中国家平均47%的水平）。从市场经济的角度来看，分散的农村居住方式占用了更多的土地资源，而分散落后的农民生活方式必然阻碍现代文明的发展和极大地压抑了这部分人口的潜在巨大社会需求。

　　改革开放以来，我国农村人口的非农业化有了相当的发展，但"离土不离乡"的户口垄断政策使非农业人口的生活方式的变化严重滞后，80年代后期特别是90年代的几千万农村流动人口进军城市和部分小城镇的兴起，在一定程度上冲击了户口垄断制度和推动了城镇化的进程。但是，由于城市非农业户口垄断制度基本没有改变，我国城市化水平并没有显著增加。

　　这是因为，一方面，在城市就业的农村流动人口受到政策的歧视和挤压，甚至往往成为城市治安和节日安定清退的对象。即使是那些在城市已经有了相对稳定职业的人们，由于收入预期和职业安全的不稳定，由于生存环境和子女等教育条件的相对劣势，他们的居住方式、生活方式、消费方式和社会需求也是多少扭曲和受压抑的。因此，尽管外来人口已经普遍被认为稳定地占据本地城市人口的30%甚至以上，但他们是名副其实的具有流动心态的"流动人口"。另一方面，由于我国现行的计划生育政策的因素，城市人口的自然增长率显著低于农村人口的自然增长率。这些因素综合起来，使得我国合法的或能用市场经济水准来测量的城市人口占总人口的比重，这些年来并没有显著增加。截止到20世纪末，按照统计的城市非农业人口，仍在20%左右徘徊，其他10%被列为城市人口的仅是指目前进入城市和小城镇的农村人口。

　　从世界各国实现现代化的一般道路来看，经济自由（竞争）化，市场国际化、社会现代化乃至政治民主化是和人口城市化同步发展，相互依存的过程。只有人口城市化的过程才能为实现现代化提供源源不断的强大内需推动和合格的人力资源供给。可以毫不夸张地说，拥有合法的城市户口的人口与农村人口的比例相对于发达国家，正好完全倒置，是我国经济结构最大的不合理，是国家内需不足最根本的原因，也是我国社会发展阶段落后的最显著标志（我们今天的城市化的比例甚至还不及1800年英国工业化初期的水平）和贫富差距拉大占比重最大的因素。不能设想（世界上也没有先例），在一个分散、落后的农村人口占大多数的国家能实现小康或现代化。

　　正如 20 世纪 50 年代错误的人口政策造成了 20 年后巨大的人口压力一样，计划经济时代的城市户口垄断的政策（这即使在计划经济国家也是很特殊的遗产，前苏联、东欧国家的高度计划经济并没有包括对城市户口的垄断控制，因而它们的城市人口比例大体上是和经济发展水平同步的），可能要使我们付出更多的代价。如果我们要实现在新世纪的中叶基本实现现代化的目标，那么从现在起就开始规划城市和城市人口的成倍增长，恐怕是不可回避的挑战。

附录三
城市化进程中楼市的战略定位和制度框架[①]

　　住房问题从来没有像今天这样成为社会的焦点。不仅一线及热点城市房价高涨，普通工薪族望房兴叹，而且有人说房价以后肯定还要涨，一般人只能去住保障房。房价上涨的原因更是众说纷纭：从投机炒作，到城市化刚性需求，从住房供给不足，到地方土地财政。从现实情况看，土地乱象，房价高悬，乱拆乱建成风，住宅占有严重不均，既得利益盘根错节，确已积重难返。而我们所处的城市化加速时代刚刚开始，高门槛已使农民几无可能进城安居。

　　可以毫不夸张地说，现在的楼市问题已经是关乎民生稳定、经济增长、社会公平、城市化道路乃至政府执政能力的综合考验。因此，需要跳出简单或一时的楼市调控眼界，厘清思路，明确城市化进程中住房问题的战略定位，建立楼市长期稳定的整体制度框架。

第一节　中国房价的国际比较

　　本世纪以来，相对于股市大幅跌宕起伏，10年累计涨幅不足50%，中国楼市则一路走牛，普遍涨了6～10倍。这么高的房价还是否正常，是否已经泡沫化，国内外都有颇多评论。现在国内仍然有财经地产界的名流坚

---
　　①　这是作者发表于2010年7月8日《中国证券报》的文章"厘清战略定位 变革楼市制度"。

持认为北京、上海的房价并不算贵，因为中国一线城市与世界发达国家的大都市相比，还有相当的差距，所以房价还是要涨。政府为低收入的人盖好保障房就行了，不必干预房地产市场。

不过，现在大家出国的共同感受是，尽管我们人均国民收入大体只是发达国家的十分之一，中国一线城市的绝对房价已经直逼发达国家的大都市上班族居住区的水平。更不用说如果汇率再改革上浮，我们就要直接以发展中国家的低收入去住最发达国家的高价房了。事实上，在中国归属的世界中低收入国家中，除被贫民窟包围的印度孟买市中心以外，中国的北京、上海中心区的房价已经绝对遥遥领先，即使与中高收入国家首都比，除富豪集聚的莫斯科之外，北京、上海也是价高一头（见表附3-1）。

表附3-1 一线城市市中心房价数据 单位：欧元

中高收入国家城市	每平方米房价中值	中低收入国家城市	每平方米房价中值
阿根廷 布宜诺斯艾利斯	1 711.49	中国 北京	3 422.73
墨西哥 墨西哥城	1507.75	中国 上海	3 353.79
巴西 里约热内卢	2 538.91	印度 德里	1 644.00
智利 圣地亚哥	1 173.60	印度 孟买	6 681.00
南非 开普敦	2 832.59	印尼 雅加达	835.64
俄罗斯 莫斯科	7 334.96	马来西亚 吉隆坡	1 627.96
土耳其 伊斯坦布尔	1 685.00	菲律宾 马尼拉	1 575.97
波兰 华沙	3 181.50	泰国 曼谷	1 879.84
罗马尼亚 布加勒斯特	2 829.00	埃及 开罗	851.78

资料来源：Global Property Guide 2010；www.numbeo.com

其实，就如人们通常用市盈率、市净率来衡量股市的估值高低一样，国际上通常不是用绝对价格而是房价收入比、租售比来衡量房价的合理区间。因为房子不比股票，只能由生活在当地的人消费。用这个指标来衡量，中国主要城市的房价收入比在全球（包括发达国家）已经绝对领先（见表附3-2）。同样按 Global Property Guide 的数字，中国北京、上海的年人均可支配收入只能买不到1.5平方米的住宅，而世界各主要大都市则都在 3 平方米到 10 平方米之间。用房子的租售比即房价与月租金或租金回报率来衡量也是一样，别人的租售比一般在 200 倍左右，我们则一般到了 400 倍以上。

从这些指标看，可以说中国一线和热点城市的房价已经存在较大的泡沫。房价泡沫化的一个最新佐证是，政府刚刚在个别大城市仅在贷款上多少限购二套房和限制非本地居民或就业者购房，脱缰的房价立即戛然而止，揭示了支撑高房价的并不是人们真实的居住需求。

表附 3-2　一线城市市中心房价收入比数据

高收入国家 大城市	房价收入比	中高收入国家 大城市	房价收入比
英国 伦敦	14.7	阿根廷 布宜诺斯艾利斯	11.8
法国 巴黎	16.7	墨西哥 墨西哥城	12.4
德国 慕尼黑	5.3	巴西 里约热内卢	5.7
美国 纽约	8.4	智利 圣地亚哥	4.1
美国 华盛顿	4.7	南非 开普敦	9.0
澳大利亚 悉尼	6.7	俄罗斯 莫斯科	28.6
澳大利亚 墨尔本	5.9	土耳其 伊斯坦布尔	5.5
挪威 奥斯陆	9.4	波兰 华沙	20.0
新西兰 奥克兰	6.0	罗马尼亚 布加勒斯特	18.9
加拿大 多伦多	6.6		
丹麦 哥本哈根	6.9	中低收入国家大城市	房价收入比
芬兰 赫尔辛基	7.2	中国 北京	22.1
瑞典 斯德哥尔摩	8.9	中国 上海	23.1
瑞士 苏黎世	5.1	印度 德里	13.4
意大利 罗马	15.1	印度 孟买	40.1
荷兰 阿姆斯特丹	6.2	印尼 雅加达	12.5
日本 东京	11.0	马来西亚 吉隆坡	8.1
韩国 首尔	15.0	菲律宾 马尼拉	14.1
中国 台北	10.1	埃及 开罗	13.2

资料来源：www. numbeo. com；Global Property Guide 2010

　　有人说，一线城市的房价就应当特别贵，否则人都跑到大城市来了。这个断言其实并不符合那些正在或已经实现城市化国家的事实。大城市的房价当然会比中小城市高，但其实在市场经济中都有一个合理的差距。如果差距过大，就反映了资源过分向大城市的畸形集中。在实行大都市化发展的许多国家，大中小城市的房价一般存在着合理阶梯，大都市平均房价比中小城市一般贵 2 ~ 3 倍。（见表附 3–3）

表附 3–3　大城市与全国平均房价比

	大城市平均房价	全国平均房价	大城市/全国房价
英国（英镑，2009 底）（套）	（伦敦）269 180	164 433	1.64
美国（美元，2008 年底）（套）	（华盛顿）488 000	250 000	1.95
	（纽约）675 000	250 000	2.70
中国大陆（人民币，2009 底，住宅每平方米单价）	（上海）20 186	4 473	4.51
	（北京）19 999	4 473	4.47

资料来源：2006—2008 年资料来源于国土资源部土地利用管理司编《2007 年土地市场动态监测分析报告》、《2008 年土地市场动态监测分析报告》；2009 年资料来源于国土资源部《2009 全国主要城市地价状况分析报告》；2010 为计划值，来源于国土资源部《2010 年度全国住房用地供应计划新闻发布会》。

　　其实，仅仅比较大城市中心区的房价还多少有点误导。因为对广大工薪阶层来说，最重要的并不是大都市中心标志楼盘的价格，而是上班族居住区的房价。以土地紧缺、人口高度密集的日本东京为例，目前东京典型的 3 室 2 厅、不算大阳台的使用面积 76 平方米、实木地板、精装修带免费车库、24 小时热水供应，即至少相当于我们国内标准 105—110 平方米建筑面积的高档公寓房，步行到轻轨站在 5 ~ 10 分钟，坐轻轨地铁在 30 分钟内可抵达市中心各主要商业区和政府办公区，价格为 2300 万 ~ 2600 万日元（见图附 3–1），相当于 165 万 ~ 185 万元人民币，每建筑平方米约 1.65 万元人民币，房价为日本家庭平均 600 万日元年收入的 4 倍左右。

　　因此，如果仅仅说日本东京银座的商业地产可达几十万元人民币一平方米，来论证中国北京、上海老百姓的房价必涨，就会有极大的误导性。东京的土地资源显然比我们更紧缺，但上班族居住区的房价相对收入却是如此之低。这样一个再普通不过的真实例子，可能比任何枯燥的数据更能直观地揭示相对于居民收入，中国一线及热点城市的房价之昂贵。

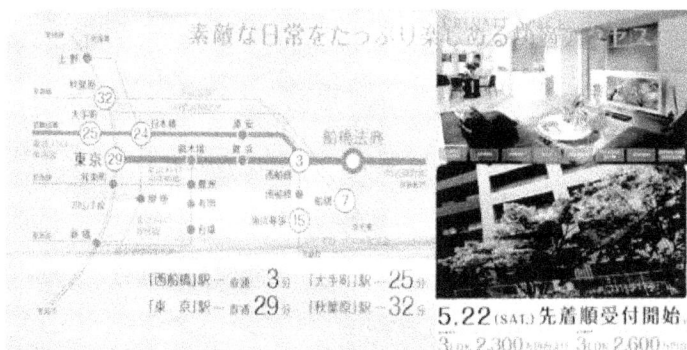

图附 3-1　日本东京主力户型楼盘

资料来源：《日本经济新闻》2010.5.12—2010.6.2 广告附页。

另一种流传很广的观点撇开房价本身的高低，认为随着城市化发展，房价在长期中必然上涨，因此在任何时候先买房子总是对的。这个说法混淆了由于收入水平的提高和通货膨胀的存在，房价的长期趋势与投资能否获利这两个不同的问题。这就如同资源产品和股指一样，历史显示长期必然成倍上涨，但这并没有避免投资大宗商品或股市的人仍然经常赔钱。从世界各国历史来看，楼市也是一个长期会上涨但有着起落周期的市场。现在世界上不少国家仍在经历楼市下跌周期的煎熬。有人说中国要守 18 亿亩耕地红线，所以城市房价地价只升不跌。其实城市化是农民转市民，农民进城占地比他原先占的宅基地要小得多，不存在土地供应不足的问题。

因此，中国过去这些年的房价飙升，只是在特定经济和政策环境下的产物，并不可能创造打破规律、只涨不跌的神话。特别是在近年来房价多次成倍上涨的累积暴利效应，已经吸引了各路社会资金蜂拥而至的情况下，如不加以有效遏制，泡沫必然继续吹大。而国际经验表明，当这个泡沫破灭时，整个经济和社会都要付出惨重的代价。

中国房价的国际比较表明，尽管国内至今还有人为高房价声辩和寻找依据，海外却在中国政府这轮最新的调控之前，普遍都在议论中国房地产泡沫的危险，这当然不是偶然的。其实，就像当年中国股市似乎挡不住的热度一样，高处不胜寒的中国房价的回归也势在必行。

第二节 房价飙升溯源

首先，房价飙升当然与利息偏低、货币过多有关，但货币政策恐怕更多地要服从总体的宏观经济目标，况且从房改十多年来房价就一直在上升通道中，这就并不能仅由阶段性的货币政策来解释。其次，房地产商无疑是楼市上升的重要推手。不过，在一个竞争还算相对充分的市场，开发商如果能单方面推升房价，不可能是因为他们特别聪明或特别贪婪，一定还是利用了我们制度上的漏洞。至于众口一词的城市化，恐怕多少也是房价上涨的替罪羊。因为进城的 1.5 亿农民工能够买商品房的实在凤毛麟角，买房的还只是本地或外来的城镇人口，而这仅占总人口 30% 多的城镇户籍人口，按国际标准还只是城市化加速发展的起点。因此，中国的问题恰恰在于，城市化刚要起跑，已被高房价拦住了去路。

这样，很多人就把问题追到了地方政府和土地财政。地方政府的土地财政成为众矢之的当然事出有因，但目前对土地财政的批评其实并不准确。一些开发商从来抨击土地财政，说人们都盯住了开发商赚的钱，其实更多的钱被政府房地产税收和土地拍卖拿走，断言房价高是因为地价高和税收高。但这两个指责恐怕都有问题。

首先，政府从房地产开发得到的税费是比开发商要高很多，但这是两种完全不同性质的钱。开发商赚的钱是自己可以装进口袋的净利，而地方政府拿到的钱是公共财政收入，除去土地补偿、安置人员以外，还要用于修桥筑路、科教文卫等所有城市基本和配套建设，公开自然地用一己之私利去和政府的公共财政收入相比嫌其之少，不能不说开发商的胃口已经多年来被宠得实在太大了。

其次，地价和税收固然是房价的重要因素，但在一个盈利丰厚行业中的价格从来不是由成本决定的。房地产商比谁都更清楚，同样成本的地块，后几期开发的房子卖出往往比首期贵几成到几倍的价格，当然不是因为成本变高了，而是因为后来市场行情上涨。如果开发商从来都是根据市场行情定价，而根本不管他们多年前取得土地价格是多么低，人们没有理由相信，即使政府并不从土地获益，开发商就会慷慨地让利给客户。正如世界上的铁矿石等大宗原料供应商，从来不和你谈成本，只要市场需求旺盛，他们的价格就不断翻番。

当然，市场经济中成本决定价格的情况也是有的，就是当需求极度萎缩，供应商要么退出要么只能勉强保本维持。我们在许多竞争激烈、利润微薄的行业都会周期性地看到这种现象。但毫无疑问，这绝对不是赚得盆满钵满、乃至全社会各行各业包括反应本来挺慢的国企都想挤进来分一杯羹的房地产业。

地方的土地财政肯定是助推房价的重要因素。只是其作用机理并不像人们想得那么简单。比如说，房地产的税收，在西方也往往是地方政府的主要收入来源，征收又是按照房地产的市场价格进行的。这种房地产财政并不意味着西方的地方政府都想或都有能力去推高房地产价格。即使在中国情况下，如果单纯从收益去推断，土地财政可能使政府出售更少的土地以更高的价格，也可能推动政府卖出更多的土地以筹集更多的建设资金，而任期制的约束可能使当政者更有动力当下卖出更多的土地而不是留给后任。可见，土地财政本身还不能说明土地供应一定是多了还是少了。

至于说分税制后事权与财权不对称，地方财源不足逼出了土地财政，就更是离开了问题的主线。因为我们看到并不是越穷的地方越靠卖地为生。卖地收入最多的城市往往是地方政府收入相对丰厚、建设规模搞得特别大的地方。钱越多、雄心和摊子越大、钱越不够用，好像是更普遍的现象。政府职能不改，钱再多恐怕也不行。

其实房子和任何商品一样，价格上升一定源于供需失衡，因为价格不过是反映供求关系的信号。商品房价格上涨反映的必然是商品房供给与需求的失衡。

第三节　供求失衡的症结

至少从表面上看，中国城市建设遍地开花，全国都是大工地，城市像摊大饼式的向外扩张，同时城市化率近年来每年上升约一个百分点，商品房需求强劲，市场购销两旺，那么，到底是供给不足还是需求过旺造成供求失衡，从而推动房价上升的呢？很多人包括我自己都曾受到地产界主流声音的影响，顺理成章地推断主要是政府垄断土地造成供给不足。但实际上这个推论能否成立，最终还是要用数据来回答。

首先，没有交通和水电气的穷乡僻壤的土地再多，也解决不了城市人的住房问题。因此，土地供应的大概念是城镇建成区面积的增加情况。这个面积从 1990 年约 1.28 万平方公里到 2008 年 3.63 万平方公里，增加了180% 以上，同期城镇户籍人口从 3 亿增到 4.5 亿，仅增加了 50%，包括农民工在内的常住人口从 3 亿增加到 6 亿，即增加了 100%，城区面积扩张大大超过人口增加，这应该说是和生活在各城镇人们的感觉是一致的。

表附 3-4　全国住宅用地实际供给情况　　　　单位：公顷

年份	住宅用地	住宅用地比上年增长%	土地供应总量	住宅占土地供应总量的比例%
2006	45 181.17		204 277.78	22
2007	53 620.91	18.68	259 098.91	21
2008	55 093.59	2.75	221 331.30	25
2009	76 460.89	38.78	319 379.38	24
2010（计划）	180 000			

资料来源：2006—2008 年资料来源于国土资源部土地利用管理司编《2007 年土地市场动态监测分析报告》、《2008 年土地市场动态监测分析报告》；2009 年资料来源于国土资源部《2009 全国主要城市地价状况分析报告》；2010 为计划值，来源于国土资源部《2010 年度全国住房用地供应计划新闻发布会》。

从城区中的住宅用地来看，按照国土资源部公布的数字，全国的城镇住宅用地供应多年来大致为土地供应总量的 21% ~ 25% 之间，2006 年到 2008 年间每年约 5 万多公顷，2009 年上升至 7.6 万公顷，2010 年计划升到 18 万公顷。2006 年至 2009 年 4 年间平均实际供住宅用地 5.75 万公顷，年均供地增长 20.07%（见表附 3-4）。

年均 5.75 万公顷的住宅用地，按一般平均 1.5 倍的容积率，大体可以盖出 8.6 亿平方米的住宅，扣除开发建设周期和囤地的因素，这和国家统计局、住房与城乡建设部公布的城镇年新建住宅建筑面积从 2003 年的 5.5 亿平方米到 2008 年的 7.6 亿平方米的数据是吻合一致的。以 2008 年新增的 7.6 亿建筑平方米为例，若全部用于解决新增城市化人口，按该年全国城镇人均 28 平方米计，可解决 2714 万新增城镇人口，即 2% 以上的总人口，超过国家统计局公布的本世纪以来城市化率从 2001 年的 37.6% 到 2009 年 46.56%，即年均城市化率提高 1% 的两倍多。

按照国家统计局公布的新增住宅部分用于城镇人口的住宅面积扩大改善，使城镇人均建筑面积本世纪以来年均增加约 0.95 平方米。扣除这个改善性住房的需要，并假定新增城镇人口当年全部一步到位的达到原城镇人均住宅面积水平，近几年来每年能安居的新增城镇人口也在 1650 万人以上，即超过了年均城市化率提高 1% 即大约 1300 万人口的水平（见表附 3-5）。显然，就全国而言，在住房不断改善的同时，每年新增住宅面积能安居的人口满足了年城市化增加的全部人口（包括农民工）还有余的时候，我们还不能简单地说住宅的供给不足。

由于相对于住宅本身，住宅用地的供给更加宽松，我们也没法说住宅用地供给不足。仅到 2009 年底，房地产开发单位手中持有的未开发土地约 12 亿多平方米，按照近年完成的开发量，可供开发 4.5 年。而数据显示，开发商每年新购买的土地近几年来大致都是其当年完成开发量的 1.5 倍左右。同时，近年来房屋开发的年竣工面积仅占施工面积的不足四分之一，即现有施工面积全部完工又可供给 3 ~ 4 年（见表附 3-6）。

表附3-5 全国城镇新增人口住房建筑面积与改善性住宅建筑面积

全国	实有住宅建筑面积（亿平方米）	实有住宅建筑面积增长（亿平方米）	城镇新建住宅面积（亿平方米）	城镇人均住宅建筑面积（平方米）	实有住宅面积对应城镇人口数（万人）	实有住宅面积对应城镇人口增加（万人）	用于改善的住宅建筑面积（亿平方米）	可用于新增人口的住宅建筑面积（亿平方米）	可用于新增人口的住宅建筑面积对应人口（万人）
2002	81.85		5.98	22.8	35 899				
2003	89.11	7.26	5.50	23.7	37 599	1 700	3.23091	4.02909	1767
2004	96.16	7.05	5.69	25.0	38 464	865	4.88787	2.16213	912
2005	107.69	11.53	6.61	26.1	41 261	2 797	4.23104	7.29896	2920
2006	113.99	6.30	6.30	27.1	42 063	802	4.1261	2.1739	833
2007	120.87	6.88	6.88	27.5	43 953	1 890	1.68252	5.19748	1918
2008	128.47	7.60	7.60	28	45 882	1 929	2.19765	5.40235	1964

资料来源：住房及城乡建设部2002年、2003年、2004年、2005年的《城镇房屋概况统计公报》；《中国统计年鉴2009》。

表附3-6 房地产开发企业（单位）土地开发及购置 　　单位：万平方米

年　份	本年完成开发土地面积	本年购置土地面积	年末累计购置土地面积与完成开发土地面积差	房屋建筑面积竣工率（%）
1998	7 730.1	10 109.3	2 379.2	34.6
1999	9 319.6	11 958.9	5 018.539	37.7
2000	11 666.1	16 905.2	10 257.671	38.1
2001	15 315.8	23 409.0	18 350.815	37.6
2002	19 416.0	31 356.8	30 291.615	37.2
2003	22 166.3	35 696.5	43 821.842	35.3
2004	19 740.2	39 784.7	63 866.342	30.2
2005	22 676.2	38 253.7	79 443.834	32.2
2006	27 128.4	36 573.6	88 888.958	28.7
2007	27 566.2	40 245.8	101 568.655	25.6
2008	28 709.8	39 353.4	112 212.255	23.5
2009	23 006	31906	121 112.255	22

资料来源：历年《中国统计年鉴》。

这就是说，即使没有新增供地，现有用地即可供开发、施工 7 ～ 8 年。因此，全国的数据证实了人们对开发商囤地的猜想和判断。由于 2009 年住宅土地实际供给又比上年增加了近40%，达 7.6 万多公顷，可建住宅 11.4 亿平方米，可供 4000 多万人即 3% 的人口安居，因此，这新一轮房价上涨无论有多少原因，但恐怕没法归结为土地供给不足。就全国而言，由于土地供给量宽松，开发商的巨额囤地尚没有造成整体的住宅供给严重不足。全国多数中西部城市的房价收入比至 2009 年底刚刚突破合理区间的上轨，也从侧面证明了这一点（见表附 3–7）。

表附 3–7　中西部部分城市房价收入比

城市	户籍人口人均可支配收入（元）	房价（元/平方米）	人均住宅建筑面积（平方米）	房价收入比
长沙	20 642.76	4 357	29.27	6.18
成都	21 084.67	4 680	27.8	6.17
合肥	17 844.32	5 085	26.1	7.44
西安	20 480.04	5 287	28.4	7.33
西宁	12 911	3 200	23.66	5.86

资料来源：各地《2009 年国民经济和社会发展统计公报》；成都人均住宅建筑面积来源于《成都统计年鉴2009》；房价来源于宜居城市 2010 年 1 月中国城市房价排行榜，其数据截止到 2009 年 12 月 31 日。

同时，数据也显示，在北京、上海、广州等一线城市，每年新增住宅面积同样既可以满足城市户籍人口增加和改善的需要，也可满足常住人口增加（包括农民工和其他外来城镇人口）的需要。因此，房价飙升的一线城市也不是因为相对于正常需求，住宅供给面积的绝对不足（见表附 3–8）。

表附 3-8 京沪穗人口及住房情况

地区	年份	2005	2006	2007	2008	2009
北京	年末实有住宅建筑面积（万平方米）		32 665	34 661	36 270	
	城镇常住人口（万人）		1 333.3	1 379.9	1 439.1	
	城镇常住人口平均住宅建筑面积（平方米）		24.50	25.11	25.20	
	户籍非农业人口（万人）		905.4	929.0	950.7	
	户籍非农人口平均住宅建筑面积（平方米）		36.08	37.31	38.15	
上海	年末实有住宅建筑面积（万平方米）	37 997	39 895.4	42 049.02	43 194.72	
	常住非农业人口（万人）	1 567.1	1 620.3	1 676.16	1 713.98	
	常住非农业人口平均住宅建筑面积（平方米）	24.25	24.62	25.09	25.20	
	户籍非农业人口（万人）	1148.94	1173.30	1196.94	1216.56	
	户籍非农人口平均住宅建筑面积（平方米）	33.07	34.00	35.13	35.51	
广州	市区人均居住面积（平方米）		19.44	19.90	20.46	20.93
	常住人口（万人）		975.58	1 004.58	1 018.20	1 033.45

资料来源：《北京市统计年鉴 2009》；《上海市国民经济和社会发展统计公报》；《上海市住房建设规划（2006—2010 年)》；《上海统计年鉴 2009》；《广州市国民经济和社会发展统计公报》。

如果供给方至少在表面上看不出多大问题，我们接下来考察需求，并结合供求两方面寻找和揭示其中潜藏的矛盾。

首先当然是人们热议的投机需求。中国历来不乏各种炒房团活动的踪迹。海南国际旅游岛的规划一批，全国蜂拥而至的炒客立即将房价炒高数倍，只是最近的典型一例。其实这只反映了一个简单的现实，即尽管过去一些地方房地产泡沫的教训已经惨痛，但我们对炒房获利始终还没有设防。

其次是投资需求。很多从事房地产销售的人员估计，投资需求在许多房价快速上升的城市占交易量 30%～50% 的比重。城市里晚上不开灯的闲置小区和闲置房也比比皆是，但人们很难有确切的数字。只是大家都知道，对城里家境不错的市民来说，拥有几套住宅已经非常普遍。即使对于城中村或城郊的农民来说，因搬迁而补偿三五套住宅也早已不是新闻。尽管如此，最近山西一个不起眼县城里落马的科级局长兼煤老板，被曝出在北京、海南购买了 38 套住宅（其中北京 33 套），还是让人们开了眼界。这不仅证实了山西等地煤老板在北京疯狂买房投资的传闻，也侧面揭示了投资性购房在一线和热点城市房地产需求中扮演的巨大分量。

其三是一般称之为的改善性需求，这在当下被认为是应当被充分保护和扶持的正当需求。但数据显示，分配严重不均的超前改善性需求也是导致需求扩张的一个重要的因素。按照国家统计局的数字，到 2008 年，我国按城镇户籍人口的人均住房面积已达到 28 平方米，已赶上人均国民收入为我们 5 ~ 10 倍的近邻韩国和日本。即使加上基本上无房、只住集体宿舍或工棚的 1.5 亿进城农民工，常住人口人均住房也超过了 21 平方米（见表附 3-9）。

表附 3-9　城镇居民住房情况

年 份	城镇户籍人口人均住宅建筑面积（平方米）	实有住宅建筑面积（亿平方米）	城镇常住人口数（万人）	城镇常住人口人均住宅建筑面积（平方米）
2003	23.7	89.11	52 376	17.01
2004	25.0	96.16	54 283	17.71
2005	26.1	107.69	56 212	19.16
2006	27.1	113.99	57 706	19.75
2007		120.87	59 379	20.36
2008	28	128.47	60 667	21.18

资料来源：《中国统计年鉴 2009》；2008 年城市人均住宅建筑面积来自 2009 年 9 月 28 日中国社会保障、住房保障情况和住房建设成就发布会；住房及城乡建设部 2002 年、2003 年、2004 年、2005 年的《城镇房屋概况统计公报》

这样，从 1978 年的城市人均 6.7 平方米到 2008 年的人均 28 平方米，年人均提高 0.7 个平方米，新世纪以来，人均住房改善加快到年增近 1 平方米。这个速度和这个消费水平，无论是纵比还是横比，都已经是相当惊人了。我国虽然国土面积不小，但相当大部分是高山、沙漠，相对巨大人口来说，真正宜居的面积和可耕地并不宽裕。有人爱用世界上资源最丰富的美国来比，说中国人均居住的实际面积比建筑面积还更小，增加潜力极大。其实不用说日韩，就是对照发展了几百年的老牌欧洲发达国家，我们这样一个人均收入还很低国家的住房改善速度已经极为可观（见表附3-10）。

表附3-10　主要发达国家居住情况

国家	住宅平均大小（平方米） Living Space per Dwelling（m²）	人均居住面积（平方米） Living Space per person（m²）
英国	84.97	35.4
法国	88	35.2
德国	86.7	39.4
意大利	90.3	43.0
荷兰	97.96	40.82
西班牙	85.1	25.8
美国	174.2	67
日本	54.9	19.6
韩国	82.5	19.8

资料来源：United Nations Centre for Human Settlements and the World Bank（2000）：The Housing Indicators Program，Volume Ⅱ：Indicator Tables；Japan Statistical Yearbook 2006；Korea National Statistical Office 2000. "Population and Housing Census Report"，Seoul，Korea.

因此，无论是从中国目前所处的发展阶段，从每年新增的城镇化人口的压力，还是从建设资源节约和环境友好的社会目标来看，这样的人均住房水平大幅增长的可持续性，显然需要反思。

应当指出，在这三方面过度需求的膨胀中，银行信贷都起了极其重要的推波助澜作用。据央行的公报，2009年到2010年第一季度，商业银行新增购房信贷猛增了约2.4万亿人民币，几乎较房改以来10年购房贷款总余额翻了一倍，相当于一年全部新建商品房销售额。房价随房贷井喷而飙升，又随房贷政策收紧而却步，银行信贷变化之威力可略见一斑。

除需求以外，数据的实证分析还显露了若干与供给也密切相关的供需失衡的重要缺口。

第一，大户型化结构造成供求失衡的刚性缺口。

根据 2009 年的《中国统计年鉴》，2003 年到 2008 年我国商品房（包含经济适用房）的每套平均面积约在 110 平方米左右。我国城镇户均人口在 2008 年已经只有 2.91 人，而购买新建商品房绝大部分是年轻的两夫妇，这样他们一起步就远超人均住宅水平，使供求天平失衡。这也回答了除了投资投机需求的因素，为什么在每年新建的住宅总面积尚能满足城镇改善性和新增人口住房的情况下，众多热点城市的住宅供求仍然严重失衡，从而导致房价飙升。其重要原因就是因为平均每套面积过大，而每套住户的人口又很少的情况下，即便总面积供给能满足正常需求，但总的供给套数与缺房户需求就产生了差距。每年 500 多万套新增商品房，除去改善性需要，只能有 300 多万套解决不足 1000 万人住新房的需要，显著低于城镇年均新增约 1500 万以上户籍人口的需要，从而产生所谓"刚性需求"缺口（见表附 3-11）。

表附 3-11　房地产开发企业（单位）住宅商品房的销售情况

年份	商品房中住宅销售面积（万平方米）	商品房中住宅销售套数（套）	销售商品房住宅每套平均面积（平方米）	经济适用房销售面积（万平方米）	经济适用房销售套数（套）	售出经济适用房每套平均面积（平方米）
2005	49 587.83	4 235 372	117.08	3 205.01	295 302	108.53
2006	55 422.95	5 049 094	109.77	3 336.97	338 314	98.64
2007	70 135.88	6 251 263	112.197	3 507.52	356 021	98.52
2008	59 280.35	5 565 827	106.51	3 627.25	396 111	91.57

资料来源：《中国统计年鉴 2009》。

可见，从这个角度看，我国住宅供求失衡问题，除投机投资因素以外，很大程度上是供求结构问题，是高过人均住宅面积的超前需求与供给大户型化相结合的产物。日益增多的小家庭对应有限大套商品房的刚性缺口成为房价周期性飙升的重要推手。回想几年前，政府虽然提出了以 70～90 平方米住宅为主的要求，但由于缺乏配套相应的经济杠杆去调节引导需求，又被开发商讥为行政干预而受到普遍抵制，从而使大户型成为开发标准和社会风尚。普遍流行的超前大户型既助推短缺和房价，又迫使两家两代人为小两口置房背上重负，并将更多的一般工薪阶层驱赶出购买者队伍，再加上几乎没有长期稳定的租房房源，这自然引起了日益增大的社会恐慌与不满。

与此同时，被卷入了工业化潮流的约 1.5 亿外出农民工长期被排斥在城市的基本服务之外，群居在集体宿舍、工棚和城郊农民的出租房内。经济适用房建设被歪曲变味，平均每套面积竟然也近百平方米，而其占一般商品房销售面积的比例还直线下降，从上世纪末的 20% 左右降至近年来5%～6% 的水平。不用说，这样有限的大户型经济适用房当然不可能满足人数众多的中低收入阶层对保障房的需求。

第二，商品房需求与住宅供给分流的缺口。

我国每年相对充裕的竣工住宅并未全部进入商品房市场。按国家统计局的数字，由房地产企业提供商品性住宅（包括经济适用房）约占年全部竣工住宅的 72% 左右（见表附 3-12）。

表附 3-12　房地产企业竣工住宅占城镇竣工住宅比例

年份	城镇竣工住宅（万平方米）	房地产住宅竣工面积（万平方米）	房地产企业竣工住宅占城镇竣工住宅的比例（%）
2007	68 820.8	49 843.4	72.42
2008	75 969.1	54 325.8	71.51

资料来源：《中国统计年鉴 2009》；历年《国民经济和社会发展统计公报》。

由于前些年真正意义上的保障房即廉租房、公租房建设得很少，这其余 28% 的住宅供应基本上是各单位的自建房，包括员工或学生的集体宿舍和各单位自建的福利房。集体宿舍主要是为农民工、学生和企业上班周转服务，因而完全不能替代商品房需求。而单位福利房固然替代了部分商品房需求，但也因其福利低价性质放大了需求并带来一系列社会不公平问题。因此，由于商品房的实际供给增加比社会住宅面积供应增量要小得多，而每年新增城镇人口几乎全部是户籍人口，其需求主要压向商品套房，这也在一定程度上加大了商品房市场供求失衡。

第三，住宅拆除因素和土地垄断供给的随意性。

我国房地产市场的一个典型现象就是大拆大建。而且拆除的不光是不断被并入城镇的农村住宅，也包括大量的城镇住宅的拆迁改造。因此，从逻辑上说，只有每年新竣工住宅减去拆除城镇住宅才是城镇住宅的有效新增量。但遗憾的是，住建部和国家统计局近年来并不提供这方面的数据。而在住建部提供全国城镇住宅总有量的 2003—2005 年间，城镇住宅保有总量增长部分甚至比新竣工住宅量还大。这是在逻辑上无法理解的。我们仅能找到公布这个拆除数字的是上海公布的 2005 年到 2008 年的数据，其每年拆除的住宅面积大致占年新竣工面积的 30% 左右（见表附 3-13），如果加上因城区扩大而拆除的农村住宅，拆除量估计要占城镇新建住房的 50% 左右。这当然是一个很惊人的数字。不过这和人们印象中到处大拆大建、房屋使用寿命短、资源浪费严重的情况是一致的。

表附 3-13　上海住宅竣工建筑面积与拆除住宅建筑面积情况

年份	住宅竣工建筑面积（万平方米）	拆除住宅建筑面积（万平方米）	拆除面积占住宅竣工面积的比例（%）
2005	2 819.35	851.85	30.21
2006	2 746.80	848.4	30.89
2007	2 843.62	690.0	24.26
2008	1 899.40	753.7	39.68

资料来源：历年《上海市国民经济和社会发展统计公报》；《上海统计年鉴 2009》。

因此上海公布的城镇年住宅实际增量仅是年新竣工面积的 70%。如果全国都是这个情况，那么，每年新增的供给总面积就要相应地大打折扣，国家统计局公布的城镇人均住宅面积的提高幅度也要打上问号。相信统计局的数字应当来之有据，只是拆除住宅的事实和数据疑问确实需要合乎逻辑的回答。另外数据显示的一个有意思的现象是，几个主要一线城市近年来住宅计划供应用地与实际用地一直存在很大缺口。每年的实际供地仅为计划供地的60%左右（见表附3-14）。年年供不足，又年年大计划，是为了向上级即中央要地，还是其他什么原因，实在让人费解。2010年连全国的供地计划也一下子翻了几倍。因此，房地产商埋怨垄断了土地供给的政府没有公开透明和稳定的供地计划，不能说没有道理。

表附3-14　京沪穗住宅用地供应情况

地区	年份	2005	2006	2007	2008
北京	计划住宅用地面积	1 950	1 600	1 600	1 700
	实际住宅用地面积	578.34	1 086.89	863.58	918.67
	计划完成情况（%）	29.66	67.93	53.97	54.04
上海	计划住宅用地面积		2 000	1 100	1 000
	实际住宅用地面积		1010.26	670.08	754.43
	计划完成情况（%）		50.51	60.92	75.44
广州	计划住宅用地面积			501	463
	实际住宅用地面积			251.73	232.83
	计划完成情况（%）			50.25	50.29

资料来源：历年《北京市土地供应计划》；历年《上海市土地利用计划》；《广州市住房建设规划（2006—2010）》；《2007年土地市场动态监测分析报告》；《2008年土地市场动态监测分析报告》。

综上可见，我国在公布的住宅总面积增长与城市化过程中人口增长与改善性需求同步的情况下，商品房价格出现持续飙升，主要源于在财产和收入分配严重两极分化的情况下，一方面不受限制的投机、投资和高端住房消费需求挤占了过多的住宅资源，另一方面超出现阶段人均住房面积的大户型住房显著减少了商品房有效供给套数，形成了新世纪以来日益增多的小家庭和住宅供给套数不足的刚性缺口。同时，集体宿舍、单位福利房的分流和城镇城郊住宅的大规模拆除进一步限制了商品房的有效供给。这三者合力造成的供求失衡推动了本世纪以来许多一线和热点城市房价周期性的飙升。

房价暴涨的赚钱效应和银行的推波助澜，又进一步推升需求扩张和开发商囤积的循环，形成市场泡沫化发展的典型路径。地方政府对土地供给的垄断和自身利益导向既阻碍了需求调节，又限制了供给对市场的灵活反馈。最后，在宏观经济制约和变相福利房的特殊庇护下，中央权力部门缺乏对房价高涨的敏感和切肤之痛，使其应对和调控每每滞后与乏力。

第四节　历次楼市调控失效的原因

随着本世纪初房价的快速上升，至少从 2003 年起，政府曾多次推出了对楼市的调控措施，房价恰恰在调控声中又上升了许多倍。由于工资、特别是作为城市化标志的进城农民工的工资增长远远落后，一线和热点城市的房价收入比被推向全球高峰。为什么过去的调控目标一再落空，显然是这一轮调控首先要吸取的教训和总结的课题。

首先我们看到，从 2003 年起开始的约 4 次房地产调控主要倚重的是银行和信贷政策。问题在于银行毕竟是商业机构，而且基本上都已是上市的股份制企业。银行从简单的政府工具到商业化的企业本来也是改革的成果和方向。这就决定了商业银行对房地产调控政策的执行必然是三心二意、避重就轻、敷衍塞责。同时整体银根的松紧又是由国民经济的总体境况决定的。因此一旦宏观气氛改变，时过境迁，信贷的房地产控制必然烟消云散，甚至变本加厉。因为在上升趋势中的房价、地价以及居民按揭永远是银行最可靠稳定和最丰厚的利润来源。

所以不奇怪，借刺激经济的政策东风，商业银行的购房贷款猛增成为这轮房价飙升、供求失衡的重要推手。银行这种在利润和竞争驱使下的毫无节制，令尝试用经济手段调控的监管部门也大失所望。其实，美国次贷危机的教训已经说明，商业银行在房地产泡沫中恰恰是要严加防范和监管的对象，而不会是政府可以简单信赖的政策工具。

其次，历次调控都依赖地方政府的贯彻和执行力。我们前面指出，土地政策与任期制的组合，未必使地方政府人为减少土地供给以维持高地价。但是，由于无论是卖地还是地方投融资平台的抵押贷款，都依赖土地价格的稳定或上涨。因此，地方政府对土地收入加重的依赖，使其必然乐见房价以及地价的稳定上升，这样才能够为地方政府提供更多的收入来源。而围绕着为户籍人口打造城市名片的努力，每一任官员大兴土木、大搞基建、美化城市的工程都有意无意地助推房价、地价的上升。

所以，和商业银行类似，地方政府也会在大势所趋时配合中央遏制房价脱轨的飞涨，这也可以多少避免自己的麻烦和风险。但是，打压房价从而地价下跌永远不符合地方政府的利益。这样，在房价飙升时，地方政府当然不会有主动大幅调升土地供给或打压需求的动力。而一旦宏观经济风向变化，或新一轮的房地产高潮再起，地方政府自然会随波逐流，在据说是房价必涨的"市场力量"面前顺水推舟。

其三，楼市政策左右摇摆，受制于宏观经济波动的需要。这些年来，楼市政策一直在调控和抑制房价过快上涨与促进房地产业平稳健康发展之间变动。经济热了，房价涨多了，就讲调控，强调从严查税减贷；经济冷了，要拉动增长，又增贷减税缓税，救助地产商，促进房地产业发展。这样几个回合下来，开发商也好、投资投机客也罢，乃至普遍购房者都觉得看到了政府的软肋：就是房地产业拉动几十个相关部门的需求，政府要保增长就离不开房地产业的发展；而房地产业又关乎银行贷款的质量和金融安全，政府要保稳定也不能不救房地产。

所谓房地产业绑架了国民经济之说即由此而起。房价涨得起来，跌不下去，小跌大涨，乃至只涨不跌逐步成为市场主流认识。这样，新世纪以来 10 年，当事实最终证明楼市的稳定收益可以是波动股市的 10 倍、20 倍时，各行业的企业都进军房地产，各路社会资金全涌入囤房囤地，以至国家想振兴的产业难以启动，总被调控的房地产反而蒸蒸日上，人气鼎沸，就一点也不奇怪了。

最后，城市化进程中楼市的发展战略定位不明确，这样调控自然很难有一个明确的指向。如城市化发展中土地的垄断收益分配问题，似乎只要政府能先切一大块，剩余部分谁抢到算谁的。甚至是为了自己能得大头，也要保证利益分享的开发商、炒房者不吃亏。

因此我们看到，如土地增值税本来是针对房地产行业普遍占地囤地的利器，但却丢丢用用，成了一种完全随意性的工具。对房地产市场因暴利效应而日益膨胀的投机投资需求，也一直没有出台有力的措施加以遏制。而提高房屋交易税的做法在供求失衡时几乎全部被转嫁给了购房者。相反，对于不能或很难转嫁的个人所得税，却被奇怪地允许变通为按照交易额的1%～3%，实际都按1%征收。同时，为投机投资敞开大门的虚假阴阳合同在全国盛行，如入无人之境。物业税即住房保有税提出多年，在既得利益集团的杯葛下，至今还是方向多变、扑朔迷离。

再如，我国住房是走单纯市场化道路还是要坚持商品房和保障房的双轨制一直方向不明。这样增加保障房供给的政策，由于不能和没有切实解决资金来源和动力机制问题，往往变成一种点缀或流于纸上谈兵。今年在房价顶风而上的暴涨情况下，似乎是为了回应开发商对土地供应不足的指责，计划住宅用地供应猛增几倍至18万公顷。按目前1.5的容积率可建27亿平方米的住宅，按目前人均28平方米的水平，一年供地即可解决近1亿人的住房，全国总计不过1.5亿的外来人口，不用两年即可全部解决，现存农民工住房问题也将不复存在，这显然绝无可能。

对于这样没有可靠经济手段支撑的建房大跃进计划，市场自然不相信。所以开发商不约而同宁可量跌而守价，希望市场能倒逼政府为保增长保稳定而率先弃子让步。如果真是这样，那么房价今后确有可能如其所愿出现报复性反弹，酝酿破灭前的更大泡沫。

由此可见，楼市的调控要真正达到目标，取信于民，扭转市场预期，必须超出简单保增长或维稳思维，摆脱短期调控的得失，明确国家在整个城市化进程中楼市的基本战略定位和整体制度框架，高屋建瓴，将我国楼市发展真正纳入长期稳定发展的健康轨道。

第五节　城市化进程中的楼市发展战略定位

应当说，城市化是中国楼市在这个历史阶段发展的最大背景，也是很多人炒作房价的最大题材。那么，究竟应当怎样认识城市化进程中的楼市在整个经济和社会中的战略定位呢？

首先，应当肯定，城市化给房地产业的发展带来了空前的机遇和长期广阔的空间。超过当下整个发达世界总人口的13亿人口大国的城市化进程不仅为中国经济在今后二三十年的持续增长提供了基础，也会对世界经济格局产生重大影响。同时，要清楚地看到，目前中国的城市化只是其加速发展的启动期。因为所谓城市化，就是农民转化为市民的过程。我国目前按46%左右城市化率计算的6亿城市人口，减去卷入工业化但未市民化的约1.5亿进城农民工，只有4.5亿的城镇户籍人口，真实城市化率仅为34%左右。

要进一步实现城市化的转变并消化这个历史欠债，使中国成功实现现代化的核心，就是要降低城市化的成本，其中心环节就是要保持工薪阶层能承担的收入房价比。同时，一面耗巨资追求城市的豪华气派，一面长期用集体宿舍或工棚的办法安置进城农民工，把他们封堵在市民化之外，已经造成了日益增高的自杀率和犯罪率，必将让整个社会付出高昂的代价。这种城市化道路是注定走不下去的。因此，降低城市化的成本，从而保证新生代农民工能顺利安居的条件和城镇工薪阶层能够负担的低房价，是中国城市化和中国楼市发展的必由之路。

第二，住宅业、商业、服务业以及城市相关基础设施、配套设施拉动几十个国民经济相关产业，因而是城市化阶段的国民经济支柱产业。但严格地说，真正拉动经济和就业的并不是房地产投资开发产业，而是建筑业。现在房地产投资开发行业鸠占鹊巢，暴利不断，而真正的支柱产业建筑业成为替人做嫁衣裳的小工，利润微薄，投入不足，层层分包克扣，建筑质量总体低下，很难顾及节能节约和环保需要。大量建筑物只有平均30

年左右的寿命。这导致城市建设大拆大建和资源能源极大浪费。这种粗放消耗型的城市化道路也是我们这样一个后起的人口大国走不下去的。

因此，在楼市发展中重新确立建筑业作为国民经济支柱产业的地位，剥夺房地产开发商的专利特权，是走资源节约型新型城市化道路的需要。这样做也就同时击破解脱了房地产投资开发业对国民经济的绑架挟持，使政府对房地产市场的调控有了自由独立的空间。

第三，房价飙升，升的从来不是房屋的价格，而是土地的价格，而房屋本身的价值则是从建成后就逐年减损的。由于土地资源的有限性和地理位置的垄断性，其财产权和受益权，从来都不是至高无上的。这也是世界历史上曾经占统治地位的大土地占有制和地主阶级被取代的原因。在城市化的过程中，城市和城郊的土地由于其位置的自然垄断性，土地价值肯定会急剧上升。国家以税收形式分享和再分配土地增值收益，以保障全部城市化人口的基本公民权利包括居住权、享受教育和社会保障等权利，具有充分的社会正义性和合法性。

因此，在尊重土地财产权和使用权的法律基础上，使用强有力的财政税收杠杆，再分配土地在所有、占用、保有和转让各个环节的垄断收益，保障在城镇工作的全体公民的基本居住权，并推动地方政府实现从土地财政向税收财政的转变，是城市化和楼市健康发展的方向。

第四，我国城市化起步阶段的住宅供求失衡，与其说是因为住房太少，毋宁说是因占有太不均。收入分配关系的调整不是要政府去过多干预市场经济中初次分配和工资决定，那样往往是事倍功半，甚至事与愿违。政府要做的是消除在劳工和公民权利上的身份歧视。

调整收入分配关系，从低端来说，是要给务工多年的底层农民工融入城市的权利，使他们能住得上和住得起城市套房住宅，并享受相应的市民权利，而不是永远无望地挤在兵营式的集体宿舍，这样富士康式的悲剧才能避免。当融入城市、分散居住、要养家糊口的市民成为劳工主体时，市场规律本身就会自动减少加班并迫使工资水平普遍上升。从高端来说，就是要让过度占有城市土地和住宅资源的人承担相应的经济和社会责任。可以认为，在我国当前存在大量的灰色和非法收入的情况下，拥有多少套和什么样的住宅已经是识别人们财产和收入最显性和相对最准确的指标。因此，楼市的制度变革在相当程度上已经成为社会收入分配关系调整的起点和中心。

第五，保障房建设严重滞后，是自房改以来我国住宅制度安排的最大缺陷。因此，住宅建设实行双轨制，实行商品房与保障房并举的方针非常必要。但这里的关键有两条，一是，保障房必须名副其实，用于解决低收入阶层的需要，而不是变成鱼龙混杂的福利房、特权房，制造更大的社会不公正。二是，普通商品房仍然是我国市场经济条件下，日益增大的中产阶级住宅选择的主渠道，因此，保障房建设和普通商品房价格的稳定二者不可偏废。

基于以上的战略定位，楼市改革的指导原则可以归纳为在保证资源节约和有效供给的条件下，保障居民住房的基本需求，调节改善需求，抑制投资需求，打击投机需求，恢复住宅的基本消费功能。显然，这必然会触动太多的既得利益。因此，要避免楼市这新一轮的调控再次由于既得利益格局的掣肘而流产，需要进行一系列的制度变革。通过新的制度设计和安排，改变楼市参与各方的行为和利益导向，形成楼市和城市化良性发展的新格局。

第六节　楼市制度变革的基本内容

楼市的制度变革涉及税收制度、用地制度、保障房建设制度、房屋建筑保证制度和政府考核制度，目的是实现在城市化进程中的房地产资源节约使用和合理分配，保证在城镇的所有工作者住有所居，以及房价收入比在合理区间的长期稳定。在出台顺序上应先易后难，分步到位，既有效消除一线及热点城市房价泡沫的累积发展，又保证市场、金融和经济稳定。

第一，税收制度改革。

税收是调节供求和财产收入分配最有效的武器。现在围绕房地产的各种税费种类繁多，但效果很差，应当全面清理简化，集中于重新分配土地增值收益，挤出投机投资需求，优先保证住房的基本消费功能。

首先，打击和抑制投机投资需求可以迅速给市场降温，使房地产资源优先满足民众的基本消费需要。而房产投机投资的唯一目的是炒作转卖获利，因此所得类税收作用直接、效果显著，而且很难转嫁，应是房地产税收制度改革的首选。

具体可以采取措施是：

（1）修订土地增值税关于开发企业扣除项目的规定。现行条例中扣除项目繁多，计算复杂，时滞性强，可操作性差，使土地增值税多年来的征收具有很大弹性和任意性，既破坏了税制的严肃性，也是造成开发商圈地囤地的重要原因。因此，应当大大减少和简化扣除，恢复土地增值税的本来含义。直接对开发商取得土地与出售房产时的土地增值额征税。这样就可以从根本上改变房地产开发投资行业的暴利性质。

（2）停止执行1999年财政税务部门对个人转让房地产的土地增值税暂免征收的通知，对个人转让非自住房恢复征收土地增值税，执行土地增值税现行四级累进税率（即从最低30%到最高60%）。对非短期投机即持有房地产一年以上的投资人允许按年通货膨胀率调减增值额。

（3）废止2006年关于不能提供原购房成本可按房屋交易额1%～3%征收个人所有税的变通规定，出售非自住房一律按照现行税制的财产所得征收20%个人所得税，以堵塞逃税漏洞。以上两项制度改变，可在交易环节将非居民自住房的土地增值收入主体部分收归社会再分配。重新确立房屋的自住消费功能，大大地压缩房屋转让的盈利空间，出台之后就可全面封杀房产投机炒作，有效抑制房产投资需求，促进那些靠投机投资需求推动的一线及热点城市房价迅速降温。

（4）为保证抑制投机投资需求落到实处，应坚决取缔房屋交易中盛行的阴阳合同。税收部门应根据市场交易的真实价格按月或按季公布和调整房屋交易指导价，为杜绝不以真实价格签约避税，应在受理过户时对签约房价予以临时公示，并允许其他买家以高于此签约价的任何价格成交，迫使全部房屋转让以真实交易价格签约。

（5）全面和大幅降低房屋交易营业税和契税等流转税。这类税收在供求关系失衡时极易全额转嫁给购房者，而且不利于普通市民因各种不同需求转让房屋，互通有无、改善福利、实现双赢，大幅降低交易流转税可以在挤压投机和投资需求后，促进房屋消费市场的活跃，促进与房屋交易相关的中介服务业的发展。

其次，是调节改善性需求。改善性住房需求是人们随收入水平提高的自然要求，应当受到保护。但是，为了防止脱离社会发展水平的超前住房消费，挤占基本住房需要，在住房保有环节也要通过差别性的税收，引导和调节合理的住房消费，并进一步挤压投机与投资性占用住房资源的空间。

第二，用地制度改革。

现行城镇用地是由地方政府垄断拆迁城镇国有土地，或强行征收农村集体土地，这样做不是政府补偿不足、不公造成各类冲突事件，就是被迁者漫天要价，形成另一种形式的分配不公。这种单一的垄断收地办法已经造成日益严重的社会问题和法律问题，很难继续走下去了。因此，应打破垄断，实行政府征收与市场转让双轨制。允许国有或集体土地使用权人按城市规划条件，自行申请改变原土地用途，并按市场价格相应缴纳土地增值税和所得税。由于土地增值税和所得税同样抽取了土地增值的大头，地方政府的财政收入一样可以得到保障，但却给了产权或使用权人选择权，遵循了市场规则，改变了地方土地财政为税收财政，校正了地方政府的职能。

用地制度改革的另一方向就是要解决在当地工作多年的农民工的异地落户问题。即农民工能够携带其农村宅基地指标在当地落户。农民工及其家属的市民化是城市化的核心问题。我国现有农村建设用地主要是宅基地2亿多亩，即约 15 万平方公里①，远超我国现有城镇建成区面积 3.63 万平

---

① 见《2007 年国土资源年鉴》。

方公里，解决我国全部城市化用地绰绰有余。因此，盘活进城农民工的宅基地是在保护18亿亩耕地的同时，走活城镇化全局的关键棋子。中央应出台统一的政策，为接纳稳定工作的农民工所在城镇相应划拨建设用地指标，使用人城镇有动力和财力积极安置农民工落户。

第三，保障房制度改革。

现在住房问题上民怨最大之处就在于，普通工薪阶层基本住房需求缺乏保障。同时，有工作无居所、无法落户也是城镇化即农民工同工同权的最大障碍。因此，全面启动长期滞后和多少变味的保障房建设，对推动城市化进程、促进经济稳定高速增长，保障社会公平稳定具有根本性意义。真正做好保障房建设，不能仅靠行政命令，不能采取运动方式，而要做好制度设计，全面解决动力机制、资金来源、规划建设和持续运行等系统建设。

保障房建设的核心是解决劳动者有其居的问题。因此，保障房应排到全部住宅建设的首位。应当明确，保障房建设是户籍制度分步改革的一个核心组成部分。其建设规模应与常住人口中的无房户挂钩。中央应据此相应审批建设用地指标和建设资金补贴。其目标是逐步满足本地户籍人口以及在当地工作满一定年限的外来人口包括农民工的基本住房需要。按照这个需要，今后保障房大体可能要占全部住房的三分之一、新建住宅的二分之一以上。

只要以保障房解决了工作者有所居的问题，那么，新毕业大学生和其他城镇新增人员的稳定，劳工最低工资水平的上升，劳动时间的缩短，新生代农民工在城镇的融入和下一代劳工素质的提高、代际贫困转移的打破，乃至城市服务业的发展，就都有了市场和社会基础。可以说，是否将本地就业的外来人口纳入保障范围，是测度真假保障房制度的试金石。保障房以及相应的市政配套建设也将是整个城市化过程中推动经济发展的重要引擎。

保障房建设要扮演房地产投资半壁江山的作用，必须有相应的立法、机构和资金保证。应制订"基本住宅保障法"或"保障性住房促进法"，用法律形式保证保障房建设的外部条件、组织机构和资金安排。各城市应与土地储备中心并列，设立保障性住房发展中心，并给予住房保障中心以土地和资金支持。国家要对保障性住房给予税收和金融扶持，允许其发行住房信托基金和债券，指导和组建住房建设合作社。保障性住房要进行社会招标、市场化运作，鼓励设计单位、开发商、建筑企业竞标建造。有法律，有机构，有土地，有资金，保障性住房才能真正发展起来。

需要强调的是，保障性住房必须名副其实，切忌变形走样成为变相福利房、特权房。因此，要通过立法和规章严格限制保障房的建设标准。保障房应全部是小户型，人均居住面积必须控制在显著低于社会人均面积以下。保障性住房应以公租房、廉租房为主，经济适用房设计和质量未必要差，但要大大降低和严格限制每户面积，而且不得转变为普通商品房。保障房的使用人经济条件变化，应退出保障房，确保保障房的独立封闭运行。现行的各类性质不清的限价房、单位福利房应全面禁止。各单位兴修保障房应受到鼓励，但必须按照保障房的统一面积等标准和要求运行和管理。非保障性质的干部调动变动用房、引进各类人才用房等一律不得借用保障房渠道，而由需要用房的机关单位在商品房市场购买。这样确保各种渠道的保障房都真正面向中低收入阶层。

第四，房屋建筑保证制度改革。

我们已经指出，拉动国民经济相关部门增长、影响就业的支柱产业是建筑业而非房地产投资行业。但我国建筑业长期处于产业末端，不受重视。特别是一般房屋和住宅建筑质量差、耗能高、寿命短，普通房屋的有效使用年限仅为国外的二分之一到三分之一。因此，要根本改变没有几个人的房地产投资开发企业赚大钱，而真正搞建设的建筑大军家底薄、待遇低、人员流动、工程层层转包、质量保证能力弱的局面。国家应从法律法规、税收金融等各方面向建筑业倾斜，使房地产投资开发行业的相当部分利润向建筑业转移，让建筑行业养得起稳定和有素质的队伍，具有百年工程的安全保障能力。应运用经济杠杆，促进和推动节能环保型住宅的建设，和国际接轨，建立设计建筑企业对工程质量的终身负责制。

城市建设如狗熊掰棒子式的大拆大建，是造成资源严重浪费、住宅净增量不足的重要原因。因此，应立法规定城市规划的制订和修改、已建住宅的大面积拆除，应经过同级人民代表大会的审查、批准。拆除未到建筑生命周期的房屋，应首先追究由此造成损失浪费的相关部门、人员或设计建筑单位的法律责任和经济责任，避免长期重复目前很多地方大拆大建、建了又拆，资源浪费消耗型的造城运动。

第五，政府考核制度改革。

在我国目前的行政管理体制下，住房制度的改革要达到目标，必须纳入政府考核体系。这里关键的是两个指标。一是劳动者有其居。各城镇政府必须制订规划，保证所有在本地稳定就业的劳动者住有所居。世界各国的移民政策都是允许有几年稳定合法工作的外国人依法申请国籍。我们的城镇既需要外地人口来本地工作就业，又拒不给自己城镇需要的就业者落户，是完全说不过去的。作为今天中国产业工人的主体，竟然长期不能在工作城镇入住入户，也和我们作为社会主义国家的性质完全不相容。因此，在给定期限内，分步实施保证稳定就业工作者有其居，应当是对各城镇政府政绩考核的主要指标之一。这样，也有利于遏制地方政府和任期制的官员在城市建设中脱离常住人口的实际需要，去搞只是为少数人服务的形象工程和政绩工程。

实现就业者有其居的最大障碍就是担心大城市更加膨胀。我们这里不想纠缠于重点发展大城市群还是中小城镇的争论。因为如果真想发展中小城镇，那就政府带头，政策诱导，让众多党政军机关、大量事业单位、各种公司总部和新的重大投资，主动向中小城市和卫星城镇转移，这样就业和居住人口自然相应分散。最糟糕的是叶公好龙之辈，自己守在大城市，又乐见各种资源向大城市倾斜，却以发展中小城镇为高调，反对为大城市和自己服务的外来就业人员安居。这种南辕北辙，是我们一定要防止和纠正的。

另一个重要的指标是房价收入比。如果我们今天已经不可能让绝大部分中国人回到计划经济下的福利房时代，普通商品房的价格就必然关系民生，特别是日益壮大的城市中产阶级的切身利益。所谓抓好保障房，就可以放任商品房价的议论断不可取。因此，房价收入比，特别是城镇上班族主要居住区的房价收入比也应成为考核城镇政府的主要指标之一。现在各地方政府之所以维稳第一、GDP 增长挂帅，是和我们的政绩考核体制密切相关的。因此，国家统计部门要像发布 GDP 指标一样，定期发布各地房价收入比和就业人口住宅保障比指标。这种考核和相应的社会舆论监督，不仅可以督促城镇政府必须真正把民生问题放进自己的主要议事日程，而且对于推动城市建设的合理规划、城市群和卫星城镇的合理布局、建设用地中住宅用地的合理比例，都会产生积极作用。

上述制度变革和建设，当然可以讨论和有多种路径。我们的研究旨在说明，许多国家的成功实践也已证实，在城市化过程中合理分配房地产资源、满足人们的基本和改善性住房需求，保证与收入对应的房价长期合理稳定，是完全可以做到的。现在的问题，就是政府面对太多包括政府自己的既得利益的羁绊，如何真正为大多数民众的利益下决心和决断。

第七节　房地产税应谋定而后动[①]

关于房地产税的开征问题一直争论不休，质疑其合法性的有之，称开征客观困难重重者有之。其实，对住宅征收房地产保有税，又称财产税、不动产税或物业税，是国际惯例。至于不少人设想的种种法律或操作上的困难，许多国家早已有了成熟的做法和经验，并不是什么真正的障碍。在我国积极筹备开征房地产税，对转变政府职能，推动地方政府从土地财政转为税收财政，对合理引导住房消费，对于调整收入分配乃至反腐倡廉，都有重大意义，应当坚定不移。

问题的关键是要把引进房地产税这样一个前所未有的大税种放在整体税制改革和税负有增有减的大框架下统筹规划，而不是简单地看作是增加

---

① 这是作者于 2010 年 7 月 5 日发表于《中国证券报》"房地产税应谋定而后动"。

了一个新税源。因此，我们必须做好各方面的包括法律和信息条件上的充分准备，而不能等闲视之，更不能抱有侥幸心理，草率从事。

开征房地产税，首先需要澄清两大认识误区。一是我国城镇居民只有土地使用权，没有所有权，在土地已缴纳出让金的情况下，是否是重复收租，是否可以开征。应当指出，政府征收房地产保有税，用于城市建设维护和社区服务，与土地所有权交易无关。如英国的房产，大量是带地权的别墅，称为 Freehold，也有不带地权的，土地是租的，如公寓的套房往往是 lease hold，但使用权产权人一样要按期交房地产税。因此从本质上说，房地产税并不是对所有权征税，而是对房地产实际占用和受益人按占用时间征税。

同时，我国目前的居民住宅产权，名义上是 50 年或 70 年，实际上到期政府没有也不可能收回。危旧房屋损毁或拆迁补偿时无论已使用多少年，还是又新给一个 70 年产权。二手房交易也不是按产权剩余年限论价。这种情况说明，目前我国城镇居民的几十年土地使用权就像当初农民的 30 年承包权一样，在法律上还是模糊概念。所以，在我国正式开征房地产税时，就有必要像农地承包期一样，明确房屋土地使用权也是长期不变。这样就在法律上肯定了居民用房的永久土地产权。统一了城乡土地使用权长期不变的制度，既是我国法治建设的一大进步，也为房地产税的开征澄清了误区。

另一个误区是目前有关部委提议的房产税，即绕开土地和新税种立法，借用企业和单位经营性使用房产的房产税，扩大到居民住宅。这个做法存在三个难以回避的弊病，一是张冠李戴，名不正言不顺。居民住宅的购买总是有房有地，而不断贬值的是房，不断增值的是地，没有地的房怎么计算原值，又怎么评估市场价，理论和实践上都很难。这与 1986 年出台房产税条例时，单位土地都是国有无偿划拨、房产原值中没有地价是完全不同的。征税标的物的价格说不清楚，这个税就没法征。而且绕开地的房产税名不副实，会大大增加征收的难度。把征收的标准定得低，会增加大众的负担和产生新的不公平；定得高了征不来多少钱，又把一个任重道远的大税种的意义变得很小。

二是过于勉强。当年房产税条例的本意就是对单位经营性的房产余值征税，因此，对党、政、军、人民团体、事业单位以及个人普通住宅全部免征。现在若借用这个税延伸到居民住宅，只能对居民持有多套房征税，因为那样还勉强可以定义为经营性质，但永远无法把居民自住房定义为经营性去征税。这样这个税种的适用范围就很有限，起不到应有的各种功能，而且为以后普遍开征房地产税设置了障碍。同时，现在单位的经营性房产是按原值的一定比例征收的，居民房产若像建议的那样按市价来征，就成了一税两制，而且是单位经营性的税轻，居民住房反而重，逻辑上也讲不通。

三是临时性强，必要性小。因为税收制度具有稳定性，不能因抑制投资需求和市场过热就开征，因市场冷落萧条就缓征免征。其实房地产税作为按保有时间来计税的税种，对投资房产的短期炒作几乎完全不起作用，对投资的抑制作用也很间接有限（房价一年涨一两个百分点就够缴税了），真正能够有效控制投机投资需求的税种是个人所得税和土地增值税。因为所有投机投资都是为了转卖获利，如果对获利所得严格征税，投机投资的动力自然就小了。因此没有必要临时性地随意扩展房产税的适用范围，让其勉强去发挥并不在其范围的作用，同时又堵塞了今后改革的道路。

全面开征真正的房地产保有税意义极为重大，其主要功能是调节住房不同层次的需求，抑制财产和收入分配差距，因此其难度和阻力也极大，需要分步推进，可以采取的措施是：

第一，启动立法程序，形成改革共识。

房地产税是我国首次依财产对家庭为单位征税。从过去源于收入的代扣代缴，到依财产而要居民住户从口袋里拿出钱来去交税，既涉及税收征管方式的根本调整，又涉及人们纳税方式和纳税习惯的重大改变。对于必然会出现的大量没有按期甚至不来纳税的户主，如何催交征管，又如何通过司法程序解决纳税分歧和保证执行到位，都是我们在过去税源处代缴代扣时所从未遇到的新问题，也是关系到既保证税收的严肃性和强制性，又维护社会和谐稳定的大问题。这样公平负担就成为其成败的关键。因而它要与个人所得税从分项扣除到依家庭综合扣除计征的改革同步协调，才能相互补充促进和相得益彰。同时，还需要对现在极为混乱的各类房屋和土地产权的情况进行全面清理，从法律上明确城镇房产的永久土地使用权，这样才能为普遍开征房地产税铺平道路。

还应当看到，我国由于灰色乃至非法收入的普遍存在，财产和收入分配严重不均，但难以识别和统计。而房产由于从来必须实名登记，人们拥有多少套和什么样的房产，已经是当今社会人们实际财产和收入状况的一个难以掩盖的指标。因此，可以毫不夸张地说，在我国全面开征房地产保有税不仅是税收制度的重大变革，也是经济改革、社会改革乃至政治改革的重要内容，从而必然是一场硬仗。因此，要全面筹划并立即着手开征前的必要准备工作。

第二，房地产登记工作的全面信息化和全国联网。

由于房产实名登记的基础工作相当完备，又有户籍制度和身份证制度配合，在当今计算机信息技术条件下，做到全国全部城镇房地产信息准确、按家庭联网可查并不困难。这项工作只要开始启动，就会立即产生多方面的震慑作用，估计一大批贪官和其他众多隐瞒其真实收入者就会现形。

第三，数据分析测算和选择确定方案。

要学习国外的成熟经验，对现有城镇住房进行总体分级分类，对号入座，定期统一调整应税额，而不纠缠于每套住宅具体和动态的市场估值。所以一些人假想的各种估值困难别人早已解决，并不存在什么难以克服的技术障碍。根据我国目前的实际情况，房地产税的全面开征需要分步、分阶段和分区域逐步展开。一是可以首先从房价上涨较快、房价收入比比较高、人均住房条件差异大的城市开始，二是可以首先从持有多套、超大面积住宅和豪华型公寓和别墅开始，逐步过渡到普遍和全面的开征。为了化解风险、减低难度，可以在若干城市先行试点，取得经验，再行推广。各城镇的征收标准也应在国家统一规定的大区间内有所不同，形成不同城镇住房保有成本的差异，引导人口流动的合理布局。

第四，开征居民住房闲置税。

在房地产保有税立法通过和开征前，现行房产税唯一可以拓展的是，开征居民住房闲置税。闲置住房一般不使用或极少使用水、电、气、电话等，识别容易，涉及面小，征收成本低。开征住房闲置税不依赖房产原值或现市值，可依据区块、面积划分若干档次，定额征收。这样可以增加闲置成本，调节收入分配。与房产保有税在租赁市场容易转嫁、有推升房租的缺点不同，住房闲置税会挤压闲置房源出售或出租，在住房买卖和租赁两个市场上都有助于改善市场供求。

从这里我们也可以看出，房地产保有税并非只有百利而无一弊。由于房地产保有税是按时间征税，就如同租房按时间交租金一样，因此，所有出租房子的房东为了保证自己的收益不受损，都会将房地产保有税基本转嫁给租房者，从而大大推高租金的价格。这样如果在公租房建设还没有真正大规模建成并投入市场之前，像有人建议的那样匆匆变通开征房产税，就会像我们在一些城市已经看到的苗头那样，将急剧推高房租的价格，结果这个税对抑制房地产投机投资作用有限，反而恰恰打击了最弱势的广大租房阶层，那就完全事与愿违了。

因此，对开征房地产税这样关系到我国税收制度重大调整和改革的战略性工程，一定要周密计划、严格论证、广泛听取不同意见，形成改革共识，遵循法律程序，切忌把大事看小，闭门造车，把好事办坏，或者雷声大雨点小，不了了之。总之，只有真正凝聚改革动力和共识，才可能突破既得利益格局的种种牵制和阻碍，实现这项意义深刻的重大制度变革。

附录四

城市化过程中楼市政策的中日韩比较①

　　中国房地产市场调控已经多年，结果这些年来房价越调越高，最后无奈搞出了个主要针对外来人口的限购令。但从国际比较和发展趋势看，我国正处于城市化开始加速发展的起飞阶段，外来移居人口恰恰代表了城市化的主流和方向。我们不可能长期逆历史潮流而动。实际上，国家有关部门也并非不知道限购令并不合理，但认为不合理的事情很多，如果有什么没有副作用的好办法，当然也可以采用。其实，这些年来国人的好建议和办法并非没有，只是难入主事者的法眼。然它山之石，可以攻玉。借鉴与我们人口资源禀赋相近的其他国家在城市化过程中楼市调控的成功经验，或许能使我们的楼市主政者茅塞顿开。

第一节　中日韩三国城市化发展的高度可比性

　　中日韩三国均属于人口土地资源条件相对不宽裕的国家。日、韩两国的土地资源相比我国更为稀缺。从人口密度看：日本为 337 人/平方公里，韩国为 487 人/平方公里，我国则是 139 人/平方公里，即人口密度日本是我国的 2.4 倍，韩国是我们的 3.5 倍（联合国 World Prospects Report，2008

　　①　这是作者 2011 年 4 月 15 日发表于《经济参考报》"破解中国房地产调控困局"、4 月 20 日发表于《经济参考报》"我国房地产需求失控的原因"、2011 年 7 月 7 日发表于《南方周末》"拿住宅用地赚钱是中国房地产乱源"的文章。

revision 数据）。考虑到我国西部很多地区无法耕种和不宜居住的因素，从人均耕地面积上看，日本与韩国在二战后城市化起步期大致为人均 1 亩出头，略低于我国目前人均耕地面积 1.37 亩，后来由于战后人口快速增长和城市化占地，现在都均为约 0.6 亩①，不到我们的一半。如果说我们人口密度高人均耕地面积少，那么日韩两国的自然禀赋显然比中国要更差一些（表附 4-1）。

表附 4-1　中日韩城市化加速期的土地资源对比

国家/时期	人口密度 （人/平方公里）	耕地面积（万公顷）	人均耕地面积 （亩）
中国（2009 年）	139	12 199	1.37
日本（1950 年）	221	584	1.05
韩国（1960 年）	251	204	1.20

资料来源：中国资料来源于《中国统计年鉴 2010》；日本资料来源于日本农林水产省《农家经济调查报告》；韩国资料来源于韩国 Agricultural Census 1960、1964，Ministry of Agriculture and Forestry。

　　日、韩两国在二战结束后，均经历了我们现在面临的城市化过程，而且速度都远超中国。日本从 1950 年的城市人口占全国总人口比重 37.4%，至 1975 年达到了 78.6%，25 年间转移了全国总人口的 41.2%，基本实现城市化。其中人口移动集中期的 50 年代末至 70 年代初（1957—1973 年）的 15 年中，全国总人口的 28% 从农村和中小城市移住到中心城市圈②；韩国从 1960 年至 1990 年 30 年间，城市人口占总人口比重从 27.7% 增长到 74.4%，增加了 46.7%，其中仅 1960—1970 年的 10 年中，就有占全国总人口 27% 的居民从农村移住城市地区。

　　日、韩两国由于先后分别在 30 年左右的时间内完成了城市化转型，而

---

①　人口资料来源联合国 World Prospects Report，2008。耕地面积资料来源，日本农林水产省，国别报告（Country Report）。

②　日本内阁府统计局，《国势调查报告》，昭和三十年（1960），昭和四十年（1965），昭和五十五年《府县分类人口与人口密度》。

且均没有留下城市贫民窟等后遗症，因而成为 20 世纪中期以来顺利避免了中等收入陷阱、进入发达经济体的两个成功案例（日本 2010 年人均 GDP 为 4 万多美元，成为高度发达国家，韩国 2010 年人均 GDP 已达 2 万多美元，成为新兴发达国家的领军角色。在 20 世纪末完成城市化时，城乡差距不大，收入分配相当平等，两国的基尼系数均低于 0.3，属亚洲国家中的最好水平，也优于美国和大多数西欧国家）。

中国自 1978 年改革开放、特别是 20 世纪 90 年代以来，随着经济的高速增长和国家工业化的突飞猛进，也进入了城市化的加速发展期。城市化率从 1978 年的 18% 上升到 2010 年 47.5%，32 年间转移了 29.5% 的人口。但存在的重大缺陷是这其中还有 13.5% 即近 2 亿人作为移动人口因没有住房无法安居。减去这些以农民工为主的移动人口，城市户籍或定居人口只在 34% 左右。即 30 余年间只转移定居了人口的 16%（表附 4-2）。

表附 4-2　中日韩城市化过程中的人口转移情况

国家/时期	起点城市化率	终点城市化率	城市化率提高	年均提高率
中国[1]（1978—2010 年）	18%	47.5%	29.5%	0.92%
中国[2]（1978—2010 年）	18%	34%	16%	0.50%
日本（1950—1975 年）	37.4%	78.6%	41.2%	1.648%
韩国（1960—1990 年）	27.7%	74.4%	46.7%	1.557%

资料来源：中国[1]资料来源于《中国统计年鉴 2010》；中国[2]为减去流动人口的城市化率（非农人口的城市化率），非农人口城市化率＝非农人口÷总人口，资料来源于《2009 中国人口和就业统计年鉴》；日本资料来源于日本内阁府统计局，《国势调查报告》，昭和三十年（1960年），昭和四十年（1965 年），昭和五十五年（1980）《府县分类人口与人口密度》；韩国资料来源于韩国统计局（人口住宅总调查），http：//www.nso.go.kr；［韩］行政自治部：《韩国城市年鉴》，2000. Ki-Suk Lee："Overview of Korean urbanization in the 1990s", Journal of the Korean Urban Geographical Society，3（1）p.5.

从日本、韩国情况看，中国已进入城市化发展的加速期。在今后 20～30 年内，面临基本完成城市化即城市化率达到 75%～80% 的前景，这意味着到 2030—2040 年我国届时 15 亿人口中城市定居的人口要达到 11 亿～12 亿，即增加 6 亿～7 亿人。新增人口的城市布局和安居问题将是首要挑战。

因此，无论人们如何应对，城市化都是中国人在这个时代不得不面对的最主要的社会和经济结构转型。

从人口分布看，日本与韩国都是以大都市为中心的人口分布格局。其中日本占全国面积12%的三大都市圈集中了全国50%以上人口①；韩国以首尔为中心的首都圈面积为国土的0.6%，人口接近全国人口的20%，而全国8个百万人口以上的大城市聚集了全国一半以上的人口②。虽然城市化过程中的大规模人口移动和人口向中心城市地区的高度集中，给日、韩两国带来了巨大的城市住房安置压力，但这两个国家均较好地消化了大量集中进城的外来人口，而且较好地调控了楼市，使房价一直处在工薪阶层能够负担的范围内。

如2008年，日本东京市内23区（相当于北京的三环内。整个东京圈由都内23区、都辖27市和周边4县构成）的平均房价为78.6万日元/平方米（相当于我国包括公摊面积的每建筑平方米5万多元人民币，不区分新房、二手房），约为全日本城市家庭平均月收入50万日元的1.6倍，东京都的平均房价（基本相当北京5环以内）为57.4万日元/平方米，约为城市家庭月收入的1.14倍。③ 以日本东京都商品住宅平均每套价格约5260万日元折合近420万元人民币为例④，约为日本城市家庭平均年收入的8.77倍。房子绝对价格高，但相对家庭收入比来看，可以承受；韩国虽然人口过于向首尔集中，中等收入家庭也能负担购房费用。韩国国民银行2010年速报显示，首尔普通住宅平均价4亿4646万韩元（约230万人民币），为韩国城市家庭平均年收入3830万韩元的11.3倍。⑤

与日、韩两国相比，我国目前的城市化率远没有达到它们的水平。我

---

① 内阁府总务省《人口统计·三大都市圈人口数》。

② 资料来源：韩国统计信息网人口普查数据库：http：//kosis. nso. go. kr

③ 据日本国土交通省《市街区住宅调查公告·2008》计算。http：//tochi. mlit. go. jp/chika/kouji/20080324/12. html

④ 根据东京都平均住房面积计算。平均住房面积数字来源：日本总务省《住宅/土地调查全国各地区自住房建筑面积排名》。

⑤ http：//news. onekoreanews. net/detail. php？number＝57298&thread＝01r04

国实行的还是被称为大中小城镇协调发展的政策。人口向核心城市的集中率远低于两国，但我国北京、上海的绝对房价已经比日本东京都低不了多少，与韩国首尔不分上下，但我们的人均 GDP 只是日本的十分之一、韩国的五分之一。我们的房价收入比是别人的好几倍。因此毫不奇怪，住房已成为我国城市就业的普通工薪阶层最大的负担和压力，也是我国城市化发展的最大障碍（见表附 4-3）。

表附 4-3　中日韩一线城市的房价收入比

城市	全国人均 GDP	房价	全国城市人（户）均收入	房价收入比
北京	4 283	23 242 元/平方米	19 109 元	35.04
上海	4 283	21 263 元/平方米	19 109 元	38.50
东京	42 325	5 260 万日元 （约 420 万人民币）（套）	50 万日元（月家庭）	8.7
首尔	20 165	4 亿 4646 万韩元 （约 260 万人民币）（套）	320 万韩元（月家庭）	11.6

注：人均 GDP 来源于 IMF World Economic Outlook Database；东京都房价：以住宅商品房平均建筑面积 90.76 为基准（日本总务省，《住宅/土地调查全国各地区自住房建筑面积排名》），单价为 8.6 万日元/平方米的（根据日本国土交通厅《房地价调查公告·2008》计算）；韩国房价及月收入来源于《韩国国民银行 2010 年速报》http://news. onekoreanews. net/detail. php? number＝57298&thread＝01r04；北京、上海的房价为 2010 年 12 月数据，来源于安居客，http://www. anjuke. com/；上海 2010 年人均住房建筑面积 34.6 平方米，来源于上海市《2010 年国民经济和社会发展统计公报》；北京 2009 年人均住房建筑面积 28.81 平方米，来源于《北京统计年鉴 2010》；全国城镇人均可支配收入，来源于《2010 年国民经济和社会发展统计公报》；北京、上海房价收入比＝房价（单价×平均每人住房建筑面积）÷城镇年人均可支配收入；东京、首尔房价收入比＝房价（户均住房面积的成套价格）÷收入（月家庭收入×12）

汇率 100 韩元＝0.5871 元人民币、100 日元＝8.01 元人民币（2011.3.14）

同时，与房价高昂、2 亿移居人口不能安居形成鲜明对照，我国新建住宅的单套面积则迅速扩大。据中国统计年鉴的资料，我国新售商品房户均建筑面积在 2005 年已超过 117 平方米，近几年来也还一直在 110 平方米左右 [实际单套面积要更大些，因为近年来为了规避政府对户型的限制，许多住房是一套多（房产）证]。甚至连经济适用房户均面积也在 90—100平方米之间。而日本全国住宅平均面积是 94.13 平方米（东京都略低为

90.76 平方米，无公摊面积，相当于我国 110 多平方米的建筑面积)①，韩国平均为 86.5 平方米相当于我国 100 平方米出头建筑面积的户型②。可见，我国虽然有约 2 亿城市就业人口无住房，但在房价和新建房屋户型大小上，倒确实是在人均 2000～4000 美元的城市化起步期就已经赶超日韩，可以与它们在高度发达的后城市化时代的水平攀比。

那么，像日、韩这样的资本主义市场经济国家，在城市化过程中是怎样成功地控制了房价和户型，在短短二三十年内解决了国家大多数人口移居城市特别是大都市圈的安居问题？它们避免了像我们今天这样，城市化还在前期，但房价和户型大幅攀升，居民财产差距急剧扩大，2 亿已移动人口无法安居、后续几亿移居人口望房兴叹。它们的经验显然值得我们认真考察借鉴。

第二节　需求管理：全面向普通自住房倾斜的楼市政策

我国长期以来并不区分自住房和投资投机购房，最新的限购令仍对城市户籍人口多少网开一面，只是严格限制外来移居人口购房，而且完全不触动现有多套存量房。与我们完全不同，日、韩在城市化过程中一直向移居人口的首套普通安居住房倾斜，运用多种经济手段和杠杆严格限制非自住房和高档大户型住宅，同时无论在保障房供给还是商品房市场上，都全力确保小户型自住房的发展，从而保证了在大量人口进入城市特别是大都市圈的社会转型时期，相对稀缺的有限住宅资源能优先满足基本民生的需要。

如日本政府，在人口向中心城市移居的初期阶段就已经认识到，住宅价格特别是三大都市圈（东京、名古屋、大阪）住宅价格的快速上升是不

---

①　日本内阁府总务省，Data are based on the Housing and Land Survey 1983–2008.

②　孙炅焕（韩国），《汉城住宅问题与应对政策变化过程》，国土研究院。

可逆转的趋势。1964 年，日本由经济发展为主向社会综合发展的国策转换时，国会确认了私有土地亦应具有公益性质，使大多数家庭能够拥有自己的普通住房，从而分享财富的增长和升值。此后这一直被确定为日本的基本国策之一和各届日本内阁的政策理念。①

当时日本社会的主流观点的典型表述是，如不限制对家庭住宅的投资行为，极可能发生三大财富剥夺：（1）食利阶层对创造附加价值的劳动者的财富剥夺；（2）土地拥有者通过非生产性方式对社会附加价值创造者的财富剥夺；（3）原住民对移住民的财富剥夺。因此，政府虽不直接干预住宅市场，但却全力通过经济手段遏制投资需求，力求做到房价、地价的上升主要以基本住宅需求扩大为主要推动力。

总起来看，日本、韩国在城市化加速期的楼市需求调控主要是采取了严密的税收制度和金融信贷倾斜政策。

第一，在住宅的流转、保有、继承的各环节建立完整的税收调节体制，全面保护自住需要、挤压投资投机需求。

在住宅的流转环节，日韩与中国做法不同，是轻交易税，重所得税。这样既方便了居民由于工作和生活需要改变和改善自住房，售房者不易转嫁税负，又能精准地打击投资投机购房。

日本在战后不久的 1950 年，鉴于城市化开始加速，大量人口进入城市的情况，实行土地、房屋转让所得收益全部纳入个人综合课税之条款，而当年个人所得税综合课税的最高税率为 50%。后来经过两次上调，至 1969 年，个人所得税最高边际税率调为 75%，而仅对家庭自住房在出售时的升值部分给予一个大额减免。由于日本在个人所得税之外，尚有地方征收的 10% 住民税，这样就使得投资于住宅房产几乎完全无利可得。

只是在 1973 年 4 月以后，此时大规模的城市化已经完成（城市化率已达 75%），对非家庭自用的土地房屋在保有满 5 年出售时，不再纳入综合计税，而改按 40% 的分类税率课征（但仍需另交 10% 住民税）。未满 5 年

---

① 1964 年，日本佐藤内阁国会咨文，住宅用地价格的抑制与推进自有住房建设。

的，仍按个人综合所得即边际最高达 75% 的税率计征。但很快在 1975 ～ 1980 年间，又曾两次针对房地产市场的新情况对相关制度进行从严调整，如 1975 年将长期保有获利 2000 万日元（时约 10 多万美元）以下部分降低适用 20% 的税率，但超过部分仍使用高至 75% 的个人综合税率。1980 年又将长期保有的时间定义从 5 年延至 10 年等。①

直至 1980 年中期以后，日本进入后城市化、后工业化时期，政府宣布进入"平等社会"（社会上大部分人是中产），20 世纪 80 年代末又遇到金融和商业地产泡沫破灭的危机，整个日本经济走入长期萧条，对住宅地产所得的高额税收政策才逐步有所放宽。

韩国在 1970—1980 年的城市化高速期，对房屋转让收益在 3000 万韩元以下（相当于当今人民币 18 万元以下）基本税率为 40%，加上防卫税和住民税附加，实际税率为 47% ～ 51%，其上实行快速累进，最高税率为 60%，加上附加税后实际税率为 70.5% ～ 76.5%。② 同时对转让非高档住宅的 1 世代 1 住宅（一家一屋）所得免征所得税。但是对拥有高档住宅的家庭（哪怕只有一套）及商住两用住宅的仍然适用累进所得税率。③

韩国在 1987 年开始民主化转型后，虽然城市化基本完成，但仍对楼市的税收和征管进一步规范化和法治化，在个人所得税综合税率已经大幅降低（10% 至 40% 的累进税）后，对个人的房地产等资本收益实行单独分离课税。对拥有土地房屋超过 2 年以上仍实行 30% ～ 50% 的累进税率，而转让未登记财产则适用 75% 的单一税率，继续严格控制住宅的转让所得。④

在保有环节，日本规定对"敷地面积"（近似我国除公摊面积外的建筑面积）120 平方米以下的自用住宅适用 0.7% 的优惠固定资产税率，对超过 120 平方米以上的部分及家庭拥有多套房实行 2 倍的即 1.4% 的基准

---

① 根据日本个人所得税综合征税税率动及不动产转让所得征税调整状况整理。

② 《中日韩三国土地税制之比较研究》，韩相国，台湾政治大学。其中防卫税与 1975 年开始征收，预定征收 5 年，但实际一直持续到韩国进入高度城市化后的 1990 年才被取消。

③ 参见韩国转让所得税宽免细则（1975 年）。目前，韩国对一家一屋非高档住宅的转让依然实行免税政策。

④ 根据韩国个人所得税税率及不动产转让所得调整整理。

固定资产保有税率，各地方政府还可根据自身财政状况上调税率最高至
2.1%①，2005 年废止了最高上限。韩国从 1974 年就开始长期对住宅实行
从 0.2% 低水平起征的累进固定资产税。房产超 10 亿韩元（即约 580 万元
人民币）保有税即达 2%，对别墅和超过 50 亿韩元（约 2900 万元人民币）
的高档住宅征收年 5% 的固定资产保有税（其中在城市化高峰期的 20 世纪
70 年代后期至 1988 年，最高保有税率被调高为 7%）。对拥有多套住宅的
家庭实行所有住房加总累进的固定资产税。②

　　日韩两国税法都规定，房屋的出租租金除去必要的费用扣除，全部都
要纳入个人综合所得适用高额累进税率。这与中国税法规定出租房屋只按
20% 的比例收税而且几乎从未实际向房主征收过是截然不同的。总起来
看，在保有环节的税赋，韩国比日本要高一些。

　　在继承环节，日本的税赋又比韩国重些。根据日本遗产税税法宽免条
款中的规定，在房屋遗产继承时，可减免 3000 万日元（现约 240 万人民
币），超过部分与其他遗产合计后适用最高边际税率达 70% 的累进遗产税。
韩国的"取得税"宽免条款中则规定，因继承而取得的符合一家一屋（除
高档房屋外）原则的房屋免税，但对已拥有住宅或继承高档住宅，仍需缴
纳最高 50% 的累进遗产税。

　　不言而喻，在日韩以公平优先原则分配基本住宅的税收调节制度下，
住宅的投资投机需求自然受到沉重打击，同时超前改善性需求和铺张奢华
型需求也受到极大的压制，使住宅资源及其增值能较为均等地分布在广大
居民中间。遗产税的制度安排还引导有望继承父母房产的子女宁可租房而
不买房，以避免继承房产时的高额税收，这就更进一步节省和释放了住房
资源。

　　相比之下，中国长期以来住宅的转让所得仅按交易额 1% 征税，而且
一般全部转嫁给买方。再加上阴阳合同盛行，投资房产一本万利，税收几
乎可以忽略不计。房产既无保有税也无遗产税。因此，相对于城市一般工

---

① 日本地方税法 350 条第一款。
② 根据韩国《资产税税法》有关条款整理。

薪阶层一个月几千元的工资，都市中多一套房子就多几百万元，是工薪族一辈子也挣不来的钱。都市中很多人靠卖一套房子就可办西方发达国家的移民。因此难怪住宅财产拥有的严重不均等，已经成为中国贫富差距扩大的主要推手之一。

而在日韩两国的税收制度下，这个差距就被大大挤压了。因为如在中国动辄几千万乃至上亿元的豪宅，或拥有多套乃至几十套的房产，在韩国每年往往光是保有税就需几百万元，大量屯房投资无论是出售还是继承都要交纳过半的重税。从这里也可以看出，中国楼市需求的极度膨胀其实是我们制度安排严重缺陷的必然结果。

第二，建立个人住房贷款资信审核制度，使用金融杠杆遏制投资性需求。

住宅市场的价格预期为长期走高时，社会闲散资金及投机资金必然进入房地产市场。日本不仅没有禁止个人投资家庭住宅，更没有限制家庭的购房套数、首付比例、购房面积，而是将家庭收入与可贷款总量挂钩，使得绝大多数城市家庭无法利用金融杠杆放大资金总量投资炒作房地产和购买多套房。

依据《商业银行住宅贷款条例》，日本个人申请购房长期贷款的年还贷额度不得超过申请时上年度家庭收入（以个人所得税纳税证明为依据）的35%。家庭如有其他长期贷款须合并计算，贷款最长期限为35年。由于住宅贷款与家庭纳税收入挂钩，这样就使绝大多数家庭不可能同时申请第二套房房贷。同时，日本在设计金融制度时，禁止在没有还清贷款前将房屋出租，"以租养贷"在日本根本无门①，这样也直接限制了富裕阶层的炒房行为。相反，对于自住房，在一定限额内贷款总数的10%可作为个人所得税扣除额抵免。②

---

① 此制度最先在20世纪50年代由提供低于房贷贷款平均利率的日本住宅公库导入，规定利用公库贷款购房还贷期间不可转租，并制定相关惩罚条例。此条例推出后，日本银行业协会将此条款引入《住宅金融贷款指引》中，商业银行开始在房贷合同中附加此条款。

② 参见日本《个人所得税扣税项目细则》。

为了确保私有和市场化的商业银行机构不会规避政府指引而支持投资性购房，日本还规定，仅对银行发放的普通自住房贷款纳入住宅公库的贷款保险，而对非自住房贷款则不予保险，这样也就加大了在房价和房租波动时商业银行投资性购房贷款的自身风险。比较日本的做法可以看出，中国虽然也试图用信贷控制投资需求，但由于贷款不是与税后收入挂钩，人们就很容易规避信贷调控。同时由于富裕阶层有能力支付较高的首付款和稍高一点的利息，商业银行出于自身利益更愿意贷款支持富裕阶层多套房的购买，因而和客户串通一起规避政策限制。

日本的住宅金融制度的设计就很周密，它不是指望市场化的商业银行会无私地执行国家金融管理制度，而是在机制设计上让市场化的商业银行从自身利益最大化出发积极实施国家金融倾斜意图。日本住宅金融制度规定，购房人在还清房贷之前，房屋产权属于质押品，其质押前提为购房者家庭自用。因此对非自住房和出租房，商业银行可视为经营性商业房产贷款，将原优惠贷款利率（日本住宅房贷利率较低，通常为2%左右）直接上调数倍至12%以上，并须第三方担保。在这个制度设计下，所有商业银行自然均严格审查和追踪贷款客户是否将质押房屋用于出租等商业目的。

与此相对照，在中国个人房贷是唯一可以合法使用银行资金的投资行为，在房价长期上涨的预期下，利用金融杠杆放大效应，购买多套房投资和以租养贷等已成为富裕阶层变得更富的主要理财手段之一。显然这就进一步加剧了我国住宅市场上的供求失衡和贫富差距。

第三节　中日韩楼市需求管理的几点对照与启示

从日韩走过的道路，仅从城市住宅的需求方面，我们可以看到以下几个鲜明的对照和有益的启示：

第一，在城市化加速期对楼市的需求是否需要政府强有力的调控？

日韩的回答都是高度肯定的。日本和韩国基于城市土地和住宅是具有垄断性的不可再生资源，因此必须防止对劳动者和移居者财富剥夺的理念，对楼市进行了优先保障基本自住需求的综合干预。这与我国自1998年房改之后，在市场化的旗号下对住宅需求基本放弃了基于公平原则的干预是完全不同的。

长期以来，我国相当部分房地产商及其各界的代言人和应声者，基于利益或偏见，反对政府对楼市需求的任何调控。学术界也有一些人简单援引欧美发达国家在后城市化阶段，房地产市场较少国家干预的例证，反对政府干预楼市。他们完全忽略了这些国家土地资源充沛，城市化早已完成，房地产市场交易已转为存量二手房为主，供求平衡甚至周期性的供过于求这些完全不同于中国的国情和历史阶段。显然，由于长期以来对楼市需求管理的必要性和重要性缺乏清楚的认识和共识，我国楼市上充斥着膨胀的投资投机需求、超前的改善性需求、不受节制的奢华性需求，这成为住宅供求失衡、价格飙升的主要原因之一。

第二，城市化是外来人口大量移居城市的历史发展阶段。

在这个阶段上日本和韩国的做法都是把楼市政策放在城市化的这个发展的大背景下，优先和充分满足外来人口对城市的基本住宅需求，以适应高速发展的人口城市化的需要。而为了满足全体国民平等和基本住房民生需要这个首要任务和巨大压力，就必然要严厉控制住宅的投资需求，抑制超前和奢华的改善性需求，使整个城市的布局、城市建设的规划更多从普惠民居和民生的角度去设计。

对比之下，我国的楼市制度和政策设计，就基本没有考虑城市化发展阶段大量外来人口移民的需要，还在继续计划经济时代的城乡二元封闭格局。城市建设完全围绕户籍居民的需要，只有土地扩张和城市建设升级的城市化，而拒绝外来人口的城市化。这样就造成一方面是城市户籍居民人均住房面积急剧上升，城市建设贪大求洋、政绩和形象工程遍地开花，另一方面是2亿多（农民工及从边远中小城市的移居者）外来人口无法安居。现在城市中外来人口已占到户籍人口的约一半，一些城市如深圳等地外来人口已远超本地户籍人口。从日韩经验看中国已开始进入城市化加速期，这种趋势如不迅速改变，外来人口将很快普遍超过本地户籍人口，这必然将造成日益严重的经济、社会和政治问题。

第三，日本韩国在市场经济条件下对楼市的需求管理，主要采用了强有力的税收和金融杠杆。

尽管如此，日本包括韩国在军政府时期，楼市炒作之风仍然时有泛滥，需要与时俱进地调节和强化。和日韩相比，我国的楼市调控虽然常称"史上最严厉"，但之所以屡不奏效，就是对真正经济杠杆的使用近乎于隔靴搔痒，力度太小太弱，常常诉诸持续性差，反复性多的行政控制，结果反而刺激楼市炒作之风越演越烈。最后不得已使出病急乱投医的限购令。而限购只能限增量，管不了存量；只限部分城市，不能阻止投资投机需求转移祸害其他城市或卫星城镇；只限套数，不管面积大小，反而诱导住宅的大户型发展。最为关键的是，限购令借重于歧视性的户籍制度，完全背离了城市化发展的方向，造成了对原已松动的户籍制度的强化和身份歧视，从而形成改革的重大倒退和众多后遗症，根本没有长期实行的可行性。

而日本和韩国的做法就完全不同。它们以自住房作为使用税收和金融杠杆调节的标准和基石，因此完全符合公平正义的原则和城市化不断吸纳外来人口的方向。由于住宅的登记转让在各国都是资料最完备和最精准的制度，因此日韩以在全国范围内一家一套的标准来进行调控，既完整周密、无懈可击、又具有可操作的扎实基础。在进入信息化、网络化的今天，我国其实比当年日韩更有条件迅速建立个人和家庭的住房信息库，以保障普通自住房为基准，满足所有城市化常住人口居者有其屋的需要。

第四，从调节楼市需求的税制设计和再分配制度中也可看出，我国税收制度设计严重扭曲。

我国税收重在严卡本来不高的劳动工薪收入，而大量放行巨额财产收益，放手让富裕阶层将房地产等财产占有的不均转化为惊人的收入差距，以至我们自己号称搞社会主义市场经济，但却不能不在日韩资本主义市场经济的楼市税收制度面前汗颜。确实，住房既不能隐藏，又无法转移，现已成为我国贫富差距最显性的标志。如果对这样明面上的贫富鸿沟都不去调节，何谈去控制什么更大的隐形违法收入？在这个意义上，楼市需求调控只是一面镜子，它将映射我们对于日益加剧的贫富分化的真实态度和决心。

如果说中日韩的比较说明，不受节制的需求膨胀和分配的严重不公不均是中国楼市需求方面的主要问题，那么，进一步的比较能否对问题更大也更混乱的中国土地和住宅供给体制也提供一些有益的启示呢？回答也是肯定的。我们接下去将看到，在楼市的需求和供给两方面的病因都明明白白地解剖在桌面的时候，也许一个普通人都知道，什么是比限购令、比招拍挂的土地财政以及亡羊补牢但仍然定位存疑的保障房要好许多倍的办法。不过，虽然人们普遍赞成将别人的不当得利拿出来进行有益于社会的再分配，对于自己已经拿到手的那份，则不免有许多含糊。中国人究竟要什么，我们必须想好了选择。相对于住宅的需求，住宅的供给由于涉及土地制度，是利益更大、更加复杂，实际上在我国当前也是法治最为混乱的领域。一年多前，在中国房地产研究报告中我曾指出，所谓房价上涨其实涨的从来不是房子。因为房屋从建成那天起就在不断贬值，真正上涨的是土地价格。我们这些年来房地产调控屡不见效的一个主要原因，就是总回避土地这个核心问题。

更进一步，土地问题的答案并非止步于批判土地财政。打破土地垄断，回到土地招拍挂之前各显神通的"市场化"拿地，一些开发商和权势者自然眉开眼笑，但未必就是购房者的福音。特别是有太多的例证表明：无论开发商拿地的成本如何不同，他们分期开盘的楼价向来就是随行就市，从来未曾因当初拿地的价格低廉而向购房者让利。可见尽管土地是房价的核心，但宅地问题的真正答案还不是人们一般想象的那样简单。

第四节　中国住宅用地供给的演变和困境

中国的土地制度从总体上说实行的是城市土地国有制和农村土地集体所有制。城市土地国有化的线索比较简单。农村土地的集体所有制则经过比较复杂的演变。从 20 世纪 50 年代初土地改革后，土地实行耕者有其田的小农私有，经过合作化特别是 1958 年的人民公社运动又被完全集体化，其后稳定在所谓"队为基础、三级所有"这样含义模糊的集体所有制上，但所有权的定义和改变又几乎完全掌控在国家即政府手中，作为名义所有者的三级集体（公社现为乡、大队现为村，小队即生产组）包括农民自身并没有多少发言权，所以实际上也有准国有的性质。

在这个大背景下，农民住宅用地又称为宅基地的供给长期是由政府法规条文决定，又多少受到一定习俗的影响。按《土地管理法》要求，各地省市政府都有根据当地人口土地资源状况，对每户农民宅基地面积的基本规定。农户家庭一般是儿子成人后可以因分家立户申请一块新的宅基地。由于人口变化、继承和外出打工等种种原因，各户的宅基地面积也并不均等。

按照中央的要求，各地一般规定，新立户家庭的宅基地应首先在现有存量宅基地和荒地、坡地等非利用地中解决。但又留下口子说，实在无法解决占用耕地的，需交耕地占用费，也就是说如果交了占用费也可使用耕地。在相当多的农村，农民宅基地并未确权，更没有颁证。由于过去农民一般经济条件薄弱，长期以来对农民建房的规格、规模没有要求或约束宽松，绝大多数地方也没有办理和发放房产证。这样，随着这些年城市化的快速发展和大量农民外出务工，造成宅基地和住房闲置，形成潜在的巨大商机，也为农村特别是城镇周边农村住宅用地的野蛮生长提供了肥沃土壤。

农村宅基地兴修非自住房的情况主要有这样两种。一是许多城郊和外来务工人群集中地的农民，利用宅基地甚至承包农地，盖起了多层住宅，出租出售经营。由于商业利益和相互攀比，很多地方纷纷兴建多层乃至十多层的楼房和综合吃、住、商的建筑物。一方面经营出租牟利，一方面作为要求补偿的价码。在众多城边村、城中村，农民自建的违规建筑群接踵摩肩，安全、环境乃至治安极其恶劣。一部分出售给城市居民和外来人口的宅基地，由购买者翻建、自建，许多已成气候甚或形成特色（如一些地方的画家村，地震灾区重建利用特殊政策吸引城市居民或资本下乡联建合建）。

二是众多城郊农村集体也利用农村建设用地、未利用地乃至农地，建造住宅或别墅区出售，被称为小产权房，规模巨大，法不责众。和城郊农民为自己索取更大补偿的违建房一样，因利益太大，虽然政府三令五申，但令不行禁不止，违建、抢建层出不穷、越演越烈。由于量大面广，对农村的小产权房和农民违建，政府虽不予承认和竭力封堵其发展，但对已建者往往采取默认态度。学界也有很大呼声让其合法化。但合法化是中国从今就放弃用途和规划控制，允许农民可以自行开发土地，转变用途，还是来一个新一轮的"过去承认，今后不许"的旧游戏，并没有人能给出回答。

所以，目前政府事实上是采取鸵鸟政策，撑死胆大的，饿死胆小的，混着往下走。这样，一方面，在远郊开发区和位于农村的国家重点工程建设区，地方政府以廉价征收缺乏话语权和抗争力的农民土地，造成部分农民生计无着甚或流离失所；另一方面，一些热点城市城中村和近郊，征用土地的补偿已达一个家庭几千万乃至几亿元的巨额，还由于补偿标准不一引发了众多群体性事件。这一方面推动了贫富差距和社会不公平的扩大，一方面推动城市化的经济和社会成本急剧飙升。

城市住宅用地则又是另一幅画面。在 2004 年以前，开发类土地获取采用的是现在一些人推崇的市场化方式。即在城市规划范围内，由开发商分别与城市土地使用权人或城郊农村集体土地的掌控者，个别谈判，达成协议后，向城市规划和国土部门申请土地变性。其中由开发商一方面直接支付补偿给原土地所有或使用权人，一方面为土地改变性质向政府上交定额土地出让金，取得土地开发权。

这种取得土地的方式普遍造成了两个问题：一是开发商为了低价取得土地，采用种种方法搞定城市工厂等单位和农村集体组织负责人，再去攻关城市规划部门取得许可。许多有权势门路的人更是利用各种关系低价批取土地，牟取暴利，造成贿赂盛行和大量寻租不公现象。二是一部分开发商低价获取、囤积大量土地，牟取暴利。在一些地方，甚至地方公益和公共设施用地，政府竟然反过来要从开发商手中购买。报上所载东方市领导干部集体土地窝案，就是这种政府去向囤地的开发商高价买地而出现的群体受贿事件。现在一部分开发商囤积的协议转让土地，已经坐地升值几亿几十亿乃至几百亿，但仍可轻易地搞定关系，把土地至今未开发完毕的责任推给政府相关部门单位。

因此，从这个意义上说，2004 年推出的城市住宅和商业开发土地一律要走招、拍、挂程序的政策，本来是遏制腐败、制止开发土地分配不公的积极举措，当时也受到了社会上的普遍欢迎和支持。但是，在住宅用地实行招拍挂之后，很快使各地方政府尝到甜头，并迅速成为一些大都市和发达地区地方政府的重要财源。这样，地方政府对住宅用地市场的垄断和越拍越高的地价特别是"地王"，以及他们对土地财政不断加深的依赖和与开发商相互依存的分肥关系，又成为舆论一致抨击的靶子。

现在，虽然土地财政受到广泛的批评，但是应当说，替代性的解决方案并没得到认真的讨论。目前学界和媒体上对地方政府土地财政的批评一般是从中央地方财权事权的划分角度，认为解决土地财政主要是要解决分税制度以来地方财力不足的问题。这实际上偏离了解决问题的正确思路。因为卖地收入最多的并不是贫困地区，而是最富裕因而土地价格最高的一线和热点城市。同时，这也完全没有正面回答住宅用地的供给问题。

现在一般认为，打破地方政府对土地的垄断，最好办法是允许农村的集体建设用地直接入市。政府文件和试点已经朝这个方向移动。但农村集体建设用地主要是农民的宅基地，它们分散在农用地当中，并不能单独进行城市化建设。而且，如果把因城市化扩张占用的农村土地的全部增值收益给城郊农民，这不仅在总体上带来另一端的严重分配不公问题，而且并不能降低城市化的成本。因为城市化主要是非郊区农民向城市的转移。同时，由于获利的郊区农民并不会去承担城市基础设施建设的费用，这还会进一步推升城市化从而城市住宅的成本。

综上可见，城市住房供给问题的本质是土地问题。因为只要有了土地，住宅就可以像其他普通商品一样，源源不断地大规模生产出来。而且这里稀缺的不是一般意义上的土地。农民宅基地从来占用更大的土地（如一个农户宅基地一般要占几百平方米土地，但城市一户居民连同附属基础设施用地一般也不会超过几十平方米），因此城市化就住宅用地而言是土地的节约和集约使用。但没有基础设施、交通不便的土地对城市居民来说几乎不具有任何价值。城市化稀缺的是城市土地，即地理位置在城市周围、基础设施完善、交通便利、规划为住宅区的土地。这时土地的价值不取决于它的自然属性如肥沃程度，而取决于环境外部性。

因此，解决城市住宅问题的本质是在市场经济的条件下如何合理分配住宅用地的增值，使这种增值比较均等地分布在全体城市居民包括移居就业者家庭，而不是像现在这样，增值的大头被地方政府、开发商、少数幸运的城郊农民和拥有多套房的富裕阶层所瓜分，以至普通工薪阶层特别是外来移居就业者只能在高房价面前无奈绝望。那么，住宅用地的供给是否只有政府高价卖地的土地财政和少数城郊农民食利自肥这两个极端呢？下面我们来看日韩通过正反两方面的摸索而走出的住宅土地供给的成功之路。

第五节　日本城市住宅用地的正确定位和成本控制

日本在 20 世纪 60 年代之前，土地流转是私有制基础之上的市场调节。战后恢复期结束，20 世纪 50 年代后期执政的池田内阁提出国民所得倍增计划（GNP10 年内翻一番），加速经济发展成为日本基本国策。这虽然带来日本经济高速发展，但住房等民生问题日趋严重、社会矛盾激化。执政党内对国家发展战略出现巨大分歧，唯经济发展观受到普遍质疑。

在佐藤荣作为代表的党内新主流势力推动下，建设省于 1960 年发布《宅地综合对策》，国会又于 1963 年通过《新住宅市街地开发法》。其总则规定，为了国民生活的安定，在住宅需求显著增长的地区，政府有责任为国民提供设施完善、环境良好的住宅用地，从而开始了日本政府大规模直接干预宅地供给的时代。1964 年，池田被迫提前两年辞去首相职务，佐藤内阁上台。有意思的是，与我们今天的发展方式转变类似，佐藤荣作的施政演说题为"由经济发展转向社会综合发展"，其中提出"当前政府最紧要的任务及工作重心是住房问题"。①

为举办 1964 年东京奥林匹克运动会而进行的都市改造，诱发了日本战后第一次全国性土地价格大暴涨。所以，继城市新区开发法后，日本政府于 1966 年制定《住宅建设规划法》，1967 年大幅修正《土地收用法》，1969 年制定《都市再开发法》与《地价公示法》，有计划大量供给平价住宅用地。综合起来看，要实现在市场经济和土地私有制情况下，大量人口进入城市，城市占地迅速扩张，而城市化的住宅土地资源又能公平分配，日本的主要经验是：

第一，坚持普通住宅用地开发的公益性和非盈利性。

1951 年日本通过的《土地征用法》中规定了 35 种允许征用土地的公益事业项目，其中第 30 条规定，由国家、地方公共团体、住宅都市整备公团以及地方住宅供给公社面向自住者进行出租和出售的普通住宅区开发用地，属于可以征地的公益事业。政府还成立非盈利的住宅公团，从事新城区整体开发、公共设施建设、商品住宅用地供给，并进行工业区附加生活区的整体开发——工业团地。20 世纪 70 年代又专门成立宅地开发公团，其主业是商品住宅用地及关联土地开发，开发后平价供应商品住宅建设用地，不进行房屋建设但负责建设连接住宅用地与城市中心区的轨道交通。②

1964 年的新住宅《新市街地开发法》规定，今后所有新城区的开发必须全部由地方政府的公共社团和公益单位实施。③ 这一点有些类似我国自 2004 年起地方政府垄断土地一级市场征用开发。但根本的不同点在于，地

① 日本综合开发机构编，《政治经济计划》353～355 页，2003 年。
② 《日本宅地开发公团史》，《宅地开发公团与住宅公团的差异》，日本宅地开发公团编著，1981 年。
③ 《新住宅市街地开发法》，第一章，第 6 条：新市街地开发事业由地方公共团体以及地方住宅供给公社等符合本法规定的公共团体实施，目前具有法律效力。

方政府不能由此在住宅用地上获利。该法第 24 条规定，"用于非经营性业务和住宅建设平整后的住宅用地价格决定方式为：土地的取得价格加上均摊费用（公共设施、公益设施的整备费用，并根据各住宅用地的位置、建筑条件、用途等调整后决定"①，即除摊入在该土地的基础设施建设的成本外，政府下属公团不得盈利。

同样，由于地价是透明的，开发商也不能在土地上赚钱，而是要靠设计和建造住宅盈利。《新住宅市街地开发法实施细则》) 第 4 款第 5 条规定，"住宅的售价及住宅的建设费用不得超过国土交通省法令制定的适正价格"。从这个意义上说，日本在城市化加速期的普通商品房全部适用的是我们刚刚实行的保障房的土地和房价。

第二，直面城市化发展进程，提前规划、合理布局新城区建设，降低城市化成本。

面对必然会加速到来的城市化进程，20 世纪 60 年代日本政府就认识到，现有的城市区划不仅难以容纳大量农村和小城镇人口的涌入，而且城市化浪潮必然推动现有城区的过分拥挤与土地、生活成本飙升，造成巨大的经济社会压力。日本虽然走的是人口高度向三大都市圈集聚的道路，但政府严格控制中心城市面积的无限扩大，防止城市无计划无节制地如章鱼般往四面各方无序扩张。

因此，日本在三大都市圈的六大都市既成城区周围划出一定范围的"绿地地带"（Green Belt），遮断既存城区进一步向外围扩大的空间，采取蛙跳的方式，在距城区 30 ~ 50 公里圈建设卧城（bed town）、40 ~ 50 公里圈建设新城（New town）、50 ~ 70 公里圈（含更远）建设工业团地（厂区与生活区的复合型工业区)②，并用充裕而高效的轨道交通将其联通。考虑日本是一个狭长岛屿，东西距离整个不过 300 ~ 500 公里，这样的都市圈实际上已经具有放射东西全境的能力。

① 《新住宅市街地开发法》，第二章，第二节。
② 《日本住宅公团史》，《开发地域分布及规模 1955–1980》，430–431 页，日本住宅公团编著，1981 年。

　　以三大都市圈中最大的东京圈为例，依据《首都圈整备法》（1956 年实施），首都圈是以东京市为中心半径 100 公里范围内的区域（大于东京作为直辖市的行政区范围，囊括了周边三省的部分地区。如东京国际空港、东京迪斯尼乐园等的位置实际上都在千叶省的管辖区内并靠近千叶省首府千叶市）。区域被划分为既存城区、近郊地区、周边地区三类。为防止城市的无限扩大，既存城区周边近郊地带 16 公里区域为 "绿地地带"，除特别情况不进行城市开发，主要以农地区划整理为主（提高农地利用效率）；30～50 公里区域开发卧城、新城、卫星城、大学城；同时，住宅公团在远距离 50～70 公里圈的低产农业地区开发工业新区和工业团地（其他两都市圈的相关法案为《近畿圈整备法》、《中部圈开发整备法》）。

　　新城区建设的这种提前科学规划，既防止了人口过度向中心城区的集中，同时又大大降低了城市化用地的成本。因为采取跳蛙式发展，在远郊区农业区域建设新城，都市政府在地点上有选择余地，很容易与远郊地区及拥有私有土地的农民地方自治体达成协议（事实上，虽然新城区住宅开发可以动用征地法，但住宅公团从未使用）。同时，住宅公团与这些未开发地区的居民或农民自治体协商的购地价格也会比较低廉公允。这样就保证了公团有条件向大量新移居城市的打工族家庭提供廉价住宅用地。

　　第三，明确土地的外部社会性与土地增值的社会分享。

　　日本是实行土地私有制的国家。宪法规定国民的 "财产权不可侵犯"。但宪法同时规定 "要通过法律规定财产权的内容，使其适合公共福利的需要"，并规定 "通过合理的补偿，可以将私有财产用于公共需要"。基于宪法规定和土地的特殊外部性，日本先后公布了五个土地法律，最后在土地五法基础上，综合归纳颁布了日本《土地基本法》。

　　该法指出："土地无论现在与将来都是用之于民的有限的宝贵资源，是国民进行各种活动的基础。土地的利用与其他的土地利用活动具有密切关系。土地的价值主要依据人口和产业的动态、土地利用的动态、社会资本的配置状况等其他社会经济条件的变化而发生波动。鉴于土地与公共利益关系所具有的特点，规定土地优先用于公共福利。" 该法同时明确规定，土地不可作为投机交易的对象。① 土地在其所在区域随社会经济条件的变化而增值时，应对土地权利的获得者按土地增值征收适当税负。

实际上，日本在整个城市化过程中，对土地特别是非自住住宅的增值，一直征收高额累进的所得税。应当说，1989 年通过的这个土地基本法是对日本战后几次大的土地价格波动的正反两方面经验的总结和确认。

基于财产权的保护和土地价值的社会性和外部性的认识，日本对失地农户既不是廉价剥夺，也不是任凭和迁就农户的漫天要价。根据《新市街地开发法》和《都市计划法》，失去土地的农民首先可以获得与其宅地及地面建筑物等价的货币补偿，并优先获得经公团开发后的平价住宅用地的权利。同时，农户还可获得农地按原农业用途的土地价格补偿，并使用这个补偿款和低息信贷支持购买一定的平价住宅用地，按照规划建成商品出租房出租。② 这样，失地农民在土地改变用途后，不仅保证了自己家庭的住宅用地和住房，还保证了失去可耕种农地后的长期经济生活来源。不过，农户的补偿在国家给予的一定减免额之外，仍然要照章交纳高额累进的个人所得税。同时，购买的非自住部分住宅用地在今后出让时，政府下属公团有按原价优先回购的权利。

尽管如此，在老城区周围的开发中，仍然遇到部分农民漫天要价的情况，所以，和从事新城区开发的住宅公团从未动用《土地收用法》不同，1975 年成立的专事老城区近郊"混在地"（即已建成城区与农民用地混杂交错相连的地区）开发的宅地开发公团，在与农民自治团体协商无果的情况下，在短短几年内就上百次动用了征地条款。③

这样，由于农民的土地财产补偿被控制在一个合理的区间里，整理和从事一级土地开发的公团为非盈利组织，除基础设施建设和整理费用外，不得在土地上加价，而中标建设住宅的房产商也根本不能改变地价，只能在房屋的设计建设上盈利，住宅土地的价格就不可能很高，从而新建住宅

---

① 《土地基本法》，总则第二条、第四条。
② 《新住宅市街地开发法》，第二章第二节，第 23、第 24 条。
③ 《日本宅地开发公团史》，第 70 页，土地征用统计。

的价格也就没有拔高的空间。这就使得住宅土地资源和增值收益比较均等地分布在原土地权利人即农户和购买普通住房的市民与租房者手中。

第四，积极建设与公平分配保障房。

公营住宅在日本是一个广泛的概念，指由公共财政或国有资金兴建或补贴的，以低于市场同类房屋的价格水平，面向中等及中等以下家庭出租或出售的住宅。① 日本的公营住宅制度兼顾了中等收入家庭，并且只作为解决城市化进程中住房问题的辅助手段。

日本的住房政策为鼓励个人购买价格已受到很大压制的普通商品住宅，但其公营住宅同样发达。因为对以投资为目的购买住宅的严格限制，也造成私人进入住宅出租业的门槛高，运营成本大，有可能导致房租高涨，加重无能力购房者的居住成本。在遏制个人囤房的同时，加大对中等收入者及中低收入者的保障性住宅供给量，是当时日本的另一个重要政策。

上世纪60年代到70年代的20年中，日本利用国有空地、丘陵地、山坡地兴建公营住宅。新建公营住宅的面积占当时全国新竣工住宅面积的15%左右。② 公营住宅的租金价格的设计不以成本价计算，基本设定在周边同等住宅租金水平的三分之一；周边无出租住宅的，租金价格一般设定为大学毕业新生平均工资的10%。③ 2008年底，日本全国仍有8.9%的家庭居住在公营住宅中。④

在城市化进程期，日本的公营住宅，主要分为公团住宅和公社住宅两大类。其中公团住宅主要建设在城区（甚至有部分在城市中心），面对中等及中低收入家庭。兼顾中产阶级的公团住宅是日本公营住宅的特色。20

---

①　公营住宅有狭义和广义之分，狭义指由公团或公社管理运用的出租房屋，广义的公营住宅则包括了由公团建设后平价出售的房屋，本文中的公营住宅为广义。

②　日本内阁府总务省，《住宅基本统计·保有形态及竣工面积1960—2009》。

③　日本的公营出租房采取房租与家庭收入联动的方式，同一楼层同一房型相同面积的房屋因入住家庭的收入而异，租金不同，其中房屋租金最高上限基本与民营商业出租住宅持平。本文中所说的租金为最低一档的租金水平。

④　日本内阁府总务省《住宅基本统计·保有形态及竣工面积》，2009年。

世纪 60 年代中期，日本的中产阶级迅速扩大，而商业住宅的供应速度远远赶不上总需求量，房价面临巨大上涨压力。为避免出现大量的"住宅总贫困阶层"（家庭收入水平达到了国际公认的中产阶级水平，但一旦购房后生活质量严重下降，由于住宅导致类贫困），政府为持币待购的中产阶级建设住房，出租或销售。

公团房的主要作用是缓解商品房供给不足。主要房型为两室一厅，有部分三室一厅，设计的使用面积为：成人人均 20 平方米、儿童人均 10 平方米，专用（类似我国使用面积）60 平方米左右的房型为公团房的主力户型①，因此它非常类似面积严格受限后的我国经济适用房。公团房的租金最高为家庭平均月收入的三分之一，并严禁转租、分租（发现后公团可强制住户在一个月内搬迁，没收所得，用户名列入公营住宅黑名单）。公团住宅有常设管理人制度（居住在小区内），工作除维护小区环境外，另一项就是监督住户是否有违规和妨害其他住户生活的行为。为保证公团出租房的流转性，公团出租的房租根据入住者的家庭收入定价。同一栋公团住宅中的住户房型、面积一样，租金可能不同，租金设计最高档与周边民营出租房屋相同。

出租型公团房是公团房的主要形式，但进入 20 世纪 70 年代，出现了新型的可选择租用或购买的公团房。日本住宅公团为非盈利机构，只收取成本价格（也就出现了中签等于中六合彩的说法），因此允许出售的公用房中中签者购买占了绝大多数。

从这个意义上看，日本可以购买的公团房类似我国的国有单位福利房、经济适用房和限价房这类保障房。但是，日本的公团房在制度设计和管理上和我国财政或国有资金补贴的保障房截然不同：（1）面积严格受限，全部为小户型。（2）日本公团房申请人必须是无房户或居住极窄迫户，因此主要面向移居人口。②（3）日本公团房必须统一参加摇号，没有

---

① 《日本住宅公团史》，第一章《住宅建设》，137—138 页。
② 《新住宅市街地开发法》，总则第一条规定：公团进行的住宅及住宅用地开发是为无房家庭提供平价住宅或平价住宅建设用地。

身份限制和特权，完全公平。不像我国单位政策房仅仅是一部分人的特殊权利和福利，经济适用房和限价房仅面向户籍人口。（4）封闭运行，不得出租，不能自行转为商品房，即不可能因为摇到公团房日后获利。

根据公团房特别回购条款的规定，除非公团放弃回购，公团房不得转卖给第三方。公团房回购的价格原则上按对等偿付法，即按原购买价回购。为防止有人利用质押、典当等形式变卖公团房，日本民法 581 条规定，即使任何第三方以质押拍卖形式取得公团住宅，公团仍有权按特别回购条款约定的低价强制取回产权。买方多支付的价款形成对卖房人的债权，另案由买卖方自行解决。

可见，日本为堵塞含有公共资金补贴的房屋被居住人非法转让获利所设计的制度，真可谓是天网恢恢，疏而不漏。与我们在保障房名义下将各种机关政策房、单位房、人才房、高校房、经适房、限价房，更不用说安置房等堂而皇之地转为居住人的商业利益，真乃有天壤之别。从这里也可看出，为什么日本的贫富差距一直被控制在一个很低水平上的原因。

如果说日本的公团房涵盖了我国的公租房、可出售的经适房和各种名目的福利房，日本的公社住宅就是我们说的廉租房，面对临时性居住人群及低收入阶层。日本对特困家庭免收租金，同样严禁个人转租、分租。日本公社住宅建筑基准与公团住房相同，最大的区别是位置不仅偏僻，且多建设在无法进行其他开发的土地上，以丘陵地和山坡地为主。

公社住宅的主要目的是维护国民基本居住权利，具有保障性和过渡性的双重性质。保障性是面对低收入家庭、困难家庭而言，对这部分人群免收或减免房租，有长期安置意义；过渡性主要面对外来家庭人口、新工作人群等。在其工作生涯初期阶段，政府提供住宅保障，当其收入水平提高后，由于公社住宅位置的不便，会自动离开移住到条件更好的地区。因此，日本的廉租房是真正面向低收入阶层，过渡性强，几乎没有人去造假申请。

第六节　韩国对日本经验的借鉴和强化

　　韩国的城市化进程恰好滞后日本约 20 年左右，因此给韩国一个极好的机会，去模仿和借鉴日本城市化过程中的住宅及土地管理中成功的做法。由于韩国在城市化加速段的大部分时期尚未完成民主化转型，处于军政府统治期。因此，韩国的土地和住宅制度安排具有自己鲜明的特点，并带有更大的强制性。但令人称奇的是，前后政变更替的军政府乃至 20 世纪 80 年代后期建立的几届民主政府，在这方面总的制度安排和政策导向上保持了基本的一致性和连续性。

　　韩国政府虽然早在 1963 年城市化率仅 30% 的时候，就制定了《公营住宅法》，解决伴随工业化人口向城市移居而产生的低收入阶层住房难问题。不过一直到 20 世纪 70 年代，都是实行市场化的多种土地开发供给制度。城市建设开发主要以换地和减步方式为主要手段，即在不改变开发前土地所有权的情况下，将原土地所有权人的土地按比例缩减换成开发后的土地，然后可以按规划自行开发。而按比例扣减下来的土地一部分作为公共设施建设用地，一部分出售筹集开发资金（见《土地区划整理事业法》1966 年）。这种做法的好处是城市政府不需承担城市开发资金。缺点是减步率不易达成共识和换地难以做到让所有人都觉得十分公平。而最主要的是不能有效回收土地开发收益，使其归还社会。

　　1980 年韩国政府制订《宅地开发促进法》，引入政府及下属实体如大韩土地公社、住宅公社通过购买、征收土地的公营开发制度。1986 年更在各主要城市限制使用土地区划整理，这样使非盈利性的公营开发成为新住宅用地主要供给方式。这使廉价和大量供给住宅用地成为可能。韩国在 20 世纪 80 年代末至 20 世纪 90 年代初，在首都圈 5 个新城市建设全部都是用公营方式开发的。对非公营供给的零星小块土地，引入土地交易许可及申报制度，扩大标准地价告示地域。在控制地价的基础上，政府引入新住宅出让价上限制度。

1989 年，由于在出让房价上限制度下，住宅开发商缺乏提供高品质住房的动力，政府开始实施新建住宅定价的原价联动制，即根据住宅用地价格和包含适当利润的标准建筑费之和来决定新盘出售价的制度。其中宅地费按开发商实际取得价格计算，不同质量的标准建筑费由政府相关部门每年公告，开发商的定价只允许在标准建筑费上下的一定幅度内波动。

随着 20 世纪 80 年代后期的民主化转型，土地政策和住宅问题更引起全民参与的广泛讨论，土地作为不可再生资源的社会性意义被广泛强调。土地收益的公平分配和社会分享成为韩国社会的核心价值观。这导致一系列土地公概念法律被颁布，包括《土地超过利得税法》、《开发收益回收法》和《宅地所有上限法》等，对原来属于私人土地所有者的开发收益，转而收归公共占有、社会分享。

1997 年亚洲金融危机后，韩国经济受到沉重打击，房地产市场陷入极度低迷，而此时韩国的城市化过程中又已大体完成（城市化率已近 80%）。韩国政府开始松动和解除对一级市场土地开发和新楼盘价格的各种控制，逐步允许民间资本参与土地一级开发和除保障性的国民住宅以外的新建住宅价格市场化。

与日本的公营住宅即保障房只起辅助作用不同，韩国基于自己经济发展水平远低于日本的现实，为了安置城市化加速期的进城务工农民，韩国政府展开了大规模的以公租房为主的公营住宅建设。统计数字显示，韩国新建公营住宅套数占全国新建住宅套数比例与城市化进程呈正相关。全国新建住宅中公营的比重从 20 世纪 60 年代仅为 12% ~ 13%，到 20 世纪 80 年代达 40% 以上，至今还保持近 30% 的水平（见表附 4-4）。

表附 4-4　韩国不同部门新建住房供给及比重情况　　　　　　单位：千户

年份	总计	公共部门							私人部门	
		中央政府	地方政府	KHNC	KHB	其他	建筑数小计	比重	建筑数	比重
1962—1966	325.9	16.3	–	4.6	3.0	16.0	39.9	12.25%	286	87.76%
1967—1971	540.3	16.8	–	7.7	45.4	–	69.6	12.88%	470.7	87.12%
1972—1976	760.6	–	–	54.4	–	–	228.8	30.08%	531.8	69.92%
1977—1981	1116	27.2	19.7	158.7	112.3	4.1	495.4	44.39%	620.7	55.62%
1982—1985	866.8	3.7	152.7	151.9	64.3	33	396.4	45.73%	470.4	54.27%
1986—1990	2062	16.3	157.6	230.6	415.5	181.4	865.9	41.99%	1 196	58.00%
1991—1995	3126	–	116.4	352.5	606.4	5.477	1081	34.58%	2 045	65.42%
1996—2000	2333	–	17.5	254.1	602.4	–	874.1	37.47%	1 459	62.54%
2001	529.9	–	4.5	44.1	79.3	–	127.9	24.14%	401.9	75.86%
2002	666.5	–	7.9	69.6	46.3	–	123.7	18.56%	542.8	81.44%
2003	585.4	–	16.4	78.8	25.4	–	120.5	20.58%	464.9	79.42%
2004	463.8	–	14.7	100.5	8.7	–	124	26.74%	339.8	73.26%
2005	463.6	–	33.7	101.8	5.5	–	141	30.41%	322.7	69.59%
2006	469.5	–	15.8	116.2	11.7	–	143.7	30.61%	325.8	69.39%
2007	555.8	–	13.9	141.8	1.3	–	157	28.25%	398.8	71.75%

注：KHNC 指韩国国家住房公司，KHB 指韩国住房银行。

资料来源：Korea National Housing Corporation, Yearbook of Housing & Urban Statistics, 2005
　　　　　Minister of Land, Transport and Maritime Affairs, Korea, 2008

　　韩国的《住宅基本法》中规定，家庭住宅达不到以下标准的，在申请公租房或申请国民住宅基金购房时，政府优先解决（见表附 4-5）（此标准实行至 2000 年）。

　　韩国禁止居住在公营出租房的家庭或个人将房间转租或分租，但为了安置进城农民和外来移民，公营出租房的经营管理机构韩国国家住房公司（Korea National Housing Corporation）依据安置量，建设共用设施的公营出租房（各户有独立房间，每层至少建有一处公共厕所和公用厨房），以便多个家庭分租合用。

表附 4-5　韩国可申请保障房的标准

世带人员（人）	部屋构成	总居住面积（㎡）
1	1K	（3.6 坪）12 平方米
2	1DK	（6.1 坪）20 平方米
3	2DK	（8.8 坪）29 平方米
4	3DK	（11.2 坪）37 平方米
5	3DK	（12.4 坪）41 平方米
6	4DK	（14.8 坪）49 平方米
7 以上	4DK	（15.8 坪）52 平方米

注：世带人员：家庭人数
部屋构成：房间数 K＝厨房 D＝餐厅
1K＝无餐厅带厨房单居室　　1DK＝带厨房餐厅单居室　　4DK 即 4 室 1 厨房 1 餐厅

1960—1970 年是韩国城市住房压力最大的时期。1970 年与 1960 年相比，城市人口占全国总人口比例翻了一倍多，城市居民家庭租房比例（租房户/城市家庭总数）为 51.6%，租房家庭中只有 55.2% 的家庭是一户租住一套房（依《住宅基本法》规定，有专用卫生间和专用厨房的房间被视为套房），其中住非成套公营出租房的家庭为租房家庭总数的 7.3%，租住公用设施房家庭的占总租房家庭的 37.5%。1970—1990 年，租住单套房家庭的比例有所提高，由 55.2% 升至 62%%，但租住简易公租房的比例由占租房家庭比的 7.3% 升至 10.5%①。目前，韩国公租房合用现象依然存在。2010 年，延平岛炮击事件后，韩国撤离岛内居民，安置在公营出租房屋时的标准仍然是 2~3 户家庭合用只有一个厨房餐厅的住房。

通过建设公用厨房、公用厕所的非成套住宅楼来安置进城人员家庭的做法，有些类似改进型的我国 20 世纪 80 年代初的筒子楼。韩国在城市化加速期乃至直到今天仍部分保留的这类公租房，其低标准、广覆盖的形式对发展程度低得多的中国具有更大的借鉴意义。我们完全可以学习韩国这

---

① Korea National Housing Corporation, Yearbook of Housing & Urban Statistics, 2005.

种成套房（即拥有独立厨房、厕所的单元房）和共用分租房（即每楼层至少有一个公用厨房、浴室和厕所）并举的模式，尽快解决城市常住人口基本住房需求。

第七节　日韩住宅用地供给对中国的启示

从城市化发展的程度看，中国今天还相当于日本 20 世纪 50 年代、韩国 20 世纪 70 年代的水平。日韩都是在到达这个阶段后迎来了城市化的加速发展期，在此后 20～30 年内城市化率将升至 80% 以上。因此，它们在这个阶段中处理住宅土地供给的经验对我们极具借鉴价值。总体来看，日韩通过自己正反两方面实践探索的经验主要有这样几点：

第一，面向全体居民的城市布局和居住规划，力求降低城市化成本。

日本、韩国都正面面对不可避免的城市化高速发展阶段，认识到城市化就是农村人口向城市迁移，以及边远和小城市人口向大城市迁移的过程，因此立足于全体城市居民而且主要是应对移居人口安居这个大局，科学和有预见性地进行城市包括中心城市圈的布局，并做好卫星城市和工业区配建居住区的规划，来保证所有移居人口和城市中无房和新生分居人口的基本住宅问题。由于现代各国普遍存在土地用途管制和建筑规划管制，而市场只能引导就业和人口的流动，并不能解决城市及居民区的规划布局问题，这样政府必须发挥主导作用。

相比之下，我国从未正面面对城市化的方向和主流——移居人口问题。因此中国的城市化建设表现为围绕原城市户籍人口的封闭改善和城市美化。由于无视移居人口的存在和权利，造成住宅用地供给不均、不足，社会公共服务在本地户籍人口和移居人口之间的两极分化。移居人口杂乱地拥挤在城市地下室、工地工棚和城中村城郊村之中，随着城市的扩张改造，移居人口还不断被驱赶到更远的郊区。造成城市无规划地沿四面各方自然延伸。现在城市移居人口平均已占户籍人口的一半，如果算上其未能同行的家属，应已与城市户籍人口持平。这样在城市中有一部分人拥有太多和太大住宅的同时，同时一半以上的常住人口没有住房，也没有被纳入居住规划，是中国城市发展失控和住宅问题尖锐化的基本原因。

应当强调指出，农村人口进城以及小城镇人口向大城市迁移是节省而不是浪费住宅用地。因此，按包含基础设施建设费用的成本价供地，可以充分满足所有移居人口的住宅需要。从这个意义上说，人口增长、人口移居包括合理的改善性住宅需求是有限的，而成本价供地大规模建设住宅的能力是无限的。我国普通住宅供求的失衡不是真实的土地或建设能力瓶颈，而是制度瓶颈。

从指导思想上说，中国城市布局和发展规划的严重滞后源于两个认识上的偏差。一是希望通过新农村建设，使相当多的农民仍然能够在农村定居。这种思想虽然表面上是为农村繁荣和农民福祉着想，但由于违反了只有减少农民才能富裕农民的规律，逆城市化潮流而动，结果事与愿违，反而恶化了农民特别是越来越成为其主体的农民工及其家属的境况。

第二个思路是说城市化要限制大城市，发展中小城镇。问题在于世界各国的城市化都遵循着几乎相同的规律，就是农民进城和边远及中小城镇人口向大城市迁移。如果从人口资源状况出发，避免形成过度集中的大城市病，这就需要分散大的投资、大的项目，进而像韩国那样疏散集中在一线城市的国家机关和各类机构。而不能像我们这样，一面不断将国家级的盛事、大项目等城市建设资源资金集中投入在一线大城市，同时又用不承认政策和恶劣的生存条件，企图赶走随就业机会而集聚的所谓"低端外来人口"。显然，面向全体居民的城市科学规划和合理布局，是在城市化加速期解决好城市住宅问题的前提和基础。

第二，坚持普通住宅用地的公益性和非盈利性。

日本和韩国都把国民的居住权视为公民的基本权利。因此，提供与国家经济发展阶段相适应的基本居住条件所需土地，被法律正式界定为公益事业，任何人不得从中牟利。这包括原拥有土地的权利人主要是农民，从事公营开发的政府及下属机构公司，以及从事普通住宅建设的开发商。这样就保证了在城市化加速期进入城市的大多数国民，能够以可以负担的较低成本享有基本居住权。

　　这其中的经济学原理在于，在城市化加速期中的住宅供给，完全取决于土地改变用途的供给和建筑的规划许可。而这二者在世界各主要国家都不是由市场决定而是由政府决定的。同时，转为城市住宅用土地的价值完全取决于规划和道路、学校、医院等基础设施的环境外部性，而与土地本身的自然属性无关。由于土地不可再生性与地理垄断性和环境外部性造成完全的市场失败，即使在日韩的土地私有制条件下，土地开发的收益除保证原土地产权或使用权人生活、生计不受影响外，并不能听任市场分配而应当收归社会所有。显然，这和我国土地增值收益主要为地方政府、开发商、部分城郊农民和多套房囤积者所获取是截然不同的。

　　应当特别指出，地方政府靠收购别人的土地转手卖高价赚钱，在当今世界绝无仅有，既破坏了普通住宅用地的公益性，也使政府本身丧失了公正执法的独立性，这是我国近年来以地方政府为主导的违法用地案件越演越烈的原因。因此，废止土地财政，回到税收财政是理顺房地产市场的起点。特别值得指出的是，本来工商业用地是经营性的，普通住宅用地是民生公益性的，现在工业用地往往按几万元一亩的成本价出让，住宅用地拍到几百万几千万一亩，比商业和综合开发用地还贵，这种人为拔高扭曲住宅用地价格的现象怎么能不推高住宅价格？

　　相比之下，日本、韩国的做法是实行地价公示和土地成本价格的透明化。购房者可以直接以土地成本价支付给公营的土地储备中心或取得开发权的开发商，取得房屋的土地使用权证。开发商不能以土地本身牟利而要靠整体开发设计、环境营造和房屋的质量竞争立足。可见只要恢复了普通住宅用地的公益性质，即使加上对原土地使用权人的合理补偿，住宅用地的成本也会大幅下降，房地产市场的竞争才会转化为居住环境和建筑质量的良性竞争。

　　第三，保障房的公平分配和公正执法。

　　和日韩的成功经验相比较，中国虽然正在开始大规模的保障房建设，但存在的问题和差距都是巨大的。（1）首先，在保障对象上，日韩是面对全体无房居民首先是移居者，体现了公民权利的平等，我国则主要局限于自有房比例已经极高的户籍居民；（2）在分配规则上，日韩是面向公众的摇号分配，我国相当大部分保障房则是不公开不公平的内部定向分配，如所谓人才房、单位房等，制造了新的不公平和腐败通道；（3）在建造标准上，日韩是仅满足最低基本居住需求的统一低标准，我国则是有为不同人群量身定做的不同标准；（4）在建设主体上，日韩是由公益性的公团、公社等非盈利机构主持，我国则是政府下属或民间的盈利性公司操办，因而往往在保障房名义下争取土地、资金等稀缺资源，然后移花接木、偷梁换柱，牟取私利；（5）最后，日韩的保障房建设分配都有一系列法律法规的界定和规范，我国保障房基本上是个大的概念，给各地以自己解释的充分空间。因此，在大规模保障房建设刚刚开始起步的时候，中国若没有相关的法律法规配套，其建设和公平分配的前景显然堪忧。

结论：中国的经济发展和城市化进程基本上属于后发追赶型的东亚模式。特别是中国与日韩两国人均资源禀赋与可耕地十分相近，而且就农民进城、出口导向、产业升级、农业社会向现代工业化、服务型社会全面转型这一系列发展轨迹来看，中国与日本、韩国走过的道路如出一辙。日本、韩国均在几十年间完成了城市化和国家现代化，安居了移入城市的几乎全部农村和外地移民，并在城市化过程中将贫富差距始终控制在一个很低的水平上，成功解决城市住宅问题就是其中的关键一环。

综合日韩在住宅供给和需求两方面的经验可以看到，城市布局和土地供给的前瞻性和科学规划性，住宅用地的公益性即非盈利性，在住房的流转、保有、继承的环节建立完整和高额累进的税收调节体制，实行全面向普通自住房和外来移居者倾斜的住宅需求调节制度，以保证城市化过程中土地增值社会分享理念的实现等，是它们成功实践的核心。正是因为有了这样一套完整的制度，日本即使在商业地产严重泡沫化的 20 世纪 80 年代后期，住宅市场也是最后和最少受到波及，并还在一定程度上催生了日本的《土地基本法》和韩国几乎同时出台的土地公概念的系列立法。

这些实践，给我国后发于日韩的城市化住宅建设提供了弥足珍贵的经验和线索，可使我们免于从头在黑暗中摸索，和误抄欧美与我们完全不同的国情而走上弯路。我们现在面临的最后挑战是，即使已经知道了别人的成功经验，面对中国已经极度混乱和严重不公的住宅及土地分配，怎样亡羊补牢，以方向明确又切实可行的制度校正，将其拉回到正确的轨道上来。

附录五

楼市限购令的错误与纠正①

最近，为了调控楼市的投资投机需求，从北京开始各地纷纷推出了限购令，同时也引起支持和反对的不同反应。楼市调控关乎国计民生的大局，限购令也还在向更多的城市扩展，因此限购令之利弊大有理论清楚的必要。

第一节　限购令出台后的各方观点

应当说，最敏感而又最先对限购令作出反击的，是生计受到威胁的部分房地产商及其代言人。他们上来就断言房价上涨只是因为政府土地供应不足，因此调控需求是搞错了对象，是要别人为政府的错误代为受过。客观地说，房地产商对限购令的冷嘲热讽，既不奇怪，也没太大道理。一个巴掌拍不响，供给和需求共同决定价格是经济学的常识。房地产商比谁都更明白，房地产的黄金定律是位置，还是位置。而相同位置上的房产是垄断稀缺品，再增加多少新用地也无法完全和城市主城区那些区段的住房竞争。本轮房地产调控在增加供给，特别是大量增加公租房廉租房等保障性住房的同时，抑制投资投机需求应当说是第一次抓到了主题，走对了方向。因此，部分房地产商反对限购令，从出发点到理论依据，都并不靠

---

① 这是作者 2011 年 3 月 7 日发表于《经济观察报》"楼市限购令利弊考"的文章。

谱。只是他们言词激烈，又有话语权，很受追逐眼球的媒体青睐而已。

　　更多的人批评限购，则是从反对户籍歧视和捍卫市场经济的角度提出来的。应当说这类批评就客观、中肯得多。当然也有一些单纯从市场经济普遍原理出发的人，一般地反对政府干预，反对行政手段，似乎搞市场经济政府就不该干预，就不能采用行政手段和在特殊情况下适当限制消费者权利。这样就多少削弱了自己的说服力。特别是大家都知道住宅既是基本消费品，又是投资品，存在着公民权利与财产权利的矛盾与平衡。一般地反对限购和政府干预，又并没有进一步解决问题的办法，只让大家相信市场经济的自身调节能力，这自然就很难得到多数人的认同。

　　这样我们就看到不少人都表示了对限购令的支持。他们认为，限购令虽然是一项行政性措施，有一定的副作用，但限购直接压缩了需求，对楼市调控有立竿见影之效，为了遏制房价上升的势头，两害相权取其轻，故在总体上还应当肯定和欢迎。其中最有代表性的是清华大学李稻葵教授"论限购"的万字长文。他搬出了限购的经济学理论，认为"限购是常规调控手段失效的情况下所能采取的最后一剂药。在目前房地产价格持续攀高的形势下，限购就像给高烧病人的一剂退烧针，有其副作用，但无疑是必需的。"一向快人快语的财经评论人叶檀女士也挺身支持限购在"中国特色的半市场半行政经济"中的作用。李稻葵教授是我尊敬的同行和朋友，和叶檀女士春节前也才刚握过手，但事涉大是大非，所以恐怕还得明辨。

第二节　限购令政策的两大错误

　　首先我们应当肯定，限购令的出发点是限制住宅的投资投机需求，方向是正确的，这也是楼市调控以来开始切入正题的积极一步。同时，调控必须适合国情，可以采取多种经济包括行政手段，不必作茧自缚，这也不错。但是，做一件方向正确的事情并不是说可以不择手段、不计代价，特别是在明明存在很多更好选择情况下，非要采取这种与改革的方向完全相反、副作用极大而又只有一时表面功效的办法，那就属于弊大于利，得不偿失，实在只是楼市调控的下下策，应当立即叫停，而代之以更行之有效的经济手段和更公平的制度设计。

限购令的主要问题其实并不是因为它属于行政手段，而在于它是非颠倒，率先打击了它本来应当优先服务的对象，从而加剧了垄断歧视和分配不公。城市化本来就是农村人口转向城市、边远中小城镇人口向沿海和发达大城市移居的过程。因此，各国在城市化的加速转型期，优先要考虑和满足的，并不是原先已经在城市中安居就业的居民，而是外来移居人口。这才是城市化本来的真正含义。因为正是农村人口的城市化带来了城市建设用地扩张的可能，正是移居人口的就业带来了城市的税收和繁荣。所以，许多成功转型的国家在这个过程中的楼市调控无论是用行政手段还是经济手段，倾斜的恰恰是移居城市的新就业者，而"歧视"的则是城市中已经有住房的居民。

但我们的限购令正好相反，它保护城市户籍居民已有住房的人还可以再买房（所谓 2+1，甚至 N+1），对无房的弱势移居就业者则实行严格的歧视，如要求 1 年乃至 5 年的就业纳税证明等。这种既无效率又无公平的限购令，显然违反了任何在优先满足基本需求的约束条件下分配稀缺资源的经济学原理。而且这里对错的区分并不是对外来人口限购 5 年时间太长、一两年就合理，因为对弱势移居者的任何歧视，都不过是五十步与一百步的差别。

有人说，大城市已经人满为患，甚至已超过资源和人口承载能力，所以必须限制外来人口。这个上上下下很有市场、貌似有力的论据其实根本站不住脚，而且恰恰反映了造成当今中国畸形城市化的傲慢与偏见之根源。

首先，且不说这个不断更改的"极限能力"到底有多少科学性，就是一个城市真正人满为患，劳动人口自给有余，首先是应当拒绝外来人口的就业。现在我们的大城市，没有外地人既无法生存（没有人扫地做饭、陪医清污、送货保安）也无法发展（没有人做城市中到处是工地的建筑和装修、也没有了包括媒体在内各新兴领域中堪称中坚力量的北漂、海漂等）。因此，离不开外来人口的就业又否定别人的权利，是自相矛盾的虚伪。

不少西方发达国家，基于本国人民利益优先的原则限制外国移民，对外国人就业有严格限制，这即便在民主法治国家确也无可非议。但一旦市场确有难以替代的需要且批准了外国人合法就业，法律上就允许就业满几年的外国人申请移民和国籍。现在，中国大城市中工作就业 8～10 年的本国公民都不能申请户籍，本国户籍门槛比发达国家的国籍还高，这是极为荒唐的现象。

其二，换个角度看，中国搞了世界上最严格的城市户籍管理制度，但我们并没避免大城市人口不断膨胀。可见户籍制度只是在计划经济时代控制人口流动的有效工具，在要素普遍流动的市场经济中早已过时和失效，负面作用与日俱增。但限购令不是消除和弱化现行户籍制度的不合理，反而进一步强化其作用，这是它受到广泛批评的主要原因。

其三，其实真正导致大城市过度膨胀的，不是城市不可或缺的外来包括所谓低端服务人口（没有不同层次劳动就业的城市还是城市，还能运转吗?），而是大工程、大项目、大机关在大城市的过度集中。真要担心人口资源承载能力，分散一些大投资、大项目、大机关，就业离开了，大城市的无论高端低端的人口自然会跟着分流。世界上很多发达国家的政府机关都不在特大城市，许多世界著名大学和跨国公司的总部甚至都在小城镇，于己于国两利，就是这个道理。我们现在不去反思自己造成而且还在不断加码的投资和机构的过度集中，反过来一面开出高价吸引所谓高端人才，一面公然歧视自己不可或缺的普通外来就业人口，这是思维逻辑的颠倒和混乱。

其实，连开发商都知道，大都市飞奔的房价恰恰是被巨额的基础设施投资堆出来的。记得还在奥运筹办初期北京楼市还很平淡时，一次与潘石屹、张欣夫妇会面（因后者是我在英国剑桥大学的校友和近邻），潘石屹当时就预言，在如此规划的巨额交通和基础设施投资下，北京房价想不涨都难。

现在讲经济结构转型成了时尚。但许多人并不明白，身处城市化发展历史阶段，中国当今最大的经济社会结构转型是城市化的转型。没有这个转型，其他的一切结构调整和转型都是空中楼阁和枝尾末节。在人均4000美元的时候，世界上一般国家的城市化率是60%，而我们减去没有住房的以农民工为主体的所谓流动人口，户籍城市化率仅为34%。面对从土地城市化向人口城市化转型的这个十二五乃至更长时期的主题和中国社会的主要矛盾，限购令竟然还要开历史的倒车，这使得任何辩护不免都显得理屈词穷。

限购令的另一个问题是保护存量、只动增量。这似乎与我们20世纪80年代双轨制增量改革有相似之处，其实则大大不然。中国改革的成功经验是保护和封闭计划存量，发展市场增量，使市场力量不断变大，最后取计划存量而代之。但限购令是保护和发展存量，限制增量。它对居民现有住房，无论多少套，一概不闻不问，很多还继续开绿灯，相反对外来移民这个代表城市化发展方向的增量下手严加控制，这与中国增量改革的经验正好是背道而驰。

有人说，限购令是有点不分青红皂白、不太讲理，但终究是控制了新增需求，使房地产市场开始降温，积极作用不可否认。其实限购令代价很大，效果成疑，后遗症严重。

首先，限购令出台前，限购预期刺激人们抢红灯买房，导致成交非正常激增；限购后市场一时冷清，但限购总不能无限期持续，一旦楼市平稳，限购取消，市场势必会有反弹和井喷。其次，大城市被限购了，投资投机需求迅速向未限购的城郊卫星城镇和中小城市转移。远郊城镇和中小城市自住需求有限，一旦将来投资投机需求撤走，房价泡沫危害将会更加持久、惨重。最后，限购令实行后，市场的普遍反应是成交急剧下降，中介下岗歇业、价格却依然坚挺观望。其原因是限购令只能暂时冻结部分需求，但并不能触动和扩大存量房的供给。最后的成效还要看都有既得利益的政府特别是地方政府和开发商，谁能扛过谁，其代价是民众的自住需求被误伤、经济的不确定性和城市化进程受阻。国民经济健康发展真正需要的楼市其实是相反的情况，即房地产市场价格下跌、成交上升、购销两旺，这样既可有效消化房价泡沫，又可促进经济成长和城市化发展。限购令达不到需要的效果，主要还是药方开错了。

第三节　纠正限购令政策的机制设计

前面我们说了，抑制住房的投资投机需求，方向是对的。但要药到病除，关键是要对症下药。所有投资投机无非全都冲着一个目的，就是盈利赚钱。因此，只要使囤房投资投机和抢占社会有限资源、超前消费的大宅豪宅无钱可赚、负担上升，投资投机需求自然不攻自破。其实这也是成功地实现了城市化转型、避免了中等收入陷阱的日本、韩国等人口资源禀赋和我们相同的一些国家采取的共同办法。结果，它们在大量农村人口移居城市的转型阶段，既迅速稳妥地实现了移居人口的安居，又有效控制了城市化加速期的房价上升，值得我们认真借鉴。其中许多成功而又成熟的做法经验，我在上文中已专门介绍过了。

因此，说限购令是常规手段用尽后没有办法的办法，其实真是大谬不然。我们这些年来楼市调控之所以始终不见效，主要还是因为自己三心二意，调调放放，反反复复。在房价 10 年上升 10 倍（须知股市 10 年只涨了 0.5 倍）的巨大赚钱效应下，各路资金蜂拥而至。我们的调控又总是隔靴搔痒、步调不一。最后实在控制不住局面，就干脆来个蛮不讲理的"限购令"。其实借鉴别人的经验、结合中国的情况，取消限购令，又能使投资投机需求无缝可钻、知难而退的经济手段很多，这里关键是要有正确的机制设计。

首先，第一条就是要取缔中国特色的阴阳合同。现在阴阳合同在全国满天飞，连国家统计局二手房统计都无从着手，因为网签数据也不可靠。阴阳合同盛行是对法治的嘲弄，而且使投资房产获利惊人、纳税极少。取缔阴阳合同的办法其实很简单，根本不用各地政府费力费时调整各种难免争议的住宅指导价，只要要求所有二手房合同必须在交易大厅公示 3 天，任何买家都可用比公示的合同出价高一点成交，任何一个卖家就再也不敢签假合同了。有效实施了这一条，投资投机成本就大幅上升，投资需求必降。其他情况不变，财政增收，房价下跌，于国于民有百利无一弊。

其次，是大幅降低房屋交易税和首套房房贷利息。房屋交易税极易转嫁，所以有的国家干脆不向卖方征收。降低交易税有利楼市活跃，方便居民换房，并不刺激投资，有利于购房者。购买首套自住房者是应当被大力鼓励的对象，他们安居乐业，于家于国都有利。现在银行纷纷借机取消首套房利息优惠、提高房贷首付，这种调控完全是搞错了方向。首套自住房购买者，无论有否户籍，只要有工作，就应当享受税收和利息优惠。自住房需求旺盛，可以加速实现城市化转型，又是推动建筑业乃至几十个相关产业繁荣兴旺的大好事，值得政策大力鼓励倾斜。

其三，是征收累进的房产交易所得税。这是各国成功经验的套数，而且屡试不爽。因各个房子的来源和购买成本不同，赚的钱多少相差甚远，因此很难向买房方转嫁。所得税收一重，靠炒房囤房赚钱的人就傻眼了。中国已经有20%的房产交易比例所得税，过去偷懒，改按交易额1%征收，还给各种减免便利，只要一严格征收，效果自不相同。累进税一时来不及修改，可恢复原个人住宅暂停征收的土地增值税，其中规定获利200%以上，税率即达60%。只要对持有多套房的人拿出这个法宝，不等实行，只要放出风去，不用说那些囤了几十套房的贪官或富豪，就是一般投资买房的人，谁也坐不住了，市场上拥有多套房子的人必然排队去卖。

累进所得税和限购不同，既压需求，又促供给，房价自然会下跌，而需要购买自住房的人正好低价买入。这样和限购令相反，政策尚未实行，我们就会迎来房价下跌、成交火爆、建筑相关产业繁荣的时代。我们对摆在明面上躲避不得的多套房、大户型和豪宅别墅征起所得税来犹犹豫豫、羞羞答答，相反对人们可以很方便随身携带入境的所谓高档消费品却课以重税，这实在是让人百思不得其解。

累进的高额所得税的另一个好处，是逼迫投机资金转为投资。现在人们购买房地产主要是囤房等待以后涨价赚钱，这种博差价的心理在本质上实属投机。所得税一重，靠房子涨价后赚差价的意义大降，只能出卖或出租，这样就增加了出售房或出租房的供给。

有人担心如果这样做，大量的资金被挤出房地产，垄断行业又不够开放，只会去冲击社会其他薄弱环节。其实，现在所谓垄断性的银行、保险、电信、石油企业都已上市。这种上市把股卖给个人，在西方就被称为私有化。况且现在大盘股价钱都还不贵，市盈率也不高，谁都可以投资分享当股东。我们不能站在大资本的立场，一讲行业开放就非要自己个人或家族控制。试想就算一般较富裕的老百姓能买得起房子的那点钱，谁也不够自己开家银行、开个电信或石油公司。我们现在全国性的银行和保险企业也有几家民营控股的，只不过是让几位已经全国知名的富豪更富了一圈而已，于民众和小资本并无关系。

因此，更接近真实的情况会是：只有这种靠占着土地房产不可再生资源躺着也赚钱的好日子没有了，社会资本才会冒着风险到实体经济中去赚取辛苦钱。

最后，是开征住房保有税。这个新税种是向财产征税，要经过人大立法，取信于民，功效长远。这件事不可草率造次。而且不必担心立法过程较长，统一思想费事。其实只要立法启动，实实在在有这个意向，马上就会对房地产市场产生巨大前瞻性影响。

中国这些年来实际建房不少，到处都是工地。人均住房面积增加了一倍有余，但房子建得太大，别墅建得太多，结果总平方米建了很多，但套数不够，形成刚性缺口。几年前政府大力提倡了一阵70—90平方米的房子，结果市场不听话，开发商规避办法多，搞了一阵不了了之。住房保有税就不同了。我们一些邻国，人均GDP是我们许多倍，人家是真富裕了，还搞住房保有税的累进制，小户型普通住宅税率低，其他各类超标住宅，住房保有税马上成倍往上翻。结果是政府一言不发，开发商自然抢着建普通小户型住宅。因为市场上只有这种户型最受欢迎。

所以住房保有税不怕慢，就怕站，更怕乱干。因为乱干由于名不正、言不顺，照顾太多既得利益，出手不能不特温柔，结果反而让投资囤房者吃了定心丸。其实磨刀不误砍柴工，立个好税，要管很多代的。

以上意见并不是什么新思路。别人的成功经验里就有，我在中国楼市专题研究报告中也一一论述过。只是现今愿意静下心来研究问题的人太少，能给领导汇报的也多是顺耳话，导致我们的决策信息环境欠佳，决策当然就容易出错。

想起 10 年前即 2001 年中，当时国务院也出台了一个文件，要用国有股减持去补充社保基金，出发点和目标应当说都非常之好。但国有股用市价优先特权减持，破坏了市场的公平性，损害了流通股股东的利益。所以我冒昧写了两篇文章，一篇题目是"漫漫熊市的信号"，说好事也不能蛮干、乱干，否则同样误国伤民。另一篇题目是"有错就改"，说这样原则性的错误不是要不要改，而是非改不可，这届政府不改，下届政府也得改。结果没想到后来政府果然倾听民意，从善如流，废止了国有股强行市价减持，反过来启动了股权分置改革，赢来了中国资本市场的大发展。

我想，今天楼市限购令的情况，与当年的国有股减持补充社保基金大同小异，都是出发点很好，目标定得也很正确，但手段和方法完全错了。坦率地说，错到这个份上的政策显然也属于兔子的尾巴长不了。这个话听起来也许逆耳，但仍属拳拳之心，希望有关方面还是能有错就改，改了就好，而且并不会丢面子，威信反而会更高。

主要参考文献

第二章观点索引

1. 杨小凯：《中国土地所有权私有化的意义》，《信报财经月刊》，2001 年第 4 期。

2. 乔新生：《全国学广东：集体土地"类国有化"》，中国房地产报，2005 年 10 月 10 日。

3. 胡泽国：《关于城乡一体化改革的思考和研究》，中国社会科学院农村发展研究所，2008 年 9 月 25 日。

4. 李昌平：《论扩大农民地权与完善土地集体所有制》，《论中国土地制度改革》，中国财政经济出版社 2009 年版。

5. 刘俊、胡大武：《中国农村土地承包经营法律制度研究——以土地承包经营权为中心》，《论中国土地制度改革》，中国财政经济出版社 2009 年版。

6. 于建嵘：《农村集体土地所有权虚置的制度分析》，《论中国土地制度改革》，中国财政经济出版社 2009 年版。

7. 周冰、付达院：《集体所有权的虚化和村委会的行为特征——一个为化解集体债务压力推动承包权变迁的实例分析》，《论中国土地制度改革》，中国财政经济出版社 2009 年版。

8. 路广利、刘颖易、刘磊：《中国农村土地制度的产权现状及一种可供选择的变革方案》，《论中国土地制度改革》，中国财政经济出版社 2009 年版。

9. 张文慧：《土地股份合作社的若干法律问题》，《论中国土地制度改革》，中国财政经济出版社 2009 年版。

10. 刘恒中：《再论"国家所有、个人永用"的土地制度》，《论中国土地制度改革》，中国财政经济出版社 2009 年版。

11. 钟良：《探讨农地"国家所有、农民永用"制度，推进中国的"第二次土地革命"》，《论中国土地制度改革》，中国财政经济出版社 2009 年版。

12. 蔡继明：《中国土地私有的分步改革方案》，《论中国土地制度改革》，中国财政经济出版社 2009 年版。

13. 王伟斌：《中国土地私有化的意义、时机及阶段》，《论中国土地制度改革》，中国财政经济出版社 2009 年版。

14. 文贯中：《要兑现自由进退，就要预设退出机制——简论历史教训对新土改正确方向的启迪》，《论中国土地制度改革》，中国财政经济出版社 2009 年版。

15. 赵学增：《土地国有与土地私有制度的历史搏斗——兼论中国土地制度改革的若干思路》，《论中国土地制度改革》，中国财政经济出版社 2009 年版。

16. 黄少安：《土地资本化与私有化》，《论中国土地制度改革》，中国财政经济出版社 2009 年版。

17. 熊华乔：《土地国有化与私有化之争及改革取向》，《论中国土地制度改革》，中国财政经济出版社 2009 年版。

18. 贺雪峰：《地权的逻辑：中国农村土地制度向何处去》，中国政法大学出版社 2011 年版。

19. 韩俊等：《"十二五"时期健全土地管理制度与保护农民土地权益的对策及建议》，《中国经济报告》，2011 年第 1 期。

20. 胡敏：《完善我国农村土地管理机制的策略论析》，《法苑》，2012 年 10 月下旬，总第 43 期。

21. 赵燕菁：《重新研判土地财政》，第一财经日报，2013 年 5 月 13 日。

22. 贺雪峰：《地权的逻辑 2：地权变革的真相与谬误》，东方出版社 2013 年版。

全书参考文献

1. 安格斯·麦迪森：《世界经济千年统计》，北京大学出版社 2009 年版。

2. 阿瑟·奥莎利文：《城市经济学（第四版)》，中信出版社 2003 年版。

3. 阿瑟·C. 尼尔松：《土地规划管理》，中国大地出版社 2003 年版。

4. 阿瑟·奥莎利文：《城市经济学》，北京大学出版社 2011 年版。

5. 阿列克斯·施瓦兹：《美国住房政策》，中信出版社 2008 年版。

6. 阿普罗迪西奥·A. 拉谦：《跨越大都市——亚洲都市圈的规划与管理》，格致出版社 2010 年版。

7. 安格斯·麦迪森：《中国经济增长的长期表现：公元 960—2030 年》，上海人民出版社 2011 年版。

8. 北京大学中国国民经济核算与经济增长研究中心：《2011 中国经济增长报告》，中国发展出版社 2011 年版。

9. 北京大学国家发展研究院综合课题组：《还权赋能：奠定长期发展的可靠基础》，北京大学出版社 2010 年版。

10. 保罗·切希尔主编：《区域和城市经济学手册第 3 卷》，经济科学出版社 2003 年版。

11. 布赖恩·贝利：《比较城市化》，商务印书馆，2010 年版。

12. 白永秀、马小勇：《农村土地制度改革的困境及一种可供选择的方案》，《改革》，2005 年第 2 期。

13. 陈丽红：《农地变更使用之研究》，成文出版社 1981 年版。

14. 陈太先、魏方、潘信中：《台湾土地问题研究》，广东省地图出版社 1995 年版。

15. 迟福林：《把土地使用权真正交给农民》，中国经济出版社 2002

年版。

16. 曹建海：《中国城市土地高效利用研究》，经济管理出版社 2002 年版。

17. 蔡继明、邝梅主编：《论中国土地制度改革》，中国财政经济出版社 2009 年版。

18. 蔡继明、方草：《对土地制度改革方案的比较分析》，《社会科学研究》，2005 年第 4 期。

19. 陈杰：《城市居民住房解决方案——理论与国际经验》，上海财经大学出版社 2009 年版。

20. 陈志武：《农村土地私有化结果不会比现在糟》，财经时报，2005 年 10 月 8 日。

21. 丹尼斯·迪帕斯奎尔：《城市经济学与房地产市场》，经济科学出版社 2000 年版。

22. 丹尼尔·F. 史普博：《管制与市场》，格致出版社 2008 年版。

23. 迪特马尔·赖因伯恩：《19 世纪与 20 世纪的城市规划》，中国建筑工业出版社 2009 年版。

24. 戴维·莫林斯、艾伦·穆里：《英国住房政策》，中国建筑工业出版社 2012 年版。

25. 道格·桑德斯：《落脚城市——最后的人类大迁移与我们的未来》，上海译文出版社 2012 年版。

26. 党国英：《中国农村社会权威结构变化与农村稳定》，《中国农村观察》，1997 年第 5 期。

27. 党国英：《论农村集体产权》，《中国农村观察》，1998 年第 4 期。

28. 但承龙：《西方国家与中国土地利用规划比较》，《中国土地科学》，2002 年第四期。

29. 戴维·S. 兰德斯：《国富国穷》，新华出版社 2010 年版。

30. 方和荣：《改革和完善城市土地产权制度的思考》，《中国土地科学》，2003 年第 2 期。

31．高富平：《土地使用权和用益物权——我国不动产物权体系研究》，法律出版社2001年版。

32．国土资源部规划司编：《中国城镇化进程中的土地制度和政策研究》，地质出版社2002年版。

33．关谷俊作：《日本的农地制度》，生活·读书·新知三联书店2004年版。

34．国务院发展研究中心课题组：《农民工市民化制度创新与顶层政策设计》，中国发展出版社2011年版。

35．国土资源部规划司、国土资源部土地整理中心编：《推动用地增减挂钩，促进城乡统筹发展——城乡建设用地增减挂钩试点工作手册》，地质出版社2008年版。

36．胡存智主编：《城乡土地管理制度改革新论——首届城乡土地管理制度改革滨海新区高层论坛文集》，中国大地出版社2009年版。

37．胡永泰等：《跨越"中等收入陷阱"》，格致出版社2012年版。

38．贺雪峰：《地权的逻辑》，中国政法大学出版社2011年版。

39．贺雪峰：《地权的逻辑2：地权变革的真相与谬误》，东方出版社2013年版。

40．哈耶克：《个人主义与经济秩序》，复旦大学出版社2012年版。

41．哈耶克：《自由宪章》，中国社会科学出版社2012年版。

42．黄祖辉、汪晖：《非公共利益性质的征地行为与土地发展权补偿》，《经济研究》，2002年第5期。

43．黄俊杰：《台湾"土改"的前前后后——农复会口述历史》，九州出版社2011年版。

44．胡尹燕：《中国农村土地制度变革的历史回顾与创新思考》，《国土经济》，2003年第7期。

45．海道清信：《紧凑型城市的规划与设计——欧盟、美国、日本的最新动向与事例》，中国建筑工业出版社2011年版。

46．洪文迁：《纽约大都市规划百年：新城市化时期的探索与创新》，厦门大学出版社 2010 年版。

47. 贾生华：《论我国农村集体土地产权制度的整体改革》，《经济研究》，1996 年第 12 期。

48. 蒋永穆、安雅娜：《我国农村土地制度变迁的路径依赖及其创新》，《经济学家》，2003 年第 3 期。

49. 金钟范：《韩国城市发展政策》，上海财经大学出版社 2002 年版。

50. 吉姆·凯梅尼：《从公共住房到社会市场——租赁住房政策的比较研究》，中国建筑工业出版社 2010 年版。

51. K. J. 阿罗主编：《区域和城市经济学手册第 4 卷》，经济科学出版社 2003 年版。

52. 联合国人居署：《贫民窟的挑战——全国人类住区报告 2003》，中国建筑工业出版社 2006 年版。

53. 联合国人居署：《贫民窟的挑战——全球人类住区报告 2003》，中国建筑工业出版社 2006 年版。

54. 李铁等：《中国小城镇发展规划实践探索》，中国发展出版社 2013 年版。

55. 刘守英：《改革 征地制度 让农民分享城市化成果》，中国经济时报，2012 年 11 月 12 日。

56. 刘守英：《靠卖地难以支撑 集体和国有土地平权是方向》，第一财经日报，2013 年 6 月 25 日。

57. 李扬等：《广东经验：跨越"中等收入陷阱"》，社会科学文献出版社 2012 年版。

58. 刘世锦等：《陷阱还是高墙？中国经济面临的真实挑战和战略选择》，中信出版社 2011 年版。

59. 刘伟：《转轨中的经济增长：中国的经验与问题》，北京师范大学出版社 2011 年版。

60. 刘潇然：《土地经济学》，中国土地学会 2003 年版。

61. 梁鹤年：《简明土地利用规划》，地质出版社 2003 年版。

62．李恩平：《韩国城市化的路径选择与发展绩效——一个后发经济体成败案例的考察》，中国商务出版社 2006 年版。

63．李慧中、张期陈：《征地利益论》，复旦大学出版社 2011 年版。

64．李晓妹：《美国的土地发展权》，《国土资源》，2003 年第 7 期。

65．李忠：《城镇化与土地制度问题的研究》，《经济研究参考》，2005 年第 48 期。

66．迈克尔·斯宾塞：《下一次大趋同——多速世界经济增长的未来》，机械工业出版社 2012 年版。

67．米歇尔·米绍：《法国城市规划 40 年》，社会科学文献出版社 2007 年版。

68．满燕云等编：《中国土地管理制度改革：地方经验与创新》，北京大学—林肯研究院城市发展与土地政策研究中心丛书，2010 年版。

69．满燕云主编：《中国的住房改革及成效》，经济管理出版社 2012 年版。

70．马伟主编：《台湾地区税收制度》，当代中国出版社 2009 年版。

71．乔润令等：《城乡建设用地增减挂钩与土地整治：政策和实践》，中国发展出版社 2013 年版。

72．世界银行：《东亚复兴——关于经济增长的观点》，中信出版社 2008 年版。

73．世界银行：《增长报告：可持续增长和包容性发展的战略》，中国金融出版社 2008 年版。

74．速水佑次郎等：《发展经济学——从贫困到富裕》，社会科学文献出版社 2009 年版。

75．宋启林：《中国现代城市土地利用学》，中国建筑工业出版社 1992 年版。

76．孙弘：《中国土地发展权研究：土地开发与资源保护的新视角》，中国人民大学出版社 2004 年版。

77．沈汉：《英国土地制度史》，学林出版社 2005 年版。

78. 盛九元、胡云华：《台湾的都市化与经济发展》，九州出版社 2009 年版。

79. 沈守愚：《设立农地发展权的理论基础和重要意义》，《中国土地科学》，1998 年第 1 期。

80. 石正方主编：《台湾研究新跨越·经济分析》，九州出版社 2010 年版。

81. 唐忠：《农村土地制度比较研究》，中国农业科技出版社 1999 年版。

82. 陶然、徐志刚：《城市化、农地制度与迁移人口社会保障——一个转轨中发展的大国视角与政策选择》，《经济研究》，2005 年第 12 期。

83. 陶然：《城市化模式与土地制度改革——典型事实、主要挑战与政策突破》，清华—布鲁金斯公共政策研究中心政策报告系列一，2011 年 9 月。

84. 陶然、孟明毅：《土地制度改革：中国有效应对全社会住房需求的重要保证》，《国际经济评论》，2012 年第 2 期。

85. 屠启宇主编：《国际城市发展报告》，社会科学文献出版社 2012 年版。

86. "土地管理法修改相关问题"研讨会会议发言纪要，北京大学—林肯城市发展与土地政策研究中心、中国土地学会法学分会主办，2009 年 6 月 20 日。

87. W.W.罗斯托：《经济增长的阶段》，中国社会科学出版社 2012 年版。

88. 文贯中：《要兑现自由进退，就要预设退出机制——简论历史教训对新土改正确方向的启迪》，中国财政经济出版社 2009 年版。

89. 吴白乙主编：《拉丁美洲和加勒比发展报告（2011–2012）》，社会科学文献出版社 2012 版。

90. 王放：《中国城市化与可持续发展》，科学出版社 2000 年版。

91. 威廉·阿朗索：《区位和土地利用》，商务印书馆 2010 年版。

92. 万广华、蔡昉：《中国的城市化道路与发展战略：理论探讨和实证分析》，经济科学出版社 2012 年版。

93. 王静等：《中国土地利用变化与可持续发展研究》，中国财政经济出版社 2012 年版。

94. 王伟：《现代美国土地利用规划的发展及其启示》，《中国土地科学》，2002 年第 6 期。

95. 王小映：《论土地利用规划的效率与公平》，国家行政学院报，2003 年第 5 期。

96. 王小映：《现行农地征用制度何去何从》，中国经济时报，2003 年 7 月 24 日。

97. 王小映：《土地征收公正补偿与市场开放》，《中国农村观察》，2007 年第 5 期。

98. 汪晖、陶然：《论土地发展权转移与交易的"浙江模式"——制度起源、操作模式及其重要含义》，《管理世界》，2009 年第 8 期。

99. 熊梦祥等：《台湾土地改革纪实》，台湾省文献委员会编印，1989 年版。

100. 夏明文：《土地与经济发展》，复旦大学出版社 2000 年版。

101. 谢伏瞻主编：《土地制度与住房政策》，中国大地出版社 2008 年版。

102. 严行方：《中等收入陷阱》，山西经济出版社 2012 年版。

103. 叶剑平：《中国农村土地产权制度研究》，中国农业出版社 2000 年版。

104. 于宗先、王金利：《台湾土地问题——社会问题的根源》，俞国华文教基金会丛书，2001 年版。

105. 余南平：《欧洲社会模式——以欧洲住房政策和住房市场为视角》，华东师范大学出版社 2009 年版。

106. 余南平：《世界住房模式比较研究——以欧美亚为例》，上海人民出版社 2011 年版。

107．姚洋：《土地、制度和农业发展》，北京大学出版社 2004 年版。

108．杨惠：《土地用途管制法律制度研究》，法律出版社 2010 年版。

109．岳琛：《中国土地制度史》，中国国际广播出版社 1990 年版。

110．约翰·艾克豪夫：《德国住房政策》，中国建筑工业出版社 2012 年版。

111．约翰·奈斯比特、多丽丝·奈斯比特：《中国大趋势：成都模式》，吉林出版集团，2011 年版。

112．郑秉文等：《跨越中等收入陷阱：巴西的经验教训》，经济管理出版社 2013 年版。

113．郑秉文：《中等收入陷阱：来自拉丁美洲的案例研究》，当代世界出版社 2012 年版。

114．郑秉文：《拉丁美洲城市化：经验与教训》，当代世界出版社 2011 年版。

115．赵达文：《土地征收与补偿之研究》，成文出版社 1981 年版。

116．周其仁：《产权与制度变迁：中国改革的经验研究》，社会科学文献出版社 2002 年版。

117．周其仁：《城乡中国》，中信出版社 2013 年版。

118．周诚：《土地经济学原理》，商务印书馆 2003 年版。

119．曾育裕：《中国土地制度改革之法律与经济分析》，五南图书出版有限公司，2003 年版。

120．张国胜：《中国农民工市民化：社会成本视角的研究》，人民出版社 2008 年版。

121．张良悦：《城市化进程中的土地利用与农地保护》，经济科学出版社 2009 年版。

122．周天勇：《农村土地制度改革的模式比较和方案选择》，中国经济时报，2004 年 2 月 26 日。

123．赵燕菁：《重新研判土地财政》，第一财经日报，2013 年 5 月 13 日。

124. 张曙光:《博弈:地权的细分、实施和保护》,社会科学文献出版社 2011 年版。

125. 赵冈、陈钟毅:《中国土地制度史》,新星出版社 2006 年版。

126. 曾文龙:《土地法规与税法》,大日出版有限公司 2011 年版。

127. 住房和城乡建设部住房保障司、住房公积金监管司:《国外住房金融研究汇编》,中国城市出版社 2009 年版。

128. 住房和城乡建设部住房改革与发展司等编:《国外住房数据报告 NO. 1》,中国建筑工业出版社 2010 年版。

129. 中国社会科学院、农村发展研究所宏观经济研究室:《农村土地制度改革:国际比较研究》,社会科学文献出版社 2009 年版。

130. 中国社会科学院、联合国人居署、专家联合课题组:《城市化进程中低收入居民住区发展模式探索——中国辽宁棚户区改造的经验》,社会科学文献出版社 2012 年版。

131. Ahlfeldt, Gabriel M. , 2008. "If Alonso was Right: Residual Land Price, Accessibility and Urban Attraction", MPRA Paper 11707, University Library of Munich, Germany.

132. Alonso, W, 1968. "A Theory of the Urban Land Market," Papers and Proceedings of the Regional Science Association, pp. 149–157.

133. Ave. G. , 1996. "Urban Land and Property Markets in Italy ," UCL Press, London.

134. Barrows, Richard and Brace A. Prenguber, 1975. "Transfer of Development Rights: An Analysis of a New Land Use Policy Tool", American Journal of Agricultural Economics, November.

135. Blakely, M, 1991. "An Economic Analysis of the Effects of Development Rights Purchases on Land Values in KingCounty, Washington", Ph. D. thesis. Washington State University.

136. Cheshire, Paul & Sheppard, Stephen, 2004. "Land markets and land market regulation: progress towards understanding", Regional Science and

Urban Economics, Elsevier, Vol. 34 (6), pages 619-637, November.

137. Cho, Seong-Hoon & Wu, JunJie, 2001. "Measuring Interactions Among Urban Development, Land Use Regulations, And Public Finance", 2001 Annual meeting, August 5 - 8, Chicago, IL 20774, American Agricultural Economics Association (New Name 2008: Agricultural and Applied Economics Association).

138. Christian A. L. Hilber & Frédéric Robert-Nicoud, 2010. "On the Origins of Land Use Regulations: Theory and Evidence from US Metro Areas", SERC Discussion Papers 0038, Spatial Economics Research Centre, LSE.

139. Christian A. L. Hilber & Frédéric Robert-Nicoud, 2011. "On The Origins Of Land Use Regulations: Theory And Evidence From Us Metro Areas", Research Papers by the Department of Economics, University of Geneva 11081, Département des Sciences Économiques, Université de Genève.

140. Dan Andrews & Aida Caldera Sánchez & Åsa Johansson, 2011. "Housing Markets and Structural Policies in OECD Countries", OECD Economics Department Working Papers 836, OECD Publishing.

141. David E Mills, 1980. "Transferable development rights market", Journal of Urban Economics.

142. Deafons, John, 1969. "Land Use Controls in the United States," Mass. : MIT Press.

143. Dennis R. Capozza, R. W. Helsley, 1989. "The Stochastic City", Journal of Urban Economics 26 (3): 295-306.

144. Dieterich, H, E. Dransfeld and W. Voss, 1993. "Urban Land and Property Markets in Germany", UCL Press, London.

145. Edward J. Kaiser and David R. Godschald, 1995. "Twentieth Century Land Use Planning: A Stalwart Family Tree", Journal of the American Planning Association, Vol. 76, No. 3.

146. Edward L. Glaeser & Jed Kolko & Albert Saiz, 2000. "Consumer

City," Harvard Institute of Economic Research Working Papers 1901, Harvard – Institute of Economic Research.

147. Edward L. Glaeser & Joseph Gyourko & RavenE. Saks, 2005. "Why Have Housing Prices Gone Up?", Harvard Institute of Economic Research Working Papers 2061, Harvard – Institute of Economic Research.

148. EricJ. Heikkila, 2000. "The Economics of Planning", Rutgers Center for Urban Policy Research, The State University of New Jersey.

149. Fagin, Henry, 1975. "Regulating the Timing of Urban Development", Management and Control of growth, Vol. 1, Washington.

150. Field, Barry C. and Jon M. Conrad, 1975. "Economic Issued in Programs of Transferable Development Rights", Land Economics, 61-4.

151. Fischel, W. A., 1990. "Do Growth Controls Matter?" Lincoln Institute of Land Policy, Cambridge, Mass.

152. Francois Ortalo – Magne & Andrea Prat, 2007. "The Political Economy of Housing Supply: Homeowners, Workers, and Voters", STICERD – Theoretical Economics Paper Series /2007/514, Suntory and Toyota International Centres for Economics and Related Disciplines, LSE.

153. Geoffrey Turnbull, 2005. "The Investment Incentive Effects of Land Use Regulations", The Journal of Real Estate Finance and Economics, Springer, Vol. 31 (4), pages 357-395, December.

154. Hahn, Robert W., 1982. "Market Power and Transferable Property Rights", Working Papers 402, California Institute of Technology, Division of the Humanities and Social Sciences

155. Hebbert, M, and N. Nakai, 1988. "How Tokyo grows: land development and planning on the metropolitan fringe", Suntory – Toyota International Centre for Economics and Related Disciplines, Occasional Paper No11, London School of Economics.

156. Heimlich, Ralph E. & Anderson, William D., 2001. "Development

At The Urban Fringe And Beyond: Impacts On Agriculture And Rural Land", Agricultural Economics Reports 33943, United States Department of Agriculture, Economic Research Service.

157. Hwang, Min & Quigley, John M. , 2006. "Economic Fundamentals in Local Housing Markets: Evidence from U. S. Metropolitan Regions", Berkeley Program on Housing and Urban Policy, Working Paper Series qt79d325cm, Berkeley Program on Housing and Urban Policy.

158. Ihlanfeldt, Keith R. , 2007. "The effect of land use regulation on housing and land prices", Journal of Urban Economics, Elsevier, Vol. 61 (3), pages 420–435, May.

159. Junichi Suzuki, 2010. "Land Use Regulation as a Barrier to Entry: Evidence from the Texas Lodging Industry", Working Papers tecipa – 400, University of Toronto, Department of Economics.

160. Kim. K–H, 1993. "Housing policies, affordability, and government policy: Korea", Journal of Real Estate Finance and Economics 6: 55–71.

161. Kim. K–H, 1994. "Controlled developments and densification: the case of Seoul, Korea", Discussion Paper, Dept of Economics, Sogang University, CPO Box 1142, Korea.

162. Levinson, Arik, 1997. " Why oppose TDRs?: Transferable development rights can increase overall development", Regional Science and Urban Economics, Elsevier, Vol. 27 (3), pages 283–296, June.

163. Needharn, B, 1992. "A theory of land price when land is supplied publicly: the case of the Netherlands", Urban Studies 29 (5): 669–686.

164. Park B G, 1998. "Where Do Tigers Sleep at Night? The State's Role in Housing Policy in South Korea and Singapore," Economic Geography, 74 (3): 272–28.

165. Paul Cheshire & Stephen Sheppard, 1997. "Welfare Economics of Land Use Regulation", Urban/Regional 9702001, EconWPA.

166. Paul Cheshire & Stephen Sheppard, 2001. "The Welfare Economics of Land Use Planning", Department of Economics Working Papers 2001 - 03, Department of Economics, Williams College.

167. Paul Cheshire & Stephen Sheppard, 2004. "The Introduction of Price Signals into Land Use Planning", Urban/Regional 0410002, EconWPA.

168. Phang S Y, 2005. "The Creation and Economic Regulation of Housing Markets: Singapore's experience and implications for Korea [C] // Korea Development Institute Conference on Residential Welfare and Housing Policies", Seoul, Korea.

169. Pogodzinski, J. M. and T. R. Sass, 1991. "Measuring the effects of municipal zoning regulations: a survey", Urban Studies 28 (4): 597-621.

170. Quigley, John M. & Rosenthal, Larry A., 2005. "The Effects of Land-Use Regulation on the Price of Housing: What Do We Know? What Can We Learn?", Berkeley Program on Housing and Urban Policy, Working Paper Series qt90m9g90w, Berkeley Program on Housing and Urban Policy.

171. Quigley, John M. & Raphael, Steven, 2006. "Regulation and the High Cost of Housing in California," Berkeley Program on Housing and Urban Policy, Working Paper Series qt3hh7s35m, Berkeley Program on Housing and Urban Policy.

172. Roddewig, Richard J. and Cheryl A. Inghram, 1987. "Transferable Development Rights Programs", Washington, D. C.: American Planning Association.

173. Rose, Jerome G, 1975. "The Transfer of Development Rights", The State University of New Jersey, New Brunswick.

174. Richard Arnott & Alex Anas & Kenneth Small, 1997. "Urban Spatial Structure", Boston College Working Papers in Economics 388., Boston College Department of Economics.

175. Roddewing. Richard J., and Cheryl A. Inghram, 1987.

"Transferable Development Rights: TdRs and the Real Estate Marketplace", Report 401. Chicago: American Society of Planning Officials.

176. Saks, Raven E., 2008. "Job creation and housing construction: Constraints on metropolitan area employment growth", Journal of Urban Economics, Elsevier, Vol. 64 (1), pages 178-195, July.

177. Schnidman, F, 1987. "TDR: A Tool for More Equitable Land Management?", Management and Control of Growth 4, pp. 52-57.

178. Small, L. E, 1976. "Transfer of Development Rights: An Analysis of a New Land Use Policy Tool: Comment", American Journal of Agricultural Economics 58 (4).

179. Walls, Margaret & McConnell, Virginia & Kopits, Elizabeth, 2003. "How Well Can Markets for Development Rights Work? Evaluating a Farmland Preservation Program", Discussion Papers dp-03-08, Resources For the Future.

180. Transfer of Development Rights (TDR), http://www. mass. gov/envir/smart_ growth_ toolkit/pages/mod-tdr. html

181. Timothy J. Lawrence: Transfer of Development Rights, Land Use Series, http://ohioline. osu. edu/cd-fact/1264. html

182. Transfer of Development Rights (TDR) Program,
http://www. highlands. state. nj. us/njhighlands/master/tdr/

183. Regional Transfer of Development Rights,
http://www. commerce. wa. gov/Services/localgovernment/Growth-Management/Regional-TDR-Rights-Program/Pages/default. aspx

184. Transfer of Dev. Rights Pilot Program,
http://www. oregon. gov/LCD/pages/tdr_ pilot_ program. aspx

后记

　　大约在世纪之交，中国城市化道路的选择问题开始引起我的关注和思考。本书附录二"破除户籍垄断，实现人的城市化"就是2001年初发表的一篇内容更广泛的文章的节录。但是，我当时尚未从自己创办起来的企业事务中脱身，其间股票证券市场发生的争论特别是对股权分置改革的关注又转移了我的注意力（当时撰写的相关文章已收录进拙著《中国股市的经济学思考》《中国股市：假问题和真问题》）。这样，关于中国城市化转型的题目就被搁置下来。2005年中央关于新农村建设的决定和相应的一些讨论，重燃了我对这一课题的热情。本书附录中的建议信及后续的几篇报告都是自2006年以来的作品。

　　从去年初开始动笔到今天交稿，本书的写作几乎花了两年时间，大大超出我的原先预期。这主要是因为城市化和土地涉及的许多深层问题，下笔时方知自己的资料准备依然不足或思考得并不透彻，还需随时补课。因此，交稿的时间也一再延迟，这是要向读者和出版社致歉的。

　　在这里我要衷心感谢我的几位学生和助手——汲铮、夏妍妍、傅捷和刘艳楠，他们帮我查找和处理了大量的数据和资料，没有他们的努力，我的工作还要花费多得多的时间。当然，如果本书引用和加工的数据资料存在任何误差，我自己当承担全部责任。

　　我还要特别感谢身在日本的董申博士。自从几年前我关注东亚模式的发展路径以来，我们就已经多次合作。书中关于日本、韩国和我国台湾地区的许多资料和分析，均有他的贡献。实际上，本书附录四"城市化过程中楼市政策的中日韩比较"一文，就是我们共同合作的作品。此外我还要感谢多年前就在美国执业的律师殷雄博士。本书第七章、第八章大量援引了美国最高法院的判例，为了保证自己理解的正确性和准确性，我特别请老朋友殷雄律师拨冗为我引用的判例进行复核。殷雄律师不仅认真严谨地作了查证，还为我补充了若干有意义的案例。我曾感动地承诺要请他吃两次饭，但至今只兑现了一次。

我还要感谢在本书写作过程中求教过的旅美经济学家孙涤教授，以及就此课题共同讨论过的许多学者，包括中国人民大学的陶然教授，北京大学林肯研究院的满燕云教授，浙江大学的汪晖教授，国务院发展研究中心的刘守英研究员，厦门统计局局长、英国海归的赵燕菁博士，中央有关机关和部委闭门研讨会的组织者、参会者，上海财经大学文贯中教授组织讨论会的众多参会学者，以及广东、江苏、重庆、成都等地为我实地调研提供过帮助的人们，他们都使我的研究受益匪浅。

本书的写作几乎与我们家小女的成长同步，伴随着孩子牙牙学语，蹒跚学步，书稿的厚度也在增长。因此，我谨将此书献给我亲爱的还鲜知世事的女儿；也献给中国城市化转型中与父母分离的几千万留守儿童，愿我们的努力能使所有的孩子早日生活在他们父母的身旁。

华生

2013 年 10 月 20 日晚于北京

图书在版编目（CIP）数据

城市化转型与土地陷阱 /华生 著. —北京：东方出版社，2013.10
ISBN 978 -7 -5060 -6926 -7

Ⅰ.①城… Ⅱ.①华… Ⅲ.①… Ⅲ.①城市化–研究–中国②土地问题–研究–中国 Ⅳ.①
F299.21②F321.1

中国版本图书馆 CIP 数据核字（2013）第 237162 号

城市化转型与土地陷阱
（CHENGSHIHUA ZHUANXING YU TUDI XIANJING）
作　　者：华　生
责任编辑：徐　玲　龚　雪
出　　版：东方出版社
发　　行：人民东方出版传媒有限公司
地　　址：北京市东城区朝阳门内大街 166 号
邮政编码：100706
印　　刷：北京市大兴县新魏印刷厂
版　　次：2013 年 11 月第 1 版
印　　次：2013 年 11 月第 1 次印刷
印　　数：1—10 000 册
开　　本：710 毫米×1000 毫米　1/16
印　　张：24
字　　数：340 千字
书　　号：ISBN 978 -7 -5060 -6926 -7

发行电话：(010) 65210056　65210060　65210062　65210063

www.ingramcontent.com/pod-product-compliance
Lightning Source LLC
Chambersburg PA
CBHW080243030426
42334CB00023BA/2685